O LIVRO DIDÁTICO
DE LÍNGUA ESTRANGEIRA:
MÚLTIPLAS PERSPECTIVAS

Elaine Hodgson
Julho/2015

REINILDES DIAS
VERA LÚCIA LOPES CRISTOVÃO
(organizadoras)

O LIVRO DIDÁTICO
DE LÍNGUA ESTRANGEIRA:
MÚLTIPLAS PERSPECTIVAS

DADOS INTERNACIONAIS DE CATALOGAÇÃO NA PUBLICAÇÃO (CIP)
(CÂMARA BRASILEIRA DO LIVRO, SP, BRASIL)

O livro didático de língua estrangeira : múltiplas perspectivas / Reinildes Dias, Vera Lúcia Lopes Cristovão (organizadoras). – Campinas, SP : Mercado de Letras, 2009.

Bibliografia.
Vários autores.
ISBN 978-85-7591-123-5

1. Língua estrangeira - Estudo e ensino I. Dias, Reinildes. II. Cristóvão, Vera Lúcia Lopes.

09-11794   CDD-407.07

Índices para catálogo sistemático:
1. Língua estrangeira : Estudo e ensino 407.07

capa e gerência editorial: Vande Rotta Gomide
(baseado em grafismo extraído do livro *English 900*, edição de 1969)
preparação dos originais: Angela Mara Leite Drumond
revisão: Aluysio Fávaro

DIREITOS RESERVADOS PARA A LÍNGUA PORTUGUESA:
© *MERCADO DE LETRAS® EDIÇÕES E LIVRARIA LTDA.*
Rua Dr. João da Cruz e Souza, 53
Telefax: (19) 3241-7514
13070-116 – Campinas SP Brasil
www.mercado-de-letras.com.br
livros@mercado-de-letras.com.br

1ª edição
OUTUBRO/2009
Impressão Digital

Esta obra está protegida pela Lei 9610/98.
É proibida sua reprodução parcial ou total
sem a autorização prévia do Editor. O infrator
estará sujeito às penalidades previstas na Lei.

SUMÁRIO

PREFÁCIO 7
Telma Gimenez

INTRODUÇÃO 11

HISTÓRIA DO MATERIAL DIDÁTICO DE LÍNGUA
INGLESA NO BRASIL 17
Vera Lúcia Menezes de Oliveira e Paiva

LIVROS DIDÁTICOS: FOMENTADORES OU INIBIDORES
DA AUTONOMIZAÇÃO? 57
Walkyria Magno e Silva

GÊNEROS TEXTUAIS: PROFESSOR, ALUNO E O LIVRO
DIDÁTICO DE LÍNGUA INGLESA NAS PRÁTICAS SOCIAIS 79
Abuêndia Padilha Pinto
Kátia Nepomuceno Pessoa

GÊNEROS TEXTUAIS EM LIVROS DIDÁTICOS DE LÍNGUA
ESTRANGEIRA: O QUE FALTA? 99
Regina Lúcia Peret DellIsola

O ENSINO DE VOCABULÁRIO EM LEITURA NO LIVRO
DIDÁTICO DE LÍNGUA ESTRANGEIRA 121
Lêda Maria Braga Tomitch

THE ADVENTURES OF ROBINSON CRUSOE E UM
LIVRO DIDÁTICO: A HERMENÊUTICA DO DISCURSO
DO COLONIALISMO. 149
Dilys Karen Rees

O LIVRO DIDÁTICO DE LÍNGUA INGLESA PARA O
ENSINO FUNDAMENTAL E MÉDIO:
PAPÉIS, AVALIAÇÃO E POTENCIALIDADES 173
Rosinda de Castro Guerra Ramos

CRITÉRIOS PARA A AVALIAÇÃO DO LIVRO DIDÁTICO
DE LÍNGUA ESTRANGEIRA NO CONTEXTO DO SEGUNDO
CICLO DO ENSINO FUNDAMENTAL 199
Reinildes Dias

BUSCANDO CRITÉRIOS PARA AVALIAÇÃO DE LIVROS DIDÁTICOS:
UMA EXPERIÊNCIA NO CONTEXTO DE FORMAÇÃO DE
PROFESSORES DE PORTUGUÊS PARA ESTRANGEIROS 235
Eliane Vitorino de Moura Oliveira
Viviane Bagio Furtoso

UMA ANÁLISE DE LIVROS DIDÁTICOS DE PORTUGUÊS
PARA ESTRANGEIROS 265
Leandro Rodrigues Alves Diniz
Lúcia Mantovani Sradiotti
Matilde V. R. Scaramucci

SEQUÊNCIAS DIDÁTICAS PARA O ENSINO DE LÍNGUAS 305
Vera Lúcia Lopes Cristovão

PREFÁCIO

"What is this?" foi talvez uma das primeiras perguntas que aprendi em inglês quando comecei a estudar essa língua em um colégio estadual do Paraná no final dos anos 1960. O livro didático era o "New Spoken English", de João Fonseca. De lá para cá mudaram os livros didáticos e os enfoques de ensino.

Felizmente as crianças que frequentam as escolas hoje não precisam mais restringir-se a demonstrações de que sabem reconhecer objetos e nomeá-los em inglês. Muito menos provar que não têm deficiência visual. Os objetivos para o ensino dessa língua tornaram-se mais atrelados a necessidades sociais. Permanecem, no entanto, questões cruciais para melhoria dos processos de aprendizagem, especialmente na rede pública de ensino. Entre elas estão os recursos didáticos disponíveis aos professores e alunos podem contribuir para resultados significativos quanto ao uso da língua estrangeira.

Esses desafios remanescentes têm ocupado a agenda de pesquisadores e profissionais da educação no Brasil ao longo das últimas décadas. A expansão da Linguística Aplicada como área de conhecimento acontece justamente pelo interesse crescente por questões referentes aos usos da língua na sociedade e seu ensino nas escolas. Afinal, o panorama socioeconomicocultural contemporâneo tem sugerido que as línguas (e especialmente as estrangeiras) exercem um papel fundamental nas oportunidades de participação em escalas local e global. Saber uma língua estrangeira, além de ampliar os horizontes culturais, pode promover deslocamentos na compreensão da própria realidade, o que poderia levar à sua transformação.

Não é outra a razão para acadêmicos advogarem uma Linguística Aplicada crítica que vá além das conexões entre contextos linguísticos da linguagem e contextos sociais e estabeleça conexões políticas, sociais e culturais mais amplas, envolvendo as interligações entre linguagem, ideologia e educação. No caso de línguas estrangeiras, particularmente da língua inglesa, torna-se inevitável tratar das questões de poder que permeiam não só as relações entre países, mas também as relações entre os cidadãos num mesmo país que permanece indiferente às desigualdades criadas pelo próprio sistema educacional. Desse modo, fazer pesquisa sobre ensino de línguas estrangeiras em nosso país requer um engajamento na busca de soluções para tornar o ensino/aprendizagem mais produtivo, com resultados comprometidos com a transformação da realidade.

Se, por um lado, a ciência procura resolver de modo crítico os problemas historicamente constituídos, por outro, as políticas públicas precisam reconhecer o papel do Estado no incentivo a iniciativas que procuram tornar o professor sujeito do processo educacional. Livros didáticos são vistos como ferramentas importantes para realização do trabalho em sala de aula. Se tomados como veículos de teorias mais adequadas e, portanto, superiores ao conhecimento construído na prática pelo próprio professor, podem subjugá-lo, tornando-o seu "fiel seguidor". Se, no entanto, forem vistos com um olhar seguro de quem conhece a realidade próxima de seus alunos e suas necessidades, podem servir como mais um recurso à sua disposição para alcance dos objetivos traçados e resultados esperados – coletiva e democraticamente decididos.

Creio que a construção desse olhar se dá em oportunidades de formação do profissional que se encontra no centro da mediação dos processos de aprendizagem. Ele é uma espécie de "ponte" entre o livro didático e as oportunidades criadas no ambiente de sala de aula, assim como o próprio livro didático pode ser uma "ponte" entre conceitos teóricos e tarefas. Igualmente importantes nessa engenharia são as orientações oficiais para o ensino, de modo que professores não se vejam divididos entre "dois senhores" que se contradizem.

Embora idealmente deva haver certa harmonia entre propostas de ensino oriundas de órgãos educacionais (e, indiretamente, portanto, de acadêmicos que são por eles comissionados) e as atividades propostas em livros didáticos, nem sempre é possível alcançar essa coerência. Pode ser que não seja possível encontrar compatibilidade nem mesmo entre os pressupostos explicitados pelos autores de livros didáticos e as próprias atividades criadas por eles. Diante da multiplicidade de direções a serem seguidas, com diferentes graus de autoridade, torna-se fundamental que profissionais da educação se vejam como agentes com capacidade para tomada de decisões a respeito das ferramentas que utilizarão em seu trabalho.

Nesse sentido, esta coletânea representa uma iniciativa no intuito de provocar reflexões sobre o papel de livros didáticos existentes no mercado, assim como de alternativas aos materiais existentes. A eleição de gêneros textuais como norteadores do ensino de línguas estrangeiras traz, naturalmente, a necessidade de explicitação dos referenciais teóricos que podem representar uma forma inovadora de organizar os conteúdos curriculares e ensiná-los a partir de perspectivas metodológicas que reconhecem o papel ativo do aluno em seu processo de aprendizagem. Mais do que isso, tem como intenção preparar usuários da língua para situações comunicativas nas quais textos orais e escritos fazem parte das relações interpessoais e, portanto, estão imbricados em questões de poder e identidade.

As propostas de ensino embasadas em gêneros textuais refletem a preocupação com transposições didáticas que se orientam pela compreensão do uso da língua como uma prática social e, portanto, contextualizada. À medida que se reconhece o caráter social da linguagem, o ensino de línguas estrangeiras revela sua potencialidade enquanto atividade educacional crítica. Dado o caráter inovador dessa perspectiva, que somente agora encontra espaço em orientações oficiais, dificilmente se poderão encontrar essas características nos livros didáticos disponíveis no mercado, conforme os trabalhos desta coletânea indicam. Mais uma razão para que professores tenham contato com as idéias veiculadas pela abordagem por gêneros textuais e as analisem no contexto de suas salas de aula.

Se os livros didáticos não são suficientemente adequados para promover o ensino que se deseja, a preparação de materiais pelo próprio professor necessita ser precedida de preparação igualmente crítica. Na série de textos que compõem esta coletânea e que discutem critérios e parâmetros essa preparação torna-se, desta maneira, uma importante aliada. É com muita satisfação que faço o texto introdutório desta coletânea organizada por Reinildes Dias e Vera Cristovão, na certeza de que ela irá contribuir para a superação da afirmação de que "the book is on the table". O livro didático sai da mesa e, suas características e uso potencial tornam-se objeto de análise. Nesse percurso, ele é transformado pelo conhecimento prático do professor em interação com referenciais teóricos relacionados a objetivos para a aprendizagem da língua estrangeira. Estes, definidos a partir das necessidades sociais, determinam o que é relevante e o que é descartável. Esta coletânea, certamente, traz contribuições importantes para se fazer essa distinção.

Telma Gimenez
Londrina, fevereiro de 2009

INTRODUÇÃO

Esta é uma coletânea sobre o livro didático de língua estrangeira que foi idealizada, projetada e produzida com a participação de professores universitários brasileiros ao longo de quase três anos. A coletânea, finalmente, toma forma num conjunto de onze capítulos em que se analisam o livro didático sob várias perspectivas. Esses artigos, escritos antes da publicação do PNLD de 2011, pautam-se pelo interesse na qualidade do ensino que tem como suporte o livro didático e estão em sintonia com o documento oficial do MEC (2009) que oferece diretrizes para uma avaliação criteriosa deste importante recurso utilizado pelos diferentes sujeitos em suas interações de ensino e aprendizagem. Os capítulos desta coletânea corroboram noções, conceitos e visões de um material de ensino de qualidade previsto pelo documento oficial recém-publicado e oferecem aprofundamentos teórico-metodológicos aos critérios e diretrizes propostos por esse documento para garantir apoio imprescindível ao professor de língua estrangeira (LE) no processo de escolha do livro didático que melhor se adeque ao seu contexto de atuação. A coletânea pode ainda ser utilizada no processo de formação do professor para reflexões sobre o que selecionar e os porquês subjacentes às suas decisões, com base nas múltiplas perspectivas aqui oferecidas sobre o livro didático de língua estrangeira.

Dentre os vários olhares lançados sobre este importante recurso da sala de aula de língua estrangeira, estes são os contemplados pelo nosso conjunto de capítulos: um acompanhamento diacrônico de materiais de ensino e do livro didático, ao longo de um século, com ênfase na relação entre aspectos teórico-metodológicos e a transposição para as atividades e tarefas para o ensino de língua estrangeira; reflexões e análises informadas sobre o desenvolvimento da autonomia do aluno no processo de ampliar sua competência comunicativa no idioma estrangeiro; aspectos sobre gêneros textuais e práticas sociais mediadas pela linguagem, incluindo-se discussões e reflexões sobre o desenvolvimento de sequências didáticas, apoiadas em modelos de gêneros. Também são focalizadas nesta obra: as implicações sobre a visão de vocabulário como uma rede interligada de conceitos que fazem parte das ideias principais de um texto, permitindo-se o acionamento de esquemas relevantes relacionados ao conhecimento anterior do leitor para permitir a construção do sentido do texto; as maneiras como as identidades do falante de língua inglesa e do aprendiz de língua inglesa são apresentadas em um livro didático selecionado para tal análise e como a própria língua inglesa, objeto de ensino e de estudo, é descrita e mostrada no seu uso como língua internacional, critérios variados e diversificados para análise de livros didáticos de inglês, como língua estrangeira, e de português para não-nativos no contexto brasileiro. Além desses olhares, há capítulos que abordam uma análise panorâmica dos livros didáticos de português para estrangeiros, incluindo discussões sobre algumas das características recorrentes nessas publicações, relativas ao desenvolvimento das chamadas quatro competências/habilidades e da chamada competência intercultural que podem ser explicadas pela visão de linguagem subjacente aos materiais, critério que não tem sido levado em consideração na literatura da área.

O primeiro capítulo é de autoria da professora Vera Menezes; nele apresenta-se uma análise dos livros mais utilizados à luz dos conceitos de língua, das teorias de aprendizagem, procura-se demonstrar a evolução desses conceitos e, também, do uso de tecnologias na produção dos livros e de outros materiais de apoio ao longo dos últimos cem anos. O segundo capítulo foi produzido pela professora Walkyria Magno; nele investiga-se o papel dos materiais de ensino e, mais especificamente, do livro didático de língua estrangeira no processo de autonomização, tentando-se enxergá-los como possíveis fomentadores de comportamentos autônomos. A autora sugere procedimentos para explorar materiais didáticos de maneira a não tolher o processo de autonomização dos aprendentes. No terceiro capítulo, as professoras Abuêndia Pinto e Kátia Nepomuceno analisam alguns livros didáticos do Ensino Fundamental, utilizados em escolas particulares e públicas da cidade do Recife, tendo por pano de fundo a noção de linguagem como prática social e como instrumento de avaliação dos exercícios propostos para a compreensão escrita a tipologia elaborada por Marcuschi (2000)

A professora Regina Dell'Isola, autora do quarto capítulo, discute a importância do contato do aprendiz de uma LE com gêneros textuais para que ele desenvolva sua proficiência nessa língua. Ressalta o que falta em muitos dos livros didáticos atuais: investimento na qualidade (e não na quantidade) de gêneros explorados e de estratégias favoráveis ao aprendizado de uma LE, especialmente o português por falantes de outras línguas. No quinto capítulo, escrito pela professora Lêda Tomitch, são analisadas as atividades de ensino de vocabulário em livros didáticos de inglês como língua estrangeira e estabelecida uma relação entre o que é ensinado em relação ao conhecimento lexical e aos processos componenciais da leitura que esse conhecimento fomenta (os processos *bottom-up*, ascendente e *top-down*, descendente). A análise realizada indica que as atividades de vocabulário encontradas com mais frequência nos materiais didáticos avaliados foram 'atividades mnemônicas', 'produção escrita', e 'trabalho de dicionário', que auxiliariam o leitor no que se refere aos processos de decodificação e de compreensão literal, ambos considerados indicativos do processamento *bottom-up*. A autora, com base nesse resultado, sugere que atividades relacionadas ao processamento *top-down* sejam incluídas no livro didático de língua estrangeira, principalmente em relação à compreensão escrita.

No sexto capítulo, produzido pela professora Dilys Rees, examina-se o livro didático usado no Centro de Línguas da Universidade Federal de Goiás, focalizando-se a maneira como são apresentadas as identidades do falante de língua inglesa e do aprendiz de língua inglesa e também a maneira pela qual a própria língua inglesa, objeto de ensino e de estudo, é descrita e mostrada no seu uso como língua internacional. Para/Em sua análise, a autora utiliza a aula de língua do romance "As aventuras de Robinson Crusoe" de Daniel Defoe. No capítulo sétimo, sob a responsabilidade da professora Rosinda Ramos, busca-se discutir alguns papéis atribuídos ao livro didático, seu uso e suas potencialidades. Inicialmente, examinam-se papéis, funções e apontam-se vantagens e desvantagens que são atreladas a esse recurso básico da sala de aula de LE e, em seguida, apresenta-se uma lista de critérios, que se julgam importante para que se faça uma avaliação mais sistemática quando se depara com a escolha e implementação de materiais didáticos. Esses critérios são explicados e exemplificados, quando necessário, fazendo-se uso de exemplos retirados de livros didáticos nacionais e, ao mesmo tempo, contrastados com as teorias que norteiam os PCN (Brasil, 1998,1999). Ao final, fazem-se algumas considerações sobre o que pode ser feito para que o professor seja mais bem informado e auxiliado em sua prática pedagógica. No oitavo capítulo, a professora Reinildes Dias oferece um instrumento de avaliação para subsidiar uma análise criteriosa do livro de língua estrangeira que apenas recentemente foi agraciado com diretrizes oficiais para a sua análise (MEC, PNLD-2011, 2009). A autora fundamenta-se em pesquisas recentes sobre o processo de ensino e aprendizagem de LE, incluindo a abordagem de gêneros textuais, trabalhos anteriores sobre avaliação de materiais didáticos, e, nos objetivos oficiais, em documentos legais nacionais, estaduais e municipais sobre a língua estrangeira (PCN, 1998; SEE-MG; SEE-PR, 2006; SME: SP, 2006 e nos documentos do PNLD de outras disciplinas, principalmente língua portuguesa, 2009). O instrumento de avaliação pode ser usado pelos professores no processo de tomada de decisões relativas à escolha do livro didático mais apropriado à sua situação de ensino, aos seus objetivos, às necessidades de seus alunos e ao plano político-pedagógico da escola, levando em conta a autonomia que deve exercer sobre suas ações de ensino. Além disso, esse instrumento pode tornar-se a base para reflexões do professor sobre sua prática pedagógica, influenciando positivamente sua própria formação acadêmico-profissional

No nono capítulo, sob responsabilidade das professoras Viviane Furtoso e Eliane Oliveira , descreve-se e discute-se uma atividade realizada no programa "Ensinando português para falantes de outras línguas: formação complementar na graduação" (ENPFOL), desenvolvido na Universidade Estadual de Londrina, cujo foco foi a explicitação de critérios para a seleção do livro didático a ser adotado no curso de português para estrangeiros. Resgataram-se discussões sobre material didático, mais especificamente de português para estrangeiros, apresentaram-se os critérios adotados para avaliação dos livros didáticos analisados e algumas considerações foram tecidas sobre a análise feita e suas implicações para a formação do professor. O capítulo oferece contribuições tanto para os professores quanto para os formadores de professores de português para estrangeiros, podendo ainda servir como ponto de partida para definição de critérios para avaliação de livros didáticos de outras línguas estrangeiras. Os professores Matilde Scaramucci, Leandro Diniz e Lúcia Stradiotti, no décimo capítulo, apresentam a análise de uma seleção de livros didáticos publicados na área de português para estrangeiros, abordando questões relacionadas principalmente ao conceito de língua(gem) e cultura que os fundamenta, assim como uma avaliação da adequação dessas visões e conteúdos para professores e candidatos interessados na preparação para o exame de Proficiência em Língua Portuguesa para Estrangeiros (Celpe-Bras). O capítulo apresenta um quadro com informações específicas sobre vários livros didáticos já publicados na área de PLE, uma panorâmica rica do que já existe que pode ser de grande valor ao professor de português para falantes de outras línguas. No último capítulo, a autora, professora Vera Cristovão, argumenta que a mediação do nosso trabalho de professores de línguas em sala de aula é comumente feita por materiais didáticos, em especial, no formato de livro didático que são continuamente postos à disposição dos profissionais da educação, representando uma importante ferramenta para o ensino. Sua forma de organização, os conteúdos veiculados, o tipo de atividade disponibilizada e as formas de avaliação dependem muito da perspectiva teórico-metodológica subjacente à proposta. A autora retoma os pressupostos referentes à construção/produção de sequências didáticas (SDs) para o ensino de línguas com base no interacionismo sociodiscursivo (Dolz; Noverraz; Schneuwly 2004) e em experiências de elaboração de SDs para o ensino de inglês na educação básica.

Para finalizar, gostaríamos de enfatizar a importância do livro didático no segmento de educação básica do sistema brasileiro. Embora ele seja, em muitos casos, visto como "senhor", é preciso que ele seja submetido a um processo de avaliação criteriosa e sistemática, uma vez que tem grande influência no ensino e aprendizagem de línguas estrangeiras. Esperamos que a coletânea sirva de apoio para decisões dos professores e que contribua para o aperfeiçoamento acadêmico-profissional de todos os envolvidos no processo de ensino-aprendizagem de línguas estrangeiras.

As organizadoras

HISTÓRIA DO MATERIAL DIDÁTICO

Vera Lúcia Menezes de Oliveira e Paiva

Introdução

Para falar da história do material didático é preciso recordar brevemente a história da escrita e do livro. O homem registrou sua história em pedra, barro, cascas de árvores, folhas de palmeira, ossos de baleia, dentes de foca, conchas, cascos de tartaruga, bambu, tecido, papiro e pergaminho. Até hoje continua escrevendo nas paredes, nas arvores, na própria pele por meio da tatuagem, mas foi o papel o grande revolucionador de diversas práticas sociais letradas e, principalmente, das práticas educacionais.

Os precursores do livro foram o *volumen* (Figura 1) e o *codex* (Figura 2). O *volumen* consistia de várias folhas de papiro coladas que eram enroladas em um cilindro de madeira, formando um rolo. O ato de ler era desconfortável, pois para se localizar um trecho era preciso desenrolar e enrolar o manuscrito. O leitor, com

Figura 1

Figura 2

o auxílio das duas mãos, ia desenrolado o *volumen* à medida que a leitura prosseguia. Já o formato do *codex* se aproximava mais do livro atual com várias folhas de papiro ou de pele de animais costuradas. Mas mesmo assim era grande e desconfortável.

Segundo Mello Jr. (2000) "o livro como nós conhecemos hoje, surgiu no Ocidente por volta do Século II d.C., fruto de uma revolução que representou a substituição do *Vólumen* pelo *Códex*". O novo formato permitia "a utilização dos dois lados do suporte, a reunião de um número maior de textos em um único volume, absorvendo o conteúdo de diversos rolos, a indexação permitida pela paginação, a facilidade de leitura".

Mas é no século 15, com a invenção da imprensa com os tipos móveis de Gutenberg que a produção de livros se estabeleceu criando uma nova dimensão para a humanidade: a cultura letrada. Os livros deixam de ser copiados à mão e passam a ser produzidos em série.

Os primeiros livros didáticos

Segundo Kelly (1969), os livros eram escassos, desajeitados, difíceis para serem carregados e, também, para serem produzidos, pois eram copiados pelos escravos. Como o papel era escasso, escritas antigas eram raspadas para que o papel fosse reutilizado. No ensino de línguas, em razão da escassez de livros, predominavam os métodos baseados em diálogos e ditados. Na sala de aula medieval, apesar de o livro e o professor serem propriedades do aluno, só o primeiro tinha o livro nas mãos. O aluno copiava os textos e os comentários por meio de ditado. A escolha do livro não estava associada a uma determinada teoria de ensino, mas sim à disponibilidade do material.

Era comum, até o final do século 18, encontrar uma sala de aula em que os alunos possuíam livros diferentes. Os primeiros livros didáticos foram as gramáticas, e o conceito de língua se restringia ao de estrutura gramatical tendo como referência a língua escrita.

A primeira indicação de propriedade do livro pelo aprendiz aconteceu em 1578, quando o Cardeal Bellarmine lançou uma gramática de hebraico (Figura 3) para o aluno estudar sem a ajuda do professor. O primeiro livro ilustrado foi o *Orbis Pictus* (Figura 4), de Comenius, na realidade um livro de vocabulário ilustrado. Segundo Kelly (1969, p. 267), cada objeto ilustrado era numerado de forma a se ligar à palavra correspondente no texto. No entanto, as ilustrações fizeram com que o livro ficasse muito caro.

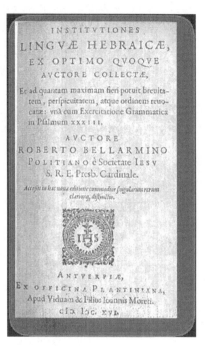

Figura 3 e figura 4, abaixo

Verbete na *Wikipedia* relata que *Orbis* Pictus foi um precursor das técnicas áudio-visuais. Era um livro para crianças e foi publicado em Nuremberg, em latim e alemão, em 1658. O livro fez muito sucesso nas escolas alemãs e a primeira edição em inglês saiu em 1659. O livro se dividia em capítulos ilustrados por meio de entalhes em madeira e tinha 150 capítulos divididos por temas tais como botânica, zoologia, religião, atividades humanas etc. Veja na Figura 5, reprodução do capítulo XXII sobre aves campestres e silvestres. Segundo Thompson (2000, p. 1),

> Comenius sought to strengthen the learning of linguistic symbols by visual means. In **Orbis Pictus**, sensible things are suggested by representative images, non-representative visual devices (isto é, pictorial signs), and by words (isto é, verbal symbols). Creatures and artifacts are shown and named; ideas are indicated by pictorial signs and verbal symbols. Even God has both a pictorial sign and a word. Some one hundred and thirty years before Kant, **Orbis Pictus** embodied the dictum that "concepts without percepts are empty; percepts without concepts are blind".

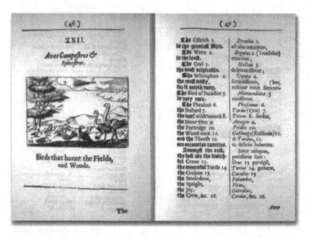

Figura 5

Segundo o mesmo autor, *Orbis Pictus* manteve sua popularidade até o século 19 e serviu de modelo para outros livros didáticos dos séculos 18 e 19. Reproduções desse livro podem ser vistas na página do museu virtual *The Virtual Museum of Visual Iconics*, em http://iconics.education.umn.edu/Orbis/Default.htm.

Como acontece com qualquer nova tecnologia, havia os que defendiam o uso do livro, como Comenius, e os que o queriam fora da sala de aula. Segundo Kelly (1969, p. 261), Lambert Sauveur, em seu livro *Introduction to the teaching of living languages without grammar or dictionary*, publicado em 1875, aconselhava os professores a proibir que os alunos usassem o livro na escola, pois a sala de aula era local de ocupar os ouvidos. O livro deveria ser usado em casa para que o aluno se preparasse para as aulas.

Kelly (1969, p. 260) afirma que o método de tradução só se tornou popular com a popularização do livro. Howat (1984, p. 131) defende que essa abordagem deveria ser denominada de método de gramática escolar. Ele alega que a denominação de gramática e tradução foi dada pelos opositores do método afim de chamar a atenção para dois aspectos de menos importância do método. Para ele, a inovação do método não estava no ensino da gramática e da tradução, isso já era um pressuposto, pois o ensino de línguas, até então, tinha por objetivo a leitura e a interpretação de textos com o auxílio de dicionários. A inovação estava no caráter reformista, ou seja, no fato de tornar a aprendizagem de línguas mais fácil. Diz ele:

> Most of them were highly educated men and women who were trained in classical grammar and knew how to apply the familiar categories to new languages. (The fact that they did not always fit the new languages very well is another story). However, scholastic methods of this kind were not well-suited to the capabilities of younger school pupils and, moreover, they were self-study methods which were

inappropriate for group-teaching in classrooms. The grammar-translation method was an attempt to adapt these traditions to the circumstances and requirements of schools.

A característica principal desse tipo de material, ainda segundo Howat (1984), foi a substituição dos textos tradicionais por frases exemplificatórias. Essas frases, usadas para praticar a língua, exemplificavam a gramática de forma clara e em um nível de dificuldade sequenciado. Cada lição apresentava um ou dois pontos gramaticais, uma pequena lista de vocabulário e alguns exemplos práticos para traduzir.

Livros com foco na gramática e tradução adotados no Brasil

Ao examinarmos alguns desses livros usados no Brasil, na primeira metade do século 20, temos que concordar com Howat que esse tipo de material se diferenciava, e muito, dos livros didáticos de latim e grego que tinham como base o texto literário. É evidente a tentativa de tornar o ensino de línguas mais próximo da realidade do aluno.

Figura 6

Vejamos dois exemplos de livros didáticos de inglês dessa época. *A gramática da língua inglesa* (Figura 6), publicada em Porto Alegre, pela primeira vez em 1880, em sua 34ª edição revista e ampliada em 1940, apresenta listas de palavras com a respectiva tradução, conjugações verbais, e exercícios de tradução e versão. Entre as frases, encontramos enunciados coloquiais tais como "*Which is the shortest way to the village?*" ou "*Is it far from here?*" ao lado de algumas frases preconceituosas que espelham a sociedade da época. Apesar de não haver mais escravidão no Brasil em 1940, o livro não parece ter sofrido a revisão merecida e algumas frases remetem ao contexto do século 19, com referências a escravidão ou ao preconceito contra os negros como nos exemplos: "A minha prima vendeu seu escravo." para ser vertida para o inglês, ou "*That negress has very good teeth*" e "*A European is generally more civilized than an African*" para serem traduzidas para o português.

Outro exemplo é o livro *The English Gymnasial Grammar* (Figura 7), cuja primeira edição data de 1936. A terceira edição de 1937 traz, em suas duas primeiras páginas, uma lista dos estabelecimentos educacionais que adotaram a obra. Essas escolas estavam espalhadas pelos vários estados brasileiros, do sul ao nordeste, onde foi adotado, o que demonstra sua penetração em quase todo o território nacional. Apesar de

Figura 7

ter estilo semelhante ao primeiro livro analisado (regras gramaticais, conjugações verbais, listas de palavras, frases para serem traduzidas), essa gramática inova ao inserir transcrições fonéticas nas listas de vocabulário e ao propor exercícios com frases para serem corrigidas. Não há no livro frases em português para serem vertidas para o inglês. Tanto esse livro como o anterior, apesar de apresentarem informações sobre pronúncia em um capítulo introdutório e muitas frases do discurso oral, ainda têm como foco o ensino da forma. O conceito de língua é ainda o de um conjunto de regras gramaticais, mas passa a incluir também a dimensão fonológica.

Ao lado dos livros de gramática e tradução adotados no Brasil na primeira metade do século 20, encontramos um material didático bastante inovador para a época: *An English Method*, do Padre Julio Albino Pinheiro, publicado em Coimbra, em 1930, e adotado pelo Colégio Pedro II, no Brasil, conforme registro no próprio livro, em sua 12ª edição de 1939. O que se percebe nesse livro é que o conceito de língua que perpassa o material, apesar de o foco predominante ainda serem nas estruturas gramaticais, também inclui a língua como comunicação e como veículo de práticas sociais diversas, da conversa à manifestação estética.

O material, com o intuito de promover a autonomia do aprendiz, aposta no uso de transcrições fonéticas, adotando os símbolos da Associação Internacional de Fonética. O livro, dividido em quatro partes, é ilustrado e se organiza por campos semânticos (família, datas, refeições etc.) acompanhados de itens gramaticais (artigos, pronomes, graus de comparação, tempos verbais etc.). As atividades envolvem gêneros diversos: poemas, trovinhas, charadas, provérbios, piadas, lista

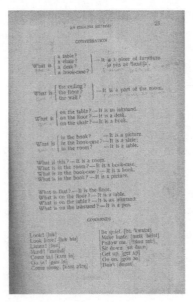
Figura 8

de lavanderia, miniconto, receita, fábula, textos descritivos, tabela. Há diálogos e alguns dos exercícios de conversação em formato que, anos mais tarde, ficaria conhecido como exercício estrutural de repetição por substituição (ver Figura 8). Outra inovação para a época são algumas dicas sobre interações conversacionais.

Apesar de haver tradução do vocabulário e explicações gramaticais em português, o livro não propõe ao aluno nenhum exercício de tradução. As unidades se iniciam com um texto ou diálogo, seguido de uma seção gramatical; *memory* work com expressões e palavras para serem memorizadas; exercícios orais com frases para treinar determinada estrutura gramatical; exercícios pedindo que o aluno reescreva frases para treinar o plural, tempos verbais e outras questões gramaticais; e perguntas para serem respondidas; três ou quatro pequenos textos de gêneros diversos e *drills* fonéticos. A transcrição fonética é uma constante nas listas de vocabulário e nos textos iniciais de cada lição. Na introdução da 12ª edição, Ferreira afirma:

> O ensino de língua ingleza encontrou nas transcripções phoneticas da Associação Phonetica Internacional um auxiliar da máxima importância; pois que aprendido o alphabeto dessa Associação, o alumno fica habilitado a estudar as lições por si mesmo, sem que o Professor necessite de gastar tempo precioso com o ensino da leitura.

É interessante perceber que o conceito de leitura era o de leitura oral, daí a importância dos símbolos fonéticos. Há também a inclusão da atividade de escrita de cartas sociais e comerciais, como podemos ver na Figura 9.

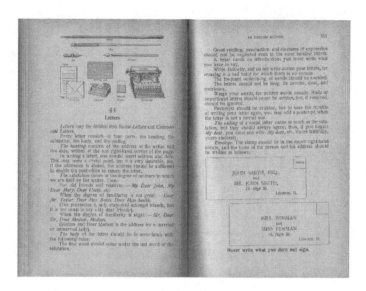

Figura 9

O mais surpreendente é ler, na introdução da obra, que os sons dos símbolos fonéticos foram gravados em um lado de um disco e do outro as lições das páginas 20 e 24, ambas intituladas "The Class-Room". A esse respeito diz o autor:

> E para tornar accessível, mesmo às creanças, o ensino dos sons dos symbolos usados por essa Associação, consegui do distincto Professor da Universidade de Coimbra, **Mr**. John Opie, a especial fineza de reproduzir em disco de gramophone os sons desses symbolos.
> Basta collocar o disco num gramophone, e ouvir-se-hão os exemplos dos symbolos a pag. 2 e 3. No verso do mesmo disco estão também gravadas as lições das paginas 20 e 34.

A tecnologia sonora, aliada aos símbolos fonéticos, tem, portanto, a função de promover a autonomia do aluno. Esse livro parece inaugurar, no Brasil, o uso de material gravado e é uma prova de que o material didático, muitas vezes, ultrapassava os pressupostos metodológicos da época.

Material em áudio

Na Europa, os primeiros materiais gravados surgem em 1901, com a fundação da empresa Linguaphone.[1] Em seu site na Internet, a empresa advoga ter sido a primeira a reconhecer o potencial da associação dos métodos tradicionais escritos com as gravações em áudio e que seu material pode tanto ser usado para autoinstrução como para uso em centro de língua.

Linguaphone foi fundada por Jacques Roston, tradutor e professor que emigrou da Polônia para a Inglaterra, e sua própria família, como se pode ver na Figura 10, posava para a capa dos materiais.

Roston foi um dos primeiros a reconhecer o potencial do cilindro fonográfico de lata inventado por Thomas Edison, em 1877, e depois aprimorado por Alexander Graham Bell, com a criação de cilindros cobertos de cera removível para gravação de som, em 1887. O fonógrafo (Figura 11) era, primeiramente, acionado por uma manivela que depois foi substituída por um motor.

Figura 10 e Figura 11

Os primeiros cursos do Linguaphone, em cilindros (Figura 12), combinavam fala nativa autêntica com textos ilustrados, e observações sobre vocabulário

---

1. Quem quiser conhecer um pouco da história da tecnologia em áudio no ensino de línguas estrangeiras, pode acessar o site da empresa Linguaphone, empresa pioneira na produção de material didático sonoro [http://www.linguaphoneusa.com/].

Figura 12

e gramática. Depois vieram os discos e com eles o dispositivo de repetição, Linguaphone "Repeater", que permitia ao aluno posicionar a agulha na ranhura adequada sem precisar erguer o braço do toca-disco. Outra invenção foi o "Solophone" – que permitia que os alunos ouvissem com fones de ouvido sem perturbar o resto da família.

Linguaphone oferecia também um tipo de gramofone com agulhas de três tons para regulagem da altura do som. Depois vieram os cassettes, CDs, CD-Roms, e agora a internet.

Ênfase na língua falada

A partir do final da década de 1940, os manuais de gramática e tradução começaram a dar lugar aos livros que enfatizavam também à língua falada. No Brasil, João Fonseca com seu livro *Spoken English* (Figura 13) e mais tarde o *New Spoken English* foi

Figura 13

um dos autores de maior sucesso no antigo curso ginasial, correspondente ao segundo segmento do ensino fundamental. Seus livros foram muito usados a partir da década de 1950.

Quanto aos livros importados, um bom exemplo é a coleção *Essential English for foreign students*, de Eckersley, editada pela *Longmans*, e que fez sucesso no mundo inteiro, inclusive no Brasil. O objetivo do livro era "o ensino sólido tanto do inglês falado como do escrito" para estrangeiros adultos. O primeiro volume foi publicado, em 1938, e os outros três volumes nos anos subsequentes.

O livro se apoia na *General service list of English words*[2] para a seleção de vocabulário e seu ensino inclui exercícios de pronúncia. As estruturas gramaticais são graduadas e as explicações acompanhadas de ilustrações como podemos ver na reprodução da página 131, do livro 2, na Figura 15.

O autor afirma, no prefácio da primeira edição, que "acredita que o conhecimento da língua falada é a base real da aprendizagem de línguas" e que seu livro é essencialmente conversacional. Ele explica, que apesar das restrições de vocabulário, "cada frase nessas conversações são utilizadas em idioma coloquial que seria usado por falantes ingleses educados".

Uma inovação do material foi a introdução de redações con-

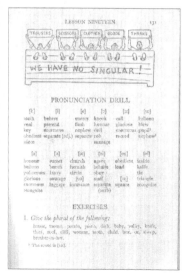

Figura 14 e Figura 15

---

2. A General service list of English words, compilada por Michael West, incluía uma lista das 2000 palavras mais frequentes do inglês.

troladas com apoio visual. Nesses exercícios, esperava-se que os alunos escrevessem narrativas a partir de uma sequência de imagens, perguntas, e palavra-chave para serem usadas na redação. Na Figura 16, temos um dos exemplos. Apesar de o objetivo ainda ser o uso de determinadas estruturas sintáticas, alguma produção de sentido começa a acontecer.

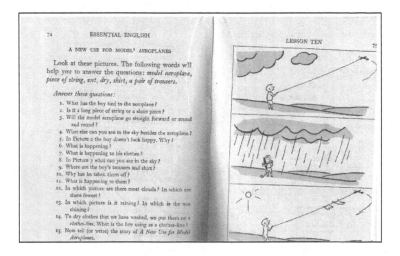

Figura 16

A coleção se organizava em um fio condutor, o professor Priestley e seus alunos Pedro, Olaf, Jan, Lucille, Freda e Hob. Esses personagens são apresentados ao leitor na unidade 19 (Lesson 19) da seguinte forma:

> They are going to talk about their work and their holidays, their countries and their lives, their joys and their sorrows. They will tell you what they like and what they dislike. They will tell you stories; they will write letters, tell jokes, and sing songs for you.

Segundo Howat (1984, p. 216), a utilização dos personagens era um recurso que permitia a combinação de amostras da fala do dia-a-dia com informações sobre a língua em uma atmosfera mais leve do que a de outros manuais didáticos. No entanto, se analisarmos o material, observaremos que a linguagem é bastante formal e os diálogos não apresentam características do discurso oral, tais como hesitações, marcadores, frases incompletas e repetições.

A série *Essential English*, segundo Howat (1984, p. 216), se manteve na liderança do material didático por cerca de 30 anos, quando foi superada pela série *New Concept English* (Figura 17), de L. G. Alexander, uma abordagem áudio-oral, cujo primeiro livro era *First things first*. O material, que também se baseava na *General service list of English words*, era composto de livro do aluno, livro do professor e dois conjuntos de fitas gravadas: uma com exercícios suplementares (*drills*) e outra com os diálogos de cada lição. Na introdução do livro do professor, Alexander (1967) critica os métodos tradicionais baseados em gramática e tradução. Ele afirma que não se ensina ma língua informando os alunos sobre ela, mas sim capacitando o aluno a usá-la. Uso da língua, para Alexander, era sinônimo de repetição de estruturas. Cada unidade apresentava uma estrutura gramatical e um número limitado de vocabulário, pois Alexander seguia os pressupostos da abordagem estrutural, com forte suporte behaviorista.

Figura 17

Como a abordagem pressupunha o uso exclusivo da língua inglesa, as unidades se valiam de ilustrações para auxiliar na compreensão e o autor afirmava utilizar enunciados úteis e que poderiam ser usados em situações cotidianas reais. Alexander (1967, p. xv) afirmava que nos estágios iniciais, há uma enorme tentação em se ensinar frases que o aluno nunca vai usar na vida real e, entre os exemplos, apresenta *"I have a nose", "Have you a nose?"* que ele considera distorções injustificadas da linguagem.

O livro do aluno, composto de 144 lições com foco na linguagem oral, era acompanhado de uma máscara para que se pudesse tampar o texto dos diálogos durante as práticas orais em sala de aula. A metodologia prescrevia várias etapas de atividades de audição (livro fechado, livro aberto com a máscara para uso de gravuras apenas, livro fechado novamente), seguida de repetição em grupo e individual e, finalmente, a leitura em voz alta. A escrita só deveria ser introduzida após o término do curso.

Figura 18 e Figura 19

Os outros livros da série eram: *Practice and progress* (Figura 18), *Developing skills* e *Fluency in English*. *Practice and progress*, previsto para o nível pré-intermediário, era composto de dois volumes e dois conjuntos de fitas, uma para as lições e outra para os exercícios de repetição. Os dois volumes se dividiam em 4 unidades e cada uma delas incluía 24 pequenas narrativas com uma ilustração. As unidades eram precedidas de testes para diagnosticar o nível do aprendiz.

Cada lição deveria obedecer aos seguintes passos: 15 minutos de apresentação oral, 10 minutos de perguntas e respostas, 5 minutos para repetições da estrutura em estudo, 10 minutos  para reconstrução oral da narrativa, e 10 minutos para conversação livre, jogos, atividades que incluíam cantar, contar histórias etc. Ambos os volumes apresentavam exercícios controlados de escrita na forma de resumos dos textos de cada lição, feitos a partir das perguntas ou frases-chaves, e redação de cartas.

Developing skills (Figura 19) era o livro do nível intermediário e, além dos dois conjuntos de fitas, trazia exercícios escritos suplementares em forma de múltipla escolha. Consistia de 60 lições, divididas em 3 unidades precedidas por um teste. A organização era semelhante a do livro anterior.

Finalmente, *Fluency in English* (Figura 20), para o nível avançado, focava as 4 habilidades e cada unidade trazia um excerto de livro ou revista que servia de base para as atividades de leitura oral e silenciosa, compreensão oral e escrita, ditado, resumo, redação e estudos gramaticais.

Figura 20

Paralelamente à serie de Alexander, outras coleções de orientação áudio-oral faziam sucesso como a série *English 900* (Figura 21), edição americana, e *English 901* (Figura 22), edição britânica, editadas em 1964 e seguidas de várias reedições. A edição americana (900) foi preparada por English Language Services, sob a direção de Edwin T. Cornelius, Jr e Joyce R. Manes como editor do projeto. A série britânica (901) foi coordenada por Peter Strevens. Ambas foram publicadas pela editora Collier-Macmilan. A coleção era composta por 6 livros e respectivos *workbooks*, 10 fitas de áudio por livro, e manual do professor. Cada unidade apresentava cerca de 20 frases, perfazendo 150 por livro e 900 ao final da série. Os autores enfatizam, na introdução do livro, que havia a inclusão de, aproximadamente, 4 variações para cada sentença básica e que os alunos iriam praticar e aprender aproximadamente

Figura 21 e Figura 22

3600 variações, além das 900 estruturas básicas. A inovação dessa série foi o uso de sinalização gráfica para marcar padrões entonacionais. O livro, com poucas ilustrações, apresentava em uma página as frases e no seu verso as mesmas frases com a marcação da entonação, como podemos ver nas figuras 23 e 24 que reproduzem as primeiras páginas da unidade 1, livro 2, da coleção *English 900*.

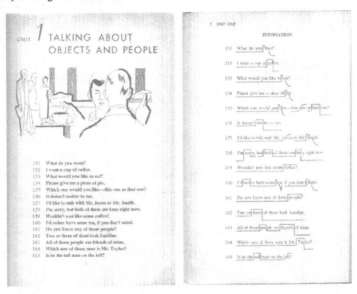

Figura 23 e Figura 24

Além das estruturas básicas, o material utilizava perguntas e respostas, exercícios de substituição, e diálogos curtos para prática de conversação. A leitura é introduzida no livro 2; estudo verbal integra o livro 3; *participation drills* para uso na sala de aula surgem no livro 4, e, nos livros 5 e 6, são inseridos materiais para estudos gramaticais e exercícios de revisão.

Em 1973, a Editora Addison-Wesley lança a série *New horizons in English*. Na introdução do livro 1, Melgren e Walker (1973) afirmam que "o objeto de todas as aulas de inglês para falantes de outras línguas deveria ser o uso da língua em situações cotidianas". Eles advogam o uso significativo do idioma, o trabalho em par e já mencionam funções da linguagem tais como "expressar opiniões e sentimentos, dar e receber informações". A coleção é fartamente ilustrada com desenhos coloridos, mas as atividades ainda seguem a orientação estrutural e as atividades são todas controladas, como as que podemos ver na reprodução de partes da unidade 3, do livro 2, na Figura 25.

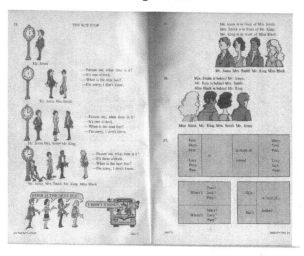

Figura 25

Na década de 1970, surgem os materiais audiovisuais da Editora Didier, representada no Brasil pelo Ao Livro Técnico, que ressuscitavam a mesma desconfiança com o texto escrito do século 19 e davam primazia à oralidade na sala de aula sem o apoio do registro escrito. A ideia era a mesma: a crença de que a escrita perturbaria o desenvolvimento da compreensão oral. Nessa fase do ensino de línguas, encontramos duas estratégias para impedir a leitura "precoce". Havia um tipo de livro com sonegação total do texto ao aprendiz, outros usavam uma máscara para cobrir os diálogos.

Figura 26 e Figura 27

Na Figura 26, o leitor pode ver parte da primeira lição de francês, do livro *De vive voix*, de Moget (1974). O material consistia de livro do professor, livro do aluno e material coletivo. O livro do professor trazia os diálogos sem as imagens, informações gramaticais, vocabulário, textos para ditado, orientações pedagógicas e exercícios. O livro do aluno, sem texto, reproduzia apenas as imagens. O aluno contava, também, com um caderno de ortografia. O material coletivo para ser usado durante as aulas era composto por 43 diapositivos em fitas, 19 fitas em áudio com diálogos, 7 com ditados e 42 com os exercícios. Esperava-se que o aluno memorizasse o diálogo que era apresentado pelo professor em diapositivos em fitas (*filmstrips*) acompanhados de sons gravados.

O livro *English by the audio-visual method*, de Filipovic e Webster (1975), seguindo a mesma tradição de adiar o contato com a língua escrita, utilizava uma máscara para cobrir o texto dos diálogos. Na Figura 27, o leitor pode ver a lição 4, parcialmente coberta pela máscara, para que se possa ter uma ideia de como era o material.

O método previa que o professor deveria retardar ao máximo a leitura e centrar as atividades na audição de fitas acompanhada de projeção dos diapositivos (*film strips*) para facilitar a compreensão oral. Muita ênfase era dada à aprendizagem da pronúncia e da entonação. Ao aluno cabia apenas repetir as falas de cada lição e fazer os exercícios estruturais que consistiam na repetição das mesmas estruturas com algumas pequenas variações lexicais ou sintáticas.

O foco nas habilidades orais partia do pressuposto de que o texto escrito poderia influir negativamente na aquisição da língua. Quem lucrava era o professor pouco fluente no idioma que ensinava, pois, por ter acesso aos *scripts* dos diálogos, tinha sua compreensão oral garantida pelo apoio textual. Esse tipo de material previa que os alunos deveriam trabalhar apenas a oralidade por 8 a 10 semanas. Leitura e escrita só deveriam ser introduzidas depois da aquisição das estruturas fonéticas básicas do idioma e eram proibidas tradução e explicações gramaticais.

Inspirada nos livros da Didier, Solange Ribeiro de Oliveira, docente da UFMG, inicia sua produção de livros didáticos no início da década de 1970. Em entrevista no dia 07 de julho de 2007, ela me conta que o primeiro livro foi *Structural English with áudio-visual aids*, em 3 volumes para os alunos e respectivos livros do professor; pôsteres com as imagens de cada lição; *slides* e material gravado por americanos nativos. O livro teve um enorme sucesso e foi adotado no Brasil inteiro. Os diálogos e *drills* eram contextualizados com recursos visuais e a gramática era sistematizada com o que o aluno já havia fixado por meio de repetição dos diálogos e dos exercícios. Uma inovação do material era a inserção de leitura ao final de cada lição, contrariando a prescrição rigorosa do método audiovisual que impunha o adiamento do contato dos aprendizes com o texto escrito. No livro 3, Solange descreve uma viagem de um professor a Londres para fazer um curso, inspirada em sua própria experiência.

Outro material bastante criativo de Solange Ribeiro foi *Trip to the Moon* (Figura 28) e *The blue Earth*. No primeiro o fio condutor

Figura 28

eram crianças que visitavam a lua e no segundo eram os homens da Lua em visita à Terra. Em conjunto com o ensino da língua inglesa, o material discutia questões sociais, como, por exemplo, a situação de penúria do homem do campo. Acompanhavam esses livros, *workbooks*, livros do professor, pôsteres, *slides* e figuras para serem fixadas em flanelógrafos e manipuladas para os exercícios de repetição com substituição. O *workbook* apresentava atividades lúdicas como, por exemplo, uma boneca e suas roupas para colorir que poderiam ser recortadas e colocadas em cima da boneca. Assim, o aluno, além das imagens, associava também ações para aprender a língua. Em todos os livros, o uso das gravuras, segundo Solange, era fruto de sua preocupação de tornar os *drills* menos mecânicos.

Sempre preocupada com os objetivos educacionais, Solange produz um terceiro livro, *A tour of Brazil*, no qual inverte os espaços e, ao contrário da esperada viagem ao exterior, cria personagens ingleses em visita ao Brasil. Um antropólogo e sua esposa viajam pelo Brasil e desconstroem mitos e estereótipos. A proposta era, provavelmente, muito avançada para a época e não agradou aos professores que preferiam livros que falassem sobre a Inglaterra ou os Estados Unidos. O livro não ultrapassou as fronteiras de Belo Horizonte.

A abordagem estrutural exerceu enorme influência na produção de material didático no Brasil. Eu mesma, em parceria com Júlio Pinto, produzi um material dentro da abordagem áudio-oral, em 1975, acreditando na premissa de que a parte oral deveria ser desenvolvida sem a interferência da escrita. Optamos por uma estratégia diferente: reproduzimos os diálogos, em formato de história em quadrinhos duas vezes. A primeira só com as imagens e balões e a segunda com a história completa, como se pode ver nas figuras 29 e 30. Orientamos o ilustrador a usar a história em quadrinho, pois acreditávamos que o recurso dos balões, representando determinados processos mentais (exemplo pensamento) e conversacionais (exemplo falar gritando), poderia auxiliar na compreensão dos diálogos sem o texto.

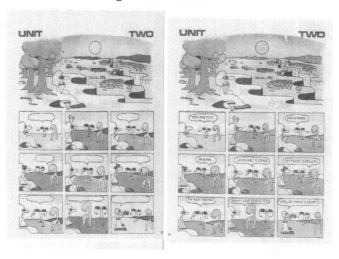

Figura 29 e Figura 30

A década de 1970 foi muito fértil em produção de material didático. Surge a preocupação com as necessidades dos aprendizes, e inúmeros livros para propósitos especiais aparecem nessa época.

Merece registro a série *English for careers*, da Regents Publishing Company, publicada em 1971, com 25 títulos voltados para áreas diversas: *Air travel em English: Ground services; Air travel in English: In-flight services; The petroleum industry in English; Computer programming in English; International finance in English: Money and banking; The Air Force in English; The Army in English; The Navy in English; Tourism in English; Hotels in English; Restaurants and catering in English; Hospital services in English; Accounting in English; National Defense in English; Atomic energy in English; Chemical engineering in English; Civil engineering in English; Electrical and electronic engineering in English; Mechanical engineering in English; The Merchant Marine in English; Advertising and merchandising in English; Mining and metallurgy in English; International trade in English; Aviation in English: Flying and traffic control; Agriculture in English.*

Na década de 1970, apesar de ainda haver um predomínio das formas gramaticais, as funções da linguagem ganham espaço na organização dos novos livros. Howat (1984, p. 292) comenta:

> (...) the use of functional labels for language lessons provided teachers with a means of communicating with learners which was both concrete and clearly related to their reasons for learning the language. 'Today we are going to practice asking for things in shops' makes much more obvious sense than 'practising question-forms', which is too abstract, or role playing a dialogue such as "At the florist's', which is too arbitrary. By the late seventies, most new courses in English had incorporated a functional dimension to their syllabus design. Typically, the familiar structural patterns remained, but they were ordered differently, and organized around functional headings which served to hold the individual lessons units together.

Figura 31

Um dos primeiros livros de orientação situacional é o *Situational Dialogues*, publicado, em 1972, por Ockenden. O livro se destina a alunos intermediários e avançados e tem por objetivo a prática da "conversação informal", em 44 situações diferentes. Essas situações da vida cotidiana se dividem em 8 temas: transporte (exemplo *hiring a car*); *food and drink* (exemplo *at lunch*); *in town* (exemplo *at a hotel*); *communication* (exemplo *telephoning*); *health* (exemplo *asking about health*); *greetings* (exemplo *saying good-bye*); *at home* (exemplo *television*); *general* (exemplo *asking favours*).

Cada situação apresenta 4 variações. Vejamos dois exemplos de conjuntos de variações. Variações para solicitar que alguém repita o que acabou de falar: (1) *Sorry, bit I didn't quite catch that.* (2) *I beg your pardon.* (3) *I'm afraid I didn't quite hear what you said.* (4) *Sorry, I missed that.* Variações para recusar a oferta de um cigarro: (1) *No, thanks. Not before lunch.* (2) *No, thanks. I've Just put one out.* (3) *No, thanks. I'm trying to cut down.* (4) *No, thanks. I'm trying to give up.*

O autor instrui o professor a ler o diálogo e explicar o significado, se necessário. Em seguida o professor lê e os alunos repetem em coro. O mesmo procedimento é feito com os outros três diálogos. Depois o professor lê a parte A e pede ao "melhor aluno" para ler a parte B. Faz o mesmo com outros alunos, alternando entre as falas de A e de B. Depois o mesmo é feito por pares de alunos e por todos os alunos, quando cada um lê uma fala. Esperava-se, ainda, que os alunos escrevessem diálogos memorizados e os dramatizassem. O livro é acompanhado de material gravado em fita ou cassete, na seguinte sequência por unidade: (a) gravação dos 4 diálogos sem pausa para compreensão oral, (b) gravação dos 4 diálogos com pausa, (c) *drills* com pausa. As pausas tinham como propósito possibilitar a prática dos diálogos e estruturas. O aprendiz poderia, também, trabalhar sozinho, conversando com seu gravador, ora fazendo o papel de A e ora o de B. Nos *drills*, como os enunciados eram aleatórios, o aprendiz poderia usar uma das quatro alternativas.

O conceito de língua continua sendo o de estrutura gramatical, mas o material inova ao introduzir o conceito de variação linguística.

Abordagens comunicativas

Em 1977, Brian Abbs e Ingrid Freebairn publicam a série *Strategies*, seguindo a abordagem funcional. O conceito de língua é o de língua como comunicação. No livro do mestre de *Starting Strategies*, Freebairn (1977, p. iv) explicita os principais objetivos do curso e lá encontramos palavras-chave – *useful language, to communicate susccesfully, real spoken and real language, a wide range of accents* – que sinalizam a mudança de foco do sistema abstrato de regras para a língua em uso, a língua para comunicação, ou como ela mesma diz "*what a learner wants to do through language*". Ela explica que "[A]s a working label, these communicative acts – identifying oneself, giving personal facts about oneself etc. – are referred to throughout the *Teacher's Book* as language functions", em uma clara referência ao trabalho de Austin (1962), How to do things with words.[3]

Figura 32

O livro contempla variações linguísticas, acolhe como legítimos outros dialetos, utiliza a entonação como recurso linguístico para produção de sentido, utiliza também material autêntico. Freebairn (1977, p. v) chama a atenção para o fato de os outros materiais darem ênfase apenas às habilidades orais e enfatiza que um aprendiz de férias na Inglaterra também precisa preencher formulários, ler avisos etc., além de entender anúncios orais.

Starting strategies é composto de livro do aluno, livro do mestre; um conjunto de fitas com diálogos, textos para compreensão oral, exercícios de acentuação e entonação, e diálogos para serem comple-

---

3. Austin demonstra, nesse livro, como certos enunciados ao serem produzidos, produzem também ações, ou seja, dizer significa também fazer alguma coisa, como, por exemplo, prometer, constatar etc

tados pelos próprios aprendizes; canções em LP, fita, ou cassete; e um conjunto de 10 gravuras para colar nas paredes, a maioria delas consistindo de ampliações de ilustrações do próprio livro.

O cenário para os diálogos é uma companhia de documentários cinematográficos em Manchester. Apesar de não usar cores, o material é fartamente ilustrado e apresenta gêneros variados, tais como desenhos, fotografias de personalidades conhecidas, mapas, formulários, reprodução fiel de textos de jornais e revistas.

Uma coleção bastante inovadora, *Reading and thinking in English*, concebida para atender propósitos acadêmicos, foi fruto de um projeto financiado pela Universidade dos Andes, em Bogotá e pelo Conselho Britânico. A coleção foi publicada pela editora Oxford em 1980. O objetivo era ajudar alunos estrangeiros a ter acesso a informações por meio do inglês. John Moore coordenou o projeto, como representante do Conselho Britânico, e foi também o revisor do material que foi escrito por Dora Bonnet de Salgado, Luisa Fernanda de Knight, Anita Escobar de Tamayo, Teresa Munévar, todas da Universidade dos Andes. Henry Widdowson, do Instituto de Educação da Universidade de Londres, foi o editor associado.

Reading and Thinking in English se divide em 4 volumes que podem ser usados de forma independente: Cada livro tem um objetivo diferente, conforme nota dos autores.

> **Concepts in use** extends students' basic knowledge of grammar and vocabulary and how they are used to express fundamental concepts. It also develops their awareness of how passages are built on combinations of these concepts. **Exploring functions** deals with the use of concepts in the communicative functions of academic writing. **Discovering discourse** develops students' awareness of how the devices of language are used to express communicative function. It also shows how passages are built on combinations of simple functions. **Discour-**

se in action extends students' knowledge of the functional organization of written English and develops their ability to handle information found in varied types of real academic discourse.

No Brasil, há também uma explosão de produção de livros didáticos para o ensino de inglês. Na década de 1970, com a expansão do ensino universitário e o *boom* dos cursos pré-vestibulares, Amadeu Marques (provavelmente, o nome mais famoso da época) inicia sua produção de material didático. Seus primeiros livros são *English*, em 3 volumes, *Time for English*, *English for life*, e *Reading texts in English*. *Time for English* foi escrito para o antigo ginásio e os demais para o curso colegial, hoje ensino médio.

Figura 33

Em entrevista por email, ele me informa que, nos anos 1970, optou por abandonar um curso de idiomas de elite para dar aulas em curso pré-vestibular. Diz ele:

O importante ali era adestrar os alunos de modo que tivessem boas notas em inglês e isso os ajudasse a passar no vestibular. Daí surge a necessidade de preparar material próprio, visando aquele tipo de prova. Nascem as primeiras apostilas. Essas apostilas, com certo tempo, passam a ter forma e conteúdo mais sofisticados. No "vácuo" das apostilas Inglês para Medicina (Curso Galloti), Inglês para Engenharia (Cursos Vetor e Bahiense), Inglês para o Vestibular de Letras (Curso Hélio Alonso), escrevo, edito e publico (edição do autor) um livro chamado "Inglês – 2º Grau". Tanto as apostilas quanto esse livro têm uma ótima aceitação por parte de outros professores e me animam a fazer uma distribuição comercial mais a sério. Deixo os livrinhos em livrarias do Rio, em consignação, e o resultado é ótimo. Qual? Não apenas os livros acabam rapidinho, mas também pelo fato de serem um sucesso de vendas, acabam despertando a atenção de uma editora, a Ática, que me convida para ser autora deles. Escrevo então uma série de 3 livros, nessa altura para o 2º Grau, chamada simplesmente ENGLISH. Enorme sucesso. Isso foi em 1978. Na sequência, a Editora me chama para escrever uma coleção para o 1º Grau: Daqui a pouco sai o Time for English. E depois disso, a fabriqueta nunca mais parou: De 1978 até 2007, foram publicados, sempre pela Ática, mais de 50 livros, entre várias coleções para o ensino fundamental, ensino médio, séries de paradidáticos e 2 dicionários.

Amadeu expandiu sua produção e continua fazendo sucesso. Hoje, tem livros (alguns em coautoria) para todos os níveis de ensino básico, além de dicionários, livros para leitura extraclasse e livros de atividades lúdicas. Alguns de seus títulos são: *Inglês - Série Brasil*, *New password*, *Inglês – Série Novo Ensino Médio*, e *Prime time*, todos para o ensino médio; *New password – Read and learn*, uma coleção de 4 volumes para o segundo segmento do ensino fundamental, em coautoria com Kátia Tavares; e *Show and tell*, uma coleção de 4 volumes para o primeiro segmento do ensino fundamental, em coautoria com Branca Falabela Fabrício e Denise Machado dos Santos.

Figura 34 e Figura 35

Muitos outros livros foram publicados por autores brasileiros, incluindo-se livros voltados, exclusivamente, para o ensino de leitura, como o livro *Inglês instrumental* de Reinilde Dias (1988), fruto de sua pesquisa de mestrado. Publicado, primeiramente pela Mazza Edições, o livro foi reeditado pela Editora UFMG com o título de *Reading critically in English* e, hoje, encontra-se em sua terceira edição revista e ampliada.

Desde a primeira edição, o livro utiliza textos autênticos, retirados de jornais, revistas e livros especializados, e propõe atividades para o desenvolvimento da habilidade de leitura, além de desenvolver a leitura crítica. A autora se vale de vários gêneros discursivos em uma perspectiva transdisciplinar.

Sistema integrado de materiais didáticos

Figura 36

No final da década de 1970 e início da de 1980, os livros ficam mais bonitos e mais coloridos e passam a fazer parte de um conjunto de outros artefatos didáticos, que podemos denominar de sistema integrado de materiais didáticos. Um bom exemplo é a coleção *Streamline* (ver Figura 36), de Bernard Hartley e Peter Viney.

O banco de materiais *Streamline* incluía livro do aluno, livro de exercícios, livro do professor, material extra para o professor, material para ser usado em laboratório (*Speechwork*), vídeo, e material de leitura, como a série *Departures in Reading* series e *Storylines*, um conjunto de leituras graduadas Esses livros foram originalmente

publicados como *Streamline Graded Readers* (ver Figura 37). Atualmente são 24 histórias de ficção coloridas, do nível iniciante ao pré-intermediário, conforme informação disponível na *homepage* de Peter Viney e Karen Viney [http://www.viney.uk.com].

Os livros *Streamline* 1, 2, e 3 são compostos de 80 unidades de uma página apenas e o nível 4 de 60 unidades em páginas duplas. Apresentam listas de vocabulário, index com verbos irregulares e as transcrições dos textos para compreensão oral. O workbook inclui textos, exercícios, quebra-cabeça, estudo de vocabulário e síntese das estruturas estudadas. O livro do professor aborda a metodologia, técnicas de ensino e inclui o programa, os planos de aula para cada unidade, anotações sobre cada lição, lista de verbos irregulares, aspectos a serem enfatizados na sala de aula e o vocabulário-chave de cada unidade. Há, ainda, uma lista com todo o vocabulário do livro do aluno, indicando qual é a unidade em que a palavra aparece pela primeira vez.

Figura 37

Viney relata em seu *site* que o material foi pilotado por cerca de dois anos antes de sua publicação e revela detalhes da produção:

> Everything was illustrated with cartoons, and in those pre-computer days labelled with Letraset (a big deal then). Everything was recorded with music and sound effects, and some units were even filmed on monochrome U-Matic videotape. For example, I acted out "I Love You, Fiona" with Karen, and 'An English Restaurant' with Chris Owen.

Em interação por *email*, em 25 de julho de 2007, Peter Viney me conta que a edição-piloto, escrita em 1976, com 130 unidades compreendia o livro *Departures* e a primeira metade de *Connections*, com exceção das unidades de 1 a 4 que foram adicionadas posteriormente. Ele estima que 2000 a 3000 alunos usaram o material em um período de dois anos nas 9 escolas do Grupo Educacional Anglo-Continental, envolvendo 50 nacionalidades. O Brasil era o terceiro no *ranking* dos países de origem dos alunos. O material foi intensamente revisado nesses dois anos e a primeira edição saiu em 1982. Em 1994, foi lançada a série *New American streamline*.

Outro grupo importante de materiais e que fez e ainda faz muito sucesso é a série *Headway* (Figura 38), de Liz e John Soars, da Editora Oxford. É um livro destinado a jovens e adultos e que combina abordagens tradicionais (exemplo, tradução) com a abordagem comunicativa em um estudo sistematizado das quatro habilidades. A primeira versão é dividida nos níveis elementar, pré-intermediário, intermediário, intermediário superior e avançado. A coleção inclui livro do aluno, livro do professor com atividades fotocopiáveis, livro de exercícios, fitas cassetes para uso em sala de aula, fitas cassetes opcionais para o aluno, livro de pronúncia e vídeo.

Algum tempo depois, foram lançados o *New Headway* (Figura 39) e o *American Headway* (Figura 40).

Figura 38, Figura 39 e Figura 40

O sistema Headway integra livro do aluno, livro de exercícios (opção com e sem chave de respostas), livro do professor, *Resource book* para o professor, com material fotocopiável, vídeo, fita de áudio, CD de áudio, e DVD. Além disso, há uma página na web (http://www.oup.com/elt/catalogue/teachersites/headway/?cc=gb), como podemos ver na figura 41, com acesso a uma página para o aluno e outra para o professor.

A página do aluno oferece uma palavra nova a cada semana com explicações e acesso ao arquivo com as palavras da semana anterior e um *phrase builder*, dividido em níveis de dificuldade, na qual o aluno pode ler e ouvir frases para aprender (lendo as frases), testar (colocando as palavras em ordem), e receber *feedback*.

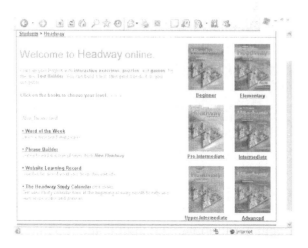

Figura 41

Figura 42

O aprendiz pode, ainda, imprimir uma planilha para registrar sua aprendizagem e um calendário mensal (Figura 42) para organizar sua aprendizagem de vocabulário, registrando as novas palavras, traduzindo e escrevendo frases.

A página do professor oferece um guia para o aluno com exercícios interativos, jogos e trabalho com vocabulário do *site* do aluno; dicas de como usar alguns aspectos do material; arquivos para *download* com palavras cruzadas para testar vocabulário; ideías de atividades rápidas; textos para leitura com exercícios de vocabulário e expressão oral; transcrição das fitas, modelos de aula com *worksheets* para os alunos e notas para ajudar o professor a ministrar essa aula e, também, dicas e técnicas para tarefas de avaliação. Uma novidade é um espaço virtual para o compartilhamento de sugestões de atividades, planos de aula e artigos de autoria dos professores usuários do *site*.

Figura 43

É uma política das grandes editoras, como a *Oxford*, investir na divulgação de seus livros didáticos, agregando a eles uma oferta de outros materiais gratuitos. Outro livro da mesma editora, o *English file* (Figura 43), também tem um *site* com exercícios interativos para *download*, jogos, e sugestão de *links*. As atividades no *site* do aluno e do professor se assemelham às descritas no *site* do *Headway*. Chamam especial atenção, na página do aluno, os jogos eletrônicos para pronúncia e entonação. Além do material na *web*, a editora envia *emails* com fequência para professores que se inscreveram no *English file teacher link mailing list*, incentivando-os a acessar seu *Resouce Bank* com sugestões de aula para todos os níveis. Nesses *emails* sempre há uma seção chamada *You and your teaching* com um *link* para um *survey* no qual a editora pede aos professores que

Figura 44 e figura 45

deem sua opinião sobre aspectos do livro, como, por exemplo, *Grammar in New English File* ou *homework* and *self-study*.

A editora Cambridge utiliza a mesma estratégia. O livro *Interchange* (Figura 44), de Jack Richards, também, oferece suporte para o professor em um *site* (Figura 45) com uma variedade de ideias, sugestões, planejamento do programa de ensino, exercícios divertidos, quebra-cabeças para revisar vocabulario, e perguntas mais frequentes. Para cada lição, há um conjunto de atividades extras.

O sistema *Interchange* reúne a coleção *Interchange* e *New interchange*, livro do aluno e do professor, livro de exercícios, material em áudio, material para laboratório, vídeo, CD-ROMs e pacotes de testes de nivelamento e de avaliação da aprendizagem.

Há, também, suporte *on-line* para os professores. Como podemos perceber, cresce a variedade de material didático e os serviços associados.

Dorothy Zemach e Henry Widdowson abordaram a questão da proliferação de materiais didáticos de forma humorística em uma palestra plenária no congresso TESOL 2002, em Salt Lake City, que eles intitularam "Humorous Spirit". Com a autorização de Zemach, reproduzo trecho abaixo:

> DZ: Well, I stopped by Cambridge University Press, and I picked up some Interchange materials [*takes out materials as she speaks*]. I got the Interchange student book, the Interchange workbook, the Interchange class audio cassette, the Interchange student audio cassette, the Interchange teacher's guide to the student book, the Interchange video, the Interchange video student book, the Interchange teacher's guide to the video book, the Interchange teacher training video, the Interchange book for the teacher training video, and the Interchange teacher's book to the book for the teacher training video, and the Interchange lunchbox.
> HW: The Interchange lunchbox?
> DZ: Well, you know how some novice teachers spend so much time preparing for classes and grading papers that they don't eat right. The Interchange lunchbox comes packed with a supply of fully integrated, multi-ingredient lunches that give teachers a balanced supply of the nutrients they need to use the Interchange materials. (*offers a sandwich*) Want a bite?
> HW: Thanks, but I think I'll wait until the Interchange lunchbox teacher's guide comes out.
> DZ: Sorry--it's not available till this fall.

Conclusão

O professor tem hoje, à sua disposição, uma infinidade de materiais didáticos, filiados a abordagens diferentes em um contínuo que insere, em um extremo, a abordagem estrutural e, em outro, a abordagem comunicativa, o que indica que dois conceitos de língua disputam a preferência dos professores – língua como um conjunto de estruturas e língua como comunicação.

Apesar da imensa quantidade de materiais e de todos os recursos gratuitos na *web*, espera-se, também, que o professor seja capaz de adaptar e complementar o livro adotado e, até mesmo, de produzir material didático para seu contexto específico.

Pensando nisso, tenho atuado junto a alunos da graduação e da especialização a fim de que desenvolvam a habilidade de uso dos recursos da Internet e de editoração eletrônica para, em colaboração com os colegas, produzirem livros didáticos. Três exemplos de material desenvolvido para contextos específicos são *Tips and hints*, *Book your trip* e *Welcome to Serra do Cipó*. Os dois primeiros foram desenvolvidos por alunos do curso de Especialização em Ensino de Inglês da UFMG e o último pelos alunos da Graduação em Inglês da UFMG.

Tips and hints foi uma doação dos alunos para um curso gratuito que seria ministrado em Taubaté. Para desenvolver o material, os alunos pesquisaram sobre a cidade na *web* e usaram informações reais sobre aquela localidade. *Book your trip* foi desenvolvido para o curso de Turismo da própria UFMG; predominam nele informações sobre Belo Horizonte. *Welcome to Serra do Cipó* foi uma doação dos alunos para uma escola pública da cidade da Serra do Cipó. O livro utilizou informações turísticas sobre a cidade e também sobre os esportes que lá são praticados.

Esses e outros livros podem ser encontrados na página do projeto ARADO, http://www.letras.ufmg.br/arado/, um projeto de extensão cuja sigla significa Agregar, Refletir, Agir e Doar. Os alunos se reúnem, sob minha coordenação, refletem sobre os objetivos do livro, os conceitos de língua e de aprendizagem e juntos agem para produzir o material e depois doá-lo com sua publicação na *web*.

Encerro este capítulo, convidando os leitores a examinar esse material no *link* http://www.letras.ufmg.br/arado/freebooks.htm e ver o que temos produzido.

Bibliografia

ABBS, B.; FREEBAIRN, E. (1977). *Starting strategies. Students' book.* Londres: Longman.

_____. (1977). *Starting Strategies. Teachers' book.* Londres: Longman.

AUSTIN, J. L. (1962). *How to do things with word.* Londres: Oxford University Press.

ALEXANDER, L. G. (1967). *New concept English.* Four volumes. Londres: Longman.

BETHELL, H. C.(1937). *The English gymnasial grammar.* Belo Horizonte, [s.n.].

ECKERSLEY, C. E. (1938-1942). *Essential English for foreign students.* Four volumes. Londres: Longmans.

ENGLISH LANGUAGE SERVICES, INC. (1964). *English 900.* 6 books. Nova York: Collier-Macmillan International.

FERREIRA, J. A. (1939). *An English method.* 12th ed. Porto, Portugal: Costa Cabral.

FILIPOVIC, R.Z. e WEBSTER, L. (1957). *English by the audio-visual method.* Rio de Janeiro: Ao Livro Técnico.

FITZGERALD, F. (1940) *Gramática da língua inglesa*. 34ª ed. Porto Alegre: Livraria Selbach.

HOWAT, A. P. R. (1984). *A history of English language*. Oxford: Oxford University Press.

KELLY, L. G. (1969). *25 centuries of language teaching*. Rowley: Massachussetts, Newbury.

Linguaphone -- 100+ years of experience and a very bright future! Disponível em: , acesso em 6 de junho de 2007.

MELLGREN, L. e WALKER, M. (1973). *New horizons in English*. Six volumes reading, Addison-Wesley: s/n.

MELLO Jr. J. *A Evolução do livro e da leitura*. Disponível em: http://www.ebookcult.com.br/ebookzine/leitura.htm, acesso em 18 de junho de 2007.

MOGET, M. T. (1974). *De vive voix: livre de l'éléve*. Cours Crédif. Rio de Janeiro: Ao Livro Técnico/Didier.

_____. (1972). *De vive voix: livre de maître*. Cours Crédif. Paris: Didier.

OCKENDEM, M. (1972). *Situational dialogues*. Hong Kong: Longman.

RADUAN, M. e TRINDADE, C. (2007). "The internet meets the classroom", in: *New Routes*. São Paulo: Disal, pp. 26-27. May.

STREVEN, P.; ENGLISH LANGUAGE SERVICES, INC. (1964). *English 901*. 6 books. Londres: Collier-Macmillan.

THOMPSON, C. E. *Orbissensualium pictus: an invitation to wisdom and schooling*. George State University. Disponível em: http://iconics.education.umn.edu/Orbis/Orbis_Text.htm, acesso em 15 de junho de 2007.

VINEY, P.;HARTLEY, B. (1978). *Streamline departures*. Oxford: Oxford University Press.

_____. (1979). *Streamline connections*. Oxford: Oxford University Press.

_____. (1982). *Streamline destinations*. Oxford: Oxford University Press.

VINEY, P. *Streamline English*. Disponível em: http:// www.viney.uk.com/original_articles/streamlineart/slhist.htm, acesso em 25 de maio de 2007.

LIVROS DIDÁTICOS: FOMENTADORES OU INIBIDORES DA AUTONOMIZAÇÃO?

Walkyria Magno e Silva

Introdução

Um processo de ensino e aprendizagem que seja bem sucedido deve levar o aprendente a poder prosseguir autonomamente no seu aprendizado, uma vez que ninguém pode perpetuar seu papel como aluno. Daí se depreende que a autonomia na aprendizagem é um objetivo desejável por todos.

Segundo Benson (2001, p. 47), "autonomia é uma capacidade multidimensional que se manifesta de diferentes formas em indivíduos diferentes, e até mesmo em um único indivíduo em diferentes contextos ou em épocas diferentes". Como essa manifestação não é estável e nem finita, pode-se entendê-la como um processo e assim o termo autonomização revela-se mais apropriado. Em outras ocasiões temos discutido o papel do professor e do aprendente no processo de autonomização (Magno e Silva 2003; 2006a; 2006b). Neste capítulo pretendemos investigar o papel dos materiais de ensino e aprendizagem e, mais especificamente, do livro didático nesse processo.

Depois de expormos algumas considerações sobre materiais de ensino e autonomia que permeiam a literatura atual, pretendemos analisar partes de três livros didáticos com a perspectiva de buscar enxergá-los como possíveis fomentadores de comportamentos autônomos. Em um segundo momento, tentaremos sugerir maneiras de como proceder para explorar livros didáticos de forma a não tolher o processo de autonomização dos aprendentes.

Os materiais didáticos e autonomia

Tanto autonomia quanto materiais didáticos são assuntos amplamente abordados na literatura especializada em ensino de línguas estrangeiras (LE). No entanto, a interação entre esses dois elementos não foi ainda suficientemente explorada. Alguns dos autores que mais recentemente dedicaram alguma atenção a essa conjunção são Coughlan e Duff (1994), Little (1997), Nunan (1997), Benson (2001), Weiniger (2001), Thomsen (2003), Chiaretti (2005) e Little e Perciclová (2006). Exporemos algumas de suas observações que, na nossa opinião, têm apontado interessantes caminhos para a pesquisa e a reflexão.

Geralmente se sustenta que o livro didático representa um elemento aparentemente estável na comunidade de aprendizagem e que esse elemento tem importância para a segurança dos professores, especialmente aqueles em início de carreira. Coughlan e Duff, no entanto, questionam essa estabilidade quando afirmam ao examinar dados provindos de uma tarefa comumente utilizada para pesquisas em L2, aquilo que frequentemente é visto como uma tarefa fixa é na realidade bastante variável, não só quando executada por sujeitos diferentes, mas também quando executada pelos mesmos sujeitos em tempos diferentes (1994, p. 174).[1]

Nesse estudo, os autores argumentam que cada comunidade de aprendizagem é única, no sentido vygotskiano, em que o conhecimento se constrói mediante interações entre os participantes de cada grupo. A imutabilidade do livro didático e, consequentemente a segurança supostamente suprida por ele são simplesmente um construto inexistente, pois cada sala de aula que utilizar determinado livro poderá obter resultados diferentes. Ou ainda, o mesmo livro didático utilizado na mesma comunidade de aprendizagem em épocas diversas pode apresentar resultados também diferentes.

Nunan (1997) argumenta que nem todos os aprendentes estão prontos para assumir atitudes autônomas e estabelece alguns níveis a serem alcançados por eles em direção à autonomização. São eles: conscientização, envolvimento, intervenção, criação e transcendência. Esses patamares não são compartimentos estanques, e geralmente os aprendentes transitam por vários deles simultaneamente. Pode-se pensar na relação dos alunos com os livros didáticos em cada um desses patamares. A conscientização da utilidade do livro leva a uma relação de envolvimento com ele. Como decorrência desse envolvimento surge a vontade de trabalhar com esse livro, intervindo na sua utilização. A partir do livro trabalhado, o aprendente pode criar e ir além dele, adicionando materiais de sua própria escolha ou elaboração ao livro utilizado.

Nunan sustenta ainda que dois aspectos podem ser trabalhados em cada um dos níveis mencionados acima: o conteúdo e

---

1. As traduções para o português das citações utilizadas são de nossa responsabilidade.

os procedimentos ou estratégias. O autor demonstra que autonomia e livros didáticos não são incompatíveis entre si se eles forem enriquecidos com atividades de conscientização e expansão dos conteúdos e estratégias propostos nas unidades do livro. O autor afirma que isso pode ser facilmente feito com a maioria dos livros didáticos. Ele sugere que se explicitem os objetivos de cada conteúdo e, ao final da atividade, que se avalie se esses objetivos foram alcançados e como o foram, colocando-se ênfase no processo desenvolvido e não no resultado atingido.

Little argumenta a favor do uso de textos autênticos como forma de fomentar a autonomia dos alunos. Em suas palavras,

> textos autênticos têm a capacidade de levar os aprendentes de línguas para dentro do mundo comunicativo da comunidade linguística alvo. Essa capacidade parece apoiar os propósitos comunicativos do ensino de línguas e é responsável, pelo menos parcialmente, pela crença amplamente difundida de que é importante tornar os aprendentes capazes de reagir autenticamente a textos autênticos (1997, p. 225).

Ele ressalta a importância do papel dos textos autênticos no fomento da autonomia, uma vez que eles lançam mão de estratégias cognitivas que não distinguem o aprendizado da língua do uso da língua. Little critica o uso exclusivo de alguns livros didáticos que, por meio de uma cuidadosa progressão no nível de dificuldade linguística do conteúdo, preparam para um *posterior*[2] uso da língua. Nesse aspecto, Little concorda com Nunan (1997) que sugere a adição de atividades ao livro didático. Little vai mais além ao inverter a equação que reza que a sala de aula é o lugar de aprender a língua que será usada no mundo exterior. Em suas palavras,

---

2. Grifo nosso.

se o aprendizado da língua depende do uso que se faz dela, devemos nserir o processo de aprendizagem da língua desde o princípio em um enquadre de uso comunicativo da língua, e uma parte indispensável desse enquadre será um corpus de textos autênticos. (1997, p. 228)

Little acredita que o emprego de textos autênticos é fundamental em uma sala de aula que, dessa forma, torna-se indissociável do mundo mais amplo. Tocaremos nessa questão mais abaixo, ao investigar o quanto de textos autênticos são encontrados em alguns manuais de ensino de LE ao dispor do sistema de ensino.

Benson (2001) sugere o *process syllabus* como o tipo de material didático ideal para fomentar a autonomia dos aprendentes. Esse tipo de material vai sendo elaborado em conjunto pelo professor e pelos aprendentes ao longo do curso. Em outras palavras, ele é a formalização da extensão dos princípios da autonomia para o currículo. Os aprendentes, em colaboração com o professor, tomam as decisões quanto ao conteúdo e também quanto aos procedimentos que serão desenvolvidos. Nesse modelo, não há livro didático preestabelecido; professores e alunos criam seus materiais de acordo com as necessidades e escolhas próprias da comunidade de aprendizagem.

Benson (2001) menciona que o ponto forte dos modelos de autonomia baseados em currículo é que eles se fundamentam no compartilhamento dos três níveis de controle: sobre o gerenciamento da aprendizagem, sobre o conteúdo da aprendizagem e sobre os processos cognitivos da aprendizagem. O autor afirma ainda que a autonomização não ocorre repentinamente nem se abastece de absoluta falta de materiais de aprendizagem, o que caracterizaria uma abordagem de "salve-se quem puder", mas demanda estruturas de apoio (*scaffolding*) que podem ser explícita ou implicitamente colocadas. Nesse ponto, o papel do professor é crucial, pois é ele que irá atuar positivamente na negociação dos objetivos e procedimentos de aprendizagem.

Weiniger (2001) aventa a possibilidade da extinção do livro didático, embora reconheça que ele facilita o trabalho do professor liberando-o de preparar aulas cotidianamente. No entanto, o autor reconhece que o livro didático já teve maior importância quando era o único meio de contato dos aprendentes com a LE. Atualmente, o livro didático é apenas um dos suportes da LE na sala de aula. A LE está em todo o lugar e os recursos oferecidos pela Internet suplantam muitos livros didáticos em qualidade e relevância.

Quando comparados a materiais disponíveis na mídia, os textos constantes em livros didáticos revelam-se pesadamente artificiais. Chiaretti, depois de analisar diálogos em sete livros utilizados na 5ª série do ensino fundamental, conclui que "os diálogos didáticos ainda estão longe de um tratamento voltado para um discurso real, autêntico, provável de ser ouvido ou lido fora do livro didático" (2005, p. 133). Assim, o livro didático que apresenta diálogos, volta-se principalmente para aqueles que incluam o vocabulário ou as estruturas gramaticais enfocadas em cada unidade e não para diálogos que levem o aprendente a se comunicar efetivamente na LE.

Little e Perciclová (2006) mencionam a preocupação de professores sobre a necessidade de utilizar todo o livro no período letivo, o que não deixa muito espaço para a implementação de materiais extras que levem à autonomização dos aprendentes. Esse pensamento contrasta com o *desideratum* expresso em muitas diretrizes de ensino nacionais, inclusive os PCNs brasileiros, sobre a necessidade de aprender a aprender e sobre o desenvolvimento de habilidades críticas para que os aprendentes assumam cada vez mais responsabilidade pelo seu próprio aprendizado. Temos ainda a observar que talvez uma das funções mais importantes do livro didático é a que fica mais obscurecida pela necessidade implícita de vencer todo o seu conteúdo durante o período letivo. Pensamos aqui na função motivadora e despertadora do interesse por outros materiais e outras fontes sobre o mesmo assunto ou assuntos conectados. Little e Perciclová afirmam

> se nós quisermos engajar nossos alunos em procedimentos reflexivos e de auto-avaliação para assim capacitá-los a assumir maior responsabilidade pelo seu aprendizado, não podemos usar o livro didático como uma série de planos de aula (2006, p. 28).

Nesse contexto, os autores estão se referindo à implementação do *European Language Portfolio* (ELP), que está sendo desenvolvida nos países da Comunidade Européia. No entanto, muitas das afirmações aplicam-se também ao nosso contexto, pois, se usarmos os livros didáticos como uma série de planos de aula, "estaríamos impondo aos nossos alunos os objetivos de aprendizagem e os processos de aprendizagem do autor do livro" (Little e Perciclová 2006, p. 28). Esses autores expressam a ideia de que o livro didático deve, sempre, ser subordinado a um processo de discussão e negociação com os aprendentes e que os professores devem usar o livro com flexibilidade e imaginação. Ao negociar as partes do livro didático que devem ou não ser trabalhadas para atingir os objetivos identificados pelos próprios alunos para o desenvolvimento de sua habilidade linguageira, o professor estará atuando positivamente na motivação e, consequentemente, no desenvolvimento da autonomia desses alunos.

Essa posição assumida por Little e Perciclová para a implementação do ELP onde os próprios aprendentes têm domínio sobre seu estágio de progresso na aquisição da LE, já havia sido sugerida por Nunan quando ele afirma que livros didáticos que ofereçam opções de exercícios paralelos são fomentadores da autonomia. Nesse caso o exercício é menos importante que a possibilidade da escolha. Nunan argumenta que dessa forma "o desenvolvimento da autonomia pode ser uma dimensão normal e cotidiana da instrução regular" (1997, p. 201). Objetivos adicionais aos do livro didático, tanto de conteúdo quanto de procedimentos, podem ser harmoniosamente incorporados no dia-a-dia escolar, para grande benefício dos aprendentes.

Análise de alguns livros didáticos

Nesta seção procederemos à análise de uma unidade de cada um de três livros didáticos para ensino de inglês como LE. Os livros analisados são *A New Practical English Course* (NPEC), *Power English* (PE) e *Internet English* (IE). O primeiro nos foi fornecido pelo distribuidor como um dos materiais mais populares para ensino de inglês como LE da 5ª à 8ª série em Belém do Pará. O segundo livro é utilizado como material de apoio em uma escola montessoriana na mesma cidade. O último livro foi escolhido por nós em uma livraria local, como um contraponto aos dois primeiros materiais.

Uma unidade de cada livro foi analisada tendo-se em vista os princípios revisitados na seção anterior deste artigo que visam a criação de um ambiente propício ao fomento da autonomia do aprendente. Em primeiro lugar, uma unidade do livro NPEC e uma do livro PE, cuja temática é a mesma, foram analisadas. Em seguida, uma unidade do livro PE e uma do livro IE, que também exploram a mesma temática, foram submetidas a uma reflexão sob a luz dos autores que abordamos anteriormente. Procuramos traçar um paralelo entre esses três livros didáticos, investigando se e quanto eles propiciam aos alunos desenvolver atitudes autônomas.

Os livros NPEC e PE aos quais tivemos acesso são manuais para o professor. Dessa forma, eles apresentam em letras azuis as indicações para o professor, cumprindo o papel de uma sequência de planos de aulas prontos, facilitando o trabalho do professor, conforme vimos mais acima (Weiniger 2001; Little e Perciclová 2006). O problema, já levantado, é que esse livro didático pode suprir os materiais para alcançar os objetivos do currículo, do professor – que escolheu esse livro – ignorando, ou ao menos passando á margem, dos objetivos dos alunos, que nem sequer foram consultados.

Passemos agora à análise do primeiro par de livros.

A New Practical English Course e Power English

A série NPEC é composta de quatro livros, um para cada ano do ensino fundamental. Analisamos a unidade 14 do livro 1, cujo tema é a família. Não há outros materiais de apoio ao livro, tais como CDs, fitas cassetes etc.

Já de início, no título da unidade, com letras de corpo igual ao do tema, apresenta-se o aspecto gramatical que será trabalhado: *Genitive case* seguido do tema da lição *The family*. Sem sombra de dúvida, os autores selecionaram o tema da família porque se presta à contextualização necessária para se ensinar o possessivo em inglês, fato esse evidenciado até mesmo na ordem de apresentação do título da unidade: primeiro o item gramatical e depois o tema.

Na primeira página da unidade há foto de uma família e um pequeno texto apresentando cada membro dela. O texto é escrito sob a perspectiva do pai. O exercício sugerido nessa página indica que os alunos devem escrever um texto, calcado nesse, sobre suas próprias famílias, mesmo que a perspectiva não se sustente, pois eles são os filhos e não têm uma família como a do texto. Em outras palavras, se o texto teve a intenção de servir de modelo para o texto do aluno, não se presta para tal objetivo. Seguem-se exercícios de compreensão sobre o texto, que não passam de exercícios de cópia das respostas da página ao lado. Na próxima página há uma seção gramatical sobre o possessivo com explicações em português. Para exemplificar as explicações há um mapa genealógico da família de uma garota chamada Sara. Seguem-se três exercícios, em nossa opinião entediantes, sobre a família de Sara. Finalmente há espaço para que o aluno desenhe a árvore genealógica de sua própria família, seguido de perguntas de nomes de pessoas da família do aluno. A próxima seção, intitulada Atividades, apresenta exercícios de gramática, totalmente descontextualizados, sobre o possessivo. As explicações sobre exceções à regra estão em português. A última seção da unidade, intitulada Revisão, apresenta um diálogo para supostamente ser encenado pelos alunos. O diálogo versa sobre a visita de uma amiga, quando a dona da casa, depois de apresentar a amiga a sua mãe, leva-a para conhecer todos os cômodos da casa. Como disse Chiaretti (2005) acima, o diálogo não é realista nem funcional, servindo apenas como pretexto para "praticar" o conteúdo gramatical coberto pela lição.

Além do conteúdo da unidade parecer servir apenas de pretexto para a apresentação do conteúdo gramatical, essa unidade não deixa margem para negociação de conteúdos e maneiras de estudar esse conteúdo. O controle sobre o gerenciamento, conteúdo e processos cognitivos envolvidos na aprendizagem é total. Em suma, essa unidade não fomenta a autonomia da aprendizagem. A julgar pelo padrão seguido pelas outras unidades, que é semelhante ao da que acabamos de analisar, esse livro não é adequado para um ambiente que queira incentivar a autonomização do aluno.

Para fins de comparação, passemos agora à análise da unidade 5 do livro PE, que trata do mesmo tema: a família. A unidade começa com um aquecimento[3] em que o professor é levado a explorar uma figura que representa um grupo tirando uma típica foto de família, na qual todos sorriem para a câmera (que aparece na figura). Nessa figura consta até mesmo um dos garotos fazendo uma careta, algo bastante comum nesse tipo de fotografia. A pessoa que fala sobre a figura, apresentando a família, é uma garota de nome Bony mais ou menos da mesma faixa etária dos alunos para os quais o livro é dirigido. Há espaços a serem completados com palavras que expressam o grau de parentesco das pessoas com a garota. O texto está também no CD que acompanha o livro. Os exercícios que se seguem trabalham a questão do possessivo, havendo uma referência para consulta nas páginas gramaticais no final do livro. Essa é uma vantagem desse livro; ==a gramática é apresentada apenas em pequenos lembretes ao longo da lição, deixando maiores detalhes para o final do livro, onde há uma seção intitulada *Grammar Reference* com explicações em português.==

Em seguida, há um exercício de escuta e repetição das nacionalidades. Embora o exercício esteja descontextualizado nessa unidade, pois nada mais há nela que use ou que refira os adjetivos de nacionalidade estudados, cremos que esse exercício faça parte de uma sequência em relação às outras unidades do livro. Desde a primeira lição, os diferentes países são apresentados e aqui aparecem pela primeira vez as nacionalidades. Os autores poderiam ter ligado essas nacionalidades com o tema da família, mas não usaram essa oportunidade.

Na próxima seção – *Time for practice* – volta-se a falar sobre a família de Bony, a garota do início da unidade, em exercícios repetitivos sobre laços familiares. Somente no exercício 8 o aluno é instado a desenhar e descrever sua própria família. Em seguida,

---

3. Warm-up.

em uma seção intitulada *Time for fun*, um jogo de vocabulário é apresentado, totalmente descontextualizado do tema da unidade. Um novo aparecimento dessa seção encerra a unidade com um joguinho de países e nacionalidades, que também nada tem a ver com o tema abordado.

Depois da primeira instância da seção *Time for fun*, outro exercício, de escuta e de identificação de pessoas e dos locais onde estão, dispensa a trilha sonora para ser resolvido; é óbvio demais, pois se pode fazê-lo mesmo sem ouvir o CD e, portanto, não apresenta nenhum desafio para o aluno. A unidade termina com uma pequena explicação gramatical sobre pronomes demonstrativos, nova remissão ao compêndio gramatical no final do livro e mais um exercício de completar de acordo com as figuras, sem fazer uma ligação com a experiência do aluno nem tampouco com o tema central da unidade.

Embora o livro tenha uma boa apresentação gráfica e a abordagem do tema seja adequada à idade dos prováveis usuários do livro, essa unidade pouco contribui para uma verdadeira comunicação entre os alunos. O livro não promove a transferência dos conhecimentos para a vida do aluno e não oferece opções de como fazê-lo. Além disso, apesar de a organização do livro ser razoável, com seções de gramática mantidas no final do livro, assim como constantes unidades de avaliação e de prática extra, e ainda ter o acompanhamento de um CD de boa qualidade, o livro ainda não aproveita as chances de ligar-se com o universo cotidiano do aluno servindo de meio para a comunicação e não como um fim em si mesmo: apresentação de exercícios e resolução de exercícios. Tampouco deixa aqui espaço para negociação dos objetivos e dos níveis de controle da aprendizagem, não fomentando, portanto, a autonomização do aprendente.

Power English e Internet English

O segundo par abordará a apresentação de outro tema, celebridades, no livro PE que já serviu de base para a primeira análise comparativa apresentada e o livro IE.

Desta feita analisamos a unidade 3 do livro PE cujo tema é pessoas famosas. A unidade se inicia com um aquecimento no qual silhuetas de pessoas devem ser ligadas às suas profissões ou carreiras. Nas sugestões ao professor, há mais de uma alternativa sobre como esse exercício pode ser feito. Em seguida há fotografias e pequenos textos com lacunas sobre pessoas famosas, a nosso ver, todas dentro do universo cultural do aluno. Caso não consigam preencher as lacunas com seu conhecimento anterior, os alunos podem ouvir o CD e identificar os nomes das celebridades mencionadas. No exercício seguinte as pessoas famosas são usadas como pretexto para que se trabalhem pronomes pessoais do caso reto e possessivos. Na sequência, há uma atividade que o próprio livro chama de "extra", uma vez que não tem relação com o tema da unidade, sobre cores, na qual os alunos precisam repetidamente responder a perguntas que possivelmente nunca ouvirão em um diálogo real.[4] Na outra página, novamente um exercício de silhuetas e profissões, o mesmo tipo daquele que iniciou a unidade. Em seguida, mais um exercício com cores, alterando-se um pouco a pergunta.[5] De qualquer modo, continua sendo uma pergunta pouco útil, uma vez que todos estão vendo a cor dos objetos e, portanto, a pergunta torna-se um mero exercício de vocabulário, sem qualquer pretexto comunicativo. O próximo exercício apresenta fotos e nomes de celebridades, alguns nomes de profissões e os alunos devem escrever sentenças ligando

---

4. Figuras de objetos circundados pelas perguntas "What color it it?" ou "What color are they?"
5. "What color is the pen?"

a profissão ao nome das pessoas apresentadas, mediante o uso do pronome pessoal correto. O jogo proposto em seguida na seção *Time for fun* pode ser bastante interessante para efetivamente criar um evento comunicativo na sala de aula. Um aluno descreve uma pessoa famosa e os outros devem adivinhar quem é. Esse jogo pode até mesmo ser transferido para outras situações, fomentando assim a autonomia do aluno. Na próxima seção, *Time for listening*, é apresentado um diálogo em uma lanchonete onde dois adolescentes fazem seus pedidos. Esse diálogo parece interessante, as figuras complementam as palavras, pois o garoto pede muita comida e, como a irmã mais velha é que vai pagar e ela tem pouco dinheiro, ela se aborrece por ter que pedir menos comida que ele. Sua expressão contrariada transparece claramente nas ilustrações que acompanham o diálogo. A conversa entre os irmãos e o atendente é bastante realista, inclusive com a insistência no uso da palavra *please*, ressaltada nas instruções ao professor. A seguir, há dois exercícios de gramática abordando a diferença no uso de *a* e *an*, sendo sugerido ao professor que não ensine as exceções nesse momento. Segue-se um exercício sobre plural e, finalmente, uma proposta de votação sobre a cor favorita da turma.

Alguns exercícios propostos nessa unidade de PE parecem se coadunar com os princípios de fomento da autonomia. Como exemplos, podemos apontar o jogo de adivinhação da celebridade e o diálogo da lanchonete com a ênfase nas formas de polidez. Ambos podem se transformar em modelos reais de comunicação.

Passemos agora a analisar como o livro IE trata o tema das celebridades. IE é um livro destinado a adultos ou jovens adultos. No entanto, da maneira como é construído, ele se presta a qualquer faixa etária e a níveis variados de competência linguageira. Cada aluno poderá explorar o livro em níveis de profundidade diferentes, de acordo com suas habilidades. Esse livro foi projetado para ser usado em conjunto com o acesso a Internet, que pode ser feito durante as aulas, prévia ou posteriormente às mesmas. A unidade 4, cujo tema é também pessoas famosas, mostra como o livro pode servir de apoio à atividade de sala de aula, visando sobretudo usar a língua, sem separar o uso do aprendizado (Little 1997). Os próprios objetivos da unidade[6], claramente expressos, preconizam o uso da língua e a conversa por meio dela sobre assuntos do interesse dos aprendentes. Para cada um dos objetivos explicitados, há uma seção na unidade. O aluno começa por indicar nomes de celebridades para cada categoria solicitada: cantor, atleta, político etc. Logo a seguir há um modelo de diálogo a ser feito com os colegas sobre as celebridades que cada um identificou. A segunda seção destina-se a preparar os alunos para a pesquisa. Aqui, cada aluno seleciona três pessoas favoritas dentre todas as que ele viu identificadas no primeiro exercício, as suas e a dos colegas com os quais interagiu. Em seguida, ele escolhe uma dessas três sobre a qual gostaria de saber mais informações. Logo após, ele dialoga com um colega sobre sua escolha. O livro instrumentaliza os alunos fornecendo vocabulário para justificar a opção. A terceira seção representa uma página da *web* e ensina o aluno a pesquisar usando o nome da pessoa que escolheu. Em seguida há uma ficha para ser preenchida com as informações colhidas pelo aluno. Na última seção, há um roteiro para o aluno conversar com os colegas usando as informações pesquisadas. Depois de conversar com pelo menos dois colegas, cada aluno preenche duas fichas em seu livro com informações sobre as celebridades que preferir. A unidade finaliza com uma pergunta que traz o universo das celebridades para o dos alunos, perguntando-lhes qual das pessoas

---

6. Identificar pessoas famosas, preparar-se para pesquisar a respeito de uma pessoa famosa, pesquisar informações biográficas na Internet, entrevistar colegas a respeito de pessoas famosas.

famosas mencionadas eles gostariam de conhecer e pedindo-lhes que justifiquem sua escolha.

Julgamos IE um livro altamente fomentador da autonomia porque deixa aos alunos praticamente todas as decisões a respeito do conteúdo da lição. Ao mesmo tempo, esse livro serve de apoio para as atividades a serem desenvolvidas, evitando a sensação de desamparo (Benson 2001). Esse apoio é construído fornecendo aos alunos o esqueleto dos diálogos possíveis com os colegas e instrumentalizando-os com o vocabulário necessário para o desenvolvimento das atividades. Ele não demanda a aquisição de outros materiais de apoio, tais como CD ou livro de exercícios, uma vez que utiliza a Internet, disponível na maioria das escolas, e incentiva os próprios alunos a trazerem outros materiais, tais como músicas cantadas pelos seus cantores favoritos ou trechos de filmes de seus atores preferidos, por exemplo. O livro serve de estrutura para um curso leve e flexível, centrado no interesse dos alunos. Ao invés de mini-compêndios de gramática ao final do livro, IE apresenta maneiras alternativas de dizer a mesma coisa em inglês, sugestões para o desenvolvimento de projetos (Benson 2001) e indicações de como compartilhar o que cada um pesquisou com os colegas. Ainda no lugar das célebres dicas gramaticais, o livro IE apresenta dicas técnicas a respeito do uso dos recursos da informática, facilmente transferíveis para outros domínios de aprendizagem. No lugar do CD que acompanha a maioria dos livros, IE tem um bolso na contracapa final com a indicação de que ali deve ser guardado o CD no qual o aluno gravará os projetos que ele mesmo executar durante o curso de inglês.

Materiais didáticos em ação autonomizadora

Como constatamos na breve análise acima exposta, os livros NPEC e PE não negociam os objetivos, não oferecem opções aos alunos e não favorecem o desenvolvimento da autonomia do aluno. O livro PE, utilizado na escola montessoriana, no entanto, é trabalhado pelas professoras de maneira que propicia a escolha pelos alunos das atividades que devem fazer, não necessariamente tendo de cobrir todo o livro (Dantas e Amaral 2007). Da forma como é utilizado nessa escola, as premissas são invertidas. No lugar de usar o livro e aproveitá-lo naquilo que pode ser feito com os alunos, as professoras decidiram utilizar gêneros discursivos como a estrutura central de sua disciplina. Ao trabalhar gêneros tais como propaganda, receita etc., os alunos recorrem ao livro didático para estudar aquilo que será necessário para a construção do seu texto segundo o gênero que está sendo explorado.

Todavia, mesmo com um projeto de disciplina bem elaborado, as professoras relatam a insistência de alguns pais de alunos para que se use o livro todo. Há, portanto, resistência por se utilizar apenas a parte do livro que interessa aos propósitos do aluno. Nesse sentido, mesmo com professoras esclarecidas em um ambiente invejável e proporcionador de experiências válidas para um melhor ensino e aprendizagem, o livro, caso não seja o ideal, e quase nunca o é, mais impede o aprendizado autônomo do que o fomenta.

Já o livro IE apresenta-se inovador, servindo apenas como um guia para que o professor não se sinta desprotegido e tenha um apoio direcionador das atividades a serem desenvolvidas pelos alunos. Além disso, ele incentiva o trabalho com textos autênticos, sempre novos ao dispor dos alunos na Internet, não separando a sala de aula da vida real dos aprendentes, conforme preconiza Little (1997).

Sugestões para utilização de livros didáticos

Se os materiais didáticos, especialmente o livro didático, devem ajudar a fomentar o processo de autonomização dos aprendentes, é preciso ver como isso poderia ocorrer no meio escolar.

Os livros didáticos podem ser importantes no desenvolvimento da autonomia dos aprendentes. Por vezes, é o livro o fio condutor, que proporciona uma certa estrutura de aprendizagem importante. Conforme relatado por Umino (2005), um sujeito aprendeu por transmissões radiofônicas e submeteu-se voluntariamente a seguir um livro didático tradicional para criar uma certa ordem e organização na sua aprendizagem. No mesmo estudo, Umino concluiu, no entanto, que, apesar de os livros didáticos terem um papel decisivo na persistência dos aprendentes em seguirem o aprendizado, ainda não está claro quais foram as características desse livros que tiveram impacto nesse aspecto.

O livro didático pode fazer parte do arsenal do professor de LE para cumprir sua tarefa. O problema aparece quando ele se torna o único material utilizado. A boa notícia é que mesmo os professores já em exercício têm o desejo de se libertar do livro didático, conforme o que diz Paiva (2005, pp. 7-8),

> Nas palavras desses professores, ser autônomo é, entre outras coisas, buscar melhorar seus conhecimentos por conta própria; ser curioso, sempre se atualizando; buscar alternativas para sua sala de aula[7]; *desenvolver seu próprio material*; ser capaz de tomar decisões perante o ensino de sua área e *não ficar preso ao livro*; decidir o que e como fazer; e utilizar recursos para desenvolver tanto o próprio conhecimento quanto o do aluno.

Nesse trecho vemos claramente o quanto os próprios professores reconhecem que libertar-se do livro didático faz parte das tarefas do professor. Saber quando e como utilizá-lo deve ser decidido para que melhores resultados sejam atingidos. Poderíamos apenas ressaltar que os professores ainda não têm a cons-

---

7. Grifos nossos.

ciência de que não necessariamente precisam ser eles a decidir a respeito de todos os materiais que apoiarão a aprendizagem. Eles poderiam compartilhar com os alunos parte dessas decisões, negociando seu domínio sobre os três níveis de controle desejáveis na autonomização: gerenciamento, conteúdo e processos cognitivos da aprendizagem.

Considerações finais

Argumentamos em favor da utilização do livro didático de maneira parcimoniosa e contextualizada em qualquer situação de ensino e aprendizagem de forma que leve os aprendentes a expandir suas oportunidades de aprender para além da sala de aula.

O caráter prescritivo dos primeiros dois livros analisados mostra o quão longe de materiais fomentadores da autonomização do aprendente está a maioria dos livros hoje disponíveis no mercado. Os dois primeiros livros analisados não apresentam regularmente atividades de escolha ou que fomentem a escolha de materiais. Conforme o que diz Benson (2001), mais importante do que a escolha feita é a possibilidade de exercitar o ato de escolher conscientemente. Em não havendo a possibilidade de decisão sobre o que e com que fazer as atividades, não haverá autonomização.

Os livros didáticos podem servir aos propósitos do professor em fomentar comportamentos autônomos em sala de aula, mas para que isso ocorra é preciso que eles deixem de ser o centro do processo de ensino e aprendizagem e passem a ser um apoio para tal finalidade. Os professores, por sua vez, devem se preparar melhor e ser eles mesmos autônomos na busca das melhores soluções para cada contexto de aprendizagem. É preciso inverter a premissa de "precisamos dar conta do conteúdo do livro nesse ano letivo" para "precisamos ver o que dos conteúdos do livro dá conta de ser um suporte para os objetivos que meus alunos e eu queremos atingir nesse ano letivo". O livro didático assume assim uma parte importante no processo, servindo de apoio e de recurso para que a aprendizagem ocorra.

Autonomização acontece sempre que há interesse. Portanto, se o livro didático for interessante para os aprendentes ou ainda se o professor conseguir torná-lo interessante, a autonomização ocorrerá. Alguns pensarão aqui ser este mais um trabalho para a agenda atribuladíssima do professor. Sustentamos, no entanto, que aulas com alunos motivados e interessados, trabalhando a seu tempo e individualmente, alcançando seus próprios objetivos sem precisarem ser "tangidos" pelo professor não são cansativas; pelo contrário são energizantes, valiosas e transformadoras. A mera inversão do processo decisório resolveria o problema e resolveria a uma só vez o problema da escolha do livro didático e a motivação. Para isso, poder-se-ia partir dos objetivos de aprendizagem negociados entre professor e aprendentes e depois escolher, adaptar ou elaborar os materiais adequados para atingir esses objetivos.

Bibliografia

BENSON, P. (2001). *Teaching and researching autonomy in language learning.* Harlow: Essex, Pearson.

CHIARETTI, A. V. (2005). "A performance do diálogo no livro didático de inglês", *in*: PAIVA, V. L. M. O. (Org.). *Ensino de língua inglesa: reflexões e experiências.* Campinas: Pontes, pp. 123-136.

COUGHLAN, P. e DUFF, P. A. (1994). "Same task, different activities: analysis of SLA task from an activity theory perspective", in: LANTOLF, J. P. e APPEL, G. (Eds.) *Vygotskian approaches to second language research*. Westport: Ablex, pp. 173-191.

DANTAS, L. e AMARAL, M. (2007). "Ensinando inglês por meio dos gêneros textuais em turmas heterogêneas", in: *I Congresso Internacional de Estudos Linguísticos e Literários na Amazônia*. Belém, UFPA, março.

※ GITSAKI, C. e TAYLOR, R. P. (2000). *Internet English: www-based communication activities*. Nova York: Oxford.

GRANGER, C. e ALMEIDA, M. R. (2005). *Power English*. (vol. 1) São Paulo: McMillan.

LAPORTA, E. (2004). *A new practical English course: an easy way to English*. São Paulo: IBEP.

LITTLE, D. (1997). "Responding authentically to authentic texts: a problem for self-acess language learning?", in: BENSON, P. e VOLLER, P. (Eds.). *Autonomy and independence in language learning*. Harlow: Pearson, pp. 225-236.

LITTLE, D. e PERCICLOVÁ, R. *The European language portfolio: a guide for teachers and teacher trainers*. Disponível em: . Acesso em 2 de junho 2006.

MAGNO e SILVA, W. (2003). "Autonomia no ensino e aprendizagem de línguas". *Moara*, Belém, vol. 20, pp. 73-81, jul/dez.

_____. (2006). "Estratégias de aprendizagem de línguas estrangeiras – um caminho em direção à autonomia". *Revista Intercâmbio*, vol. XV. São Paulo: LAEL/PUC-SP, ISSN 1806-275X.

_____. "Autonomia na aprendizagem de LE: é preciso um novo tipo de professor?", in: GIL, G. e VIEIRA-ABRAHÃO, M. H. *Educação de professores de línguas: os desafios do formador*. Campinas: Pontes, pp. 293-301.

NUNAN, D. (1997). "Designing and adapting materials to encourage learner autonomy", *in*: BENSON, P. e VOLLER, P. (Eds.). *Autonomy and independence in language learning.* Harlow: Pearson, pp. 192-203.

PAIVA, V. L. M. (Org.). (2005). *Práticas de ensino e aprendizagem de inglês com foco na autonomia.* Belo Horizonte: Faculdade de Letras da UFMG.

THOMSEN, H. (2003). "Scaffolding target language use", *in*: LITTLE, D.; RIDLEY, J. e USHIODA, E. (Eds.) *Learner autonomy in the foreign language classroom.* Dublin: Authentik, pp. 29-46.

UMINO, T. (2005). "Learning a second language with broadcast materials at home: Japanese students long-term experiences", *in*: BENSON, P. e NUNAN, D. (Eds.) *Learners stories: difference and diversity in language learning.* Cambridge: Cambridge U. Press, pp. 134-149.

WEINIGER, M. J. (2001). "Do aquário ao mar aberto: mudanças no papel do professor e do aluno", *in*: LEFFA, V. (Org.) *O professor de línguas estrangeiras: construindo a profissão.* Pelotas: Educat, pp. 41-68.

GÊNEROS TEXTUAIS: PROFESSOR, ALUNO E O LIVRO DIDÁTICO DE LÍNGUA INGLESA NAS PRÁTICAS SOCIAIS

Abuêndia Padilha Pinto
Kátia Nepomuceno Pessoa

Introdução

O Livro Didático exerce hoje, no campo educacional, um papel fundamental no processo de ensino/aprendizagem de línguas. Sua importância é indiscutível, já que, não raro, os livros didáticos correspondem à única fonte de consulta e de leitura dos professores e dos alunos.

A preocupação constante com o ensino, tanto da língua materna quanto em língua estrangeira, predominou nos estudos linguísticos das últimas décadas do século XX, o que resultou em uma notável falta de produção de textos acadêmicos que se propusessem a analisar o livro didático e a aprendizagem resultante. Hoje em dia, os artigos existentes centram-se em dois aspectos: na inadequação do LD ao público-alvo ou na sua pertinência como material comunicativo eficaz.

Uma grande problemática, todavia, refere-se ao que acontece dentro do próprio LD: a grande contradição entre a ideologia proposta e o que é realizado. Se, por um lado, os autores do LD defendem a abordagem comunicativa – o ensino/aprendizagem de línguas centrados nos interesses e motivações do aluno e voltados para um tratamento deste como ser social, que interage e transmite experiências – por outro, os exercícios de compreensão presentes no LD terminam se resumindo à simples repetição ou cópia. Grigoletto (1999) afirma que as instruções e as atividades propostas nas unidades dos livros dificultam a interpretação do aluno ao confiná-lo a uma leitura que não mobiliza o interdiscurso. É dentro deste contexto que se percebe a visão mecanicista da aprendizagem, mesmo quando se determina uma preocupação com o desenvolvimento de habilidades no aprendizado da língua estrangeira. O aluno é tido, então, como "uma máquina", que não realiza ações de fala, mas apresenta uma atitude mecanicista, automática e repetitiva, como na perspectiva behaviorista. Perde-se, então, uma ótima oportunidade de treinar, por meio de exercícios de compreensão, o raciocínio, o pensamento crítico e as habilidades argumentativas, ou seja, a oportunidade de incentivar a formação de opinião.

De acordo com Coracini (1999), o que costuma ocorrer é a supervalorização do ensino e, portanto, do conteúdo (*o que ensinar*) e do método (*como ensinar*), em detrimento da razão pela qual se aprende a LE; da função de tal aprendizagem (*para que se aprende*) e do público – alvo (*quem aprende*), que fazem parte dos princípios básicos defendidos pela abordagem comunicativa. Essa atitude é ratificada na pedagogia de línguas por meio do uso constante dos manuais didáticos, sem que, na maioria das vezes, sua escolha passe por uma análise criteriosa em função do grupo de alunos, além de comumente ser imposto pela própria instituição, por motivos completamente alheios aos objetivos educacionais. Vale ressaltar, ainda, que por mais completo que pareça ser, o manual didático não pode ser tomado como uma "bíblia" pelo professor mediador. Sua eficácia deve sempre coexistir com a prática do professor em sala de aula.

Diante da carência de textos acadêmicos voltados para a análise do Livro Didático – mais especificamente, do material utilizado durante o processo de ensino/aprendizagem da língua estrangeira –, buscaremos, neste estudo, desenvolver os seguintes tópicos: a) apreciação de pesquisas sobre o livro didático, a citar; Marcuschi (2001), Coracini (1999), Grigoletto (1999) entre outros; b) coleta dos materiais didáticos utilizados no ensino fundamental e médio de algumas escolas do Recife; c) tipologia dos exercícios de compreensão presentes nesses materiais e d) análise do espaço concedido ao aluno e ao professor em relação à interpretação nos LDs de Inglês.

Fundamentação teórica

A língua, a compreensão e o livro didático

Segundo Marcuschi (2000), é importante tentar perceber, se já não estiver explícito na ideologia proposta pelo próprio livro didático, qual a noção de língua subjacente ao mesmo. Deve-se, pois, considerar que todas as línguas são heterogêneas e apresentam variações, o que as torna bastante complexas quando se trata de seu ensino/aprendizagem. Para este autor, ao lado da heterogeneidade, existe outro aspecto importante: as línguas não são semanticamente transparentes (já que os sentidos por elas transmitidos e nelas gerados não estão nelas especificamente). Esse(s) sentido(s), na verdade, constroem-se, junto a vários outros aspectos contextuais – das condições de produção e recepção do texto. Além disso, deve-se considerar também o caráter histórico das línguas, resultante do momento social. Daí a importância de trabalhar com a variedade dos gêneros textuais, que abarcam essa noção dinâmica e heterogênea da língua e dos falantes.

No que se refere à compreensão textual, sem dúvida, os autores de livros didáticos julgam relevante trabalhá-la, o que é comprovado pela existência de vários tipos de exercícios nesse campo. O problema, portanto, não consiste na ausência desse tipo de trabalho, mas na natureza do mesmo. A compreensão é considerada, então, como:

a) uma simples atividade de *decodificação* de um conteúdo objetivamente inscrito no texto ou uma atividade de cópia. Compreender resume-se à extração de conteúdos. De acordo com Grigoleto (1999), compreensão seria o reconhecimento do sentido "já-lá", dado pela soma de palavras e frases.

b) os exercícios de compreensão raramente levam a reflexões críticas sobre o texto e não permitem expansão ou construção de sentido, o que sugere que compreender é identificar conteúdos já prontos no texto, tratando a língua como clara, transparente, invariável, a-histórica além de homogeneizar o seu leitor. Esse procedimento concebe a língua como expressão do pensamento, pressupondo que a capacidade de reflexão e de utilização do raciocínio lógico é dependente do conhecimento da língua, ou seja, "o aluno não é capaz de refletir porque não sabe a língua estrangeira".

Por fim, Grigolleto (1999) afirma que as instruções e as atividades propostas nas unidades dos livros recusam ao aluno o ato de interpretar ao confiná-lo a uma leitura que não mobiliza o interdiscurso. É dentro desse contexto que se percebe a visão mecanicista da aprendizagem, mesmo quando se afirma uma preocupação com o desenvolvimento de habilidades no aprendizado da língua estrangeira. [Perde-se, então, uma ótima oportunidade de treinar o raciocínio, o pensamento crítico e as habilidades argumentativas, ou seja, a oportunidade de incentivar a formação de opinião.]

Tipologia dos exercícios de compreensão

Os principais tipos de atividades de compreensão do conteúdo e de consolidação do aprendizado seguem as tipologias elaboradas por Marcuschi (2001), "Tipologia das perguntas de compreensão em LDP"; Coracini (1999); Widdowson (1991); entre outros. Assim, analisamos as atividades propostas pelos livros didáticos de língua inglesa classificando-as entre as seguintes:

a) Cópias – perguntas que sugerem atividades mecânicas de transcrição de informações contidas no próprio texto ou mesmo na pergunta, por exemplo: *copie, retire, aponte, indique, complete, assinale, identifique.*

Exemplo:
Complete as regras com as palavras antes e depois.
1. Para formar a interrogativa do TO BE colocamos o verbo_____.
2. Para formar a negativa do TO BE colocamos NOT _____ do verbo. (*English clips 5*, p. 27.)

b) *Objetivas* – perguntas que indagam sobre conteúdos objetivamente inscritos no texto (*o quê, quem, como, quando etc.*), atividade que exige apenas decodificação, pois a resposta está centrada no texto.

Exemplo:
6. Observe a figura da sala de aula e responda às perguntas. Use short answers.
(figuras com nomes embaixo)
1. Is there a blackboard in the classroom? _____
2. Is there a teacher in the classroom? _____
(*English clips 5*, p. 81)

c) *Inferenciais* – Estas perguntas são mais complexas; exigem conhecimentos textuais e outros, sejam pessoais, contextuais, enciclopédicos, bem como regras inferenciais e análise crítica para a busca de respostas.

Exemplo:
2. Faça com um(a) colega uma lista de pelo menos 10 palavras que vocês acham que são da língua inglesa. Por exemplo: *shampoo, ticket* etc. Se acharem difícil, pesquisem em revistas ou supermercados. (*English clips 5*, p. 12)

d) Subjetivas – perguntas superficiais sobre o texto, cujas respostas ficam por conta do aluno e não há como testá-las em sua avaliação; são questões do tipo: "*Qual a sua opinião?*" etc.

Exemplo:
10. Escreva sobre você. Use respostas curtas.
1. Are you good at sports? _____
2. Are you in a school team? _____

3. Can you play volleyball? _____
4. Can you play table tennis? _____
5. Are you a football supporter? _____
6. Are you a tennis supporter? _____
(*English Clips 5*, p. 53)

e) *Metalinguísticas* – perguntas que indagam sobre questões formais, geralmente da estrutura do texto ou do léxico, bem como de partes textuais: "*Qual o título do texto? Quantos parágrafos tem o texto?*"

Exemplo:
Unscramble the sentences
1. and – yellow – pencil case – the – blue - is

_____

2. color – the – what – is – schoolbag

_____

(*Our way 1*, p. 39)

f) *Juízo de verdade* – perguntas para considerar V ou F, justificar a informação incorreta ou escolher entre duas alternativas (Yes ou No).

Exemplo:
True or false
1. (F) Valentine's cards never have the pictures of cupids.
2. (T) Valentine's Day is an old tradition in the US.
3. (F) February 14th is the Independence Day in the US.
(*Our way 3*, p. 12)

g) *Yes/No questions* – são perguntas fechadas que só pedem respostas afirmativas ou negativas.

Exemplo:
10. Answer the questions.
   1. Is He your girlfriend? – Yes, _____
   2. Is he your boyfriend? – No, _____
   (*Our way 1*, p. 25)

h) *Associar/ligar colunas*: neste tipo de pergunta se requer que o aluno relacione informações (vocabulários, figuras, explicações) de uma coluna às de outra.

Exemplo:
Relacione as duas colunas:
a. 1one
b. 3two
c. 7three
d. 6four
e. 9five
f. 4six
g. 8seven
h. 10eight
(*English clips 5*, p. 21)

i) *Múltipla escolha*: fazer escolha entre duas opções que contêm informações que se excluem.

Exemplo:
Underline the correct alternative.
mother
Suzie: Joe, this is my
brother
(*Our way 1*, p. 22)

j) Resumo – quando se solicita que o aluno elabore um resumo de algum tema já tratado no livro ou proposto por este dentro das unidades estudadas.

Metodologia

O *corpus* foi constituído de livros didáticos de língua inglesa utilizados em, pelo menos, seis escolas particulares e públicas do Recife sendo considerados, na primeira fase desta pesquisa, materiais usados no ensino fundamental, já que estes são, em grande parte, responsáveis pela formação dos atuais e dos futuros alunos universitários. Nessa primeira etapa da pesquisa, foram analisadas as seguintes coleções: *English clips*, de Mariza Ferrari e Sara Rubin, da Editora Scipione (2001) e *Our way*, devEduardo Amos, Ernesto Pasqualin e Elisabeth Prescher, da Editora Moderna (2002), sendo ambos utilizados em escolas particulares do Recife.

Aplicamos em algumas escolas públicas e particulares da cidade do Recife um questionário. O objetivo era identificar os principais procedimentos adotados pelos professores de língua inglesa e avaliar a escolha, os critérios para tal escolha e a utilização do livro didático. Após esse levantamento, coletamos nas editoras os materiais citados, referentes ao material usado nas escolas privadas, já que na rede pública o seu uso não é feito. Por fim, elaboramos uma ficha que continha os principais pontos a serem analisados.

Análise dos dados

Para poder realizar as análises, elaboramos um roteiro que incluía todos os itens a serem observados. As análises eram qualitativas e quantitativas. Tal roteiro pode ser dividido em quatro partes:

- *Textos*: nos quais seriam verificados os gêneros presentes em cada unidade dos LDs; se o nível linguístico dos textos e das atividades era adequado ao seu público-alvo; quais os principais tópicos encontrados em cada unidade e se o nível cognitivo adequava-se à realidade sociocultural dos aprendizes;

- *Atividades*: nela observaríamos itens como: se, por exemplo, as atividades eram precedidas por um contexto; se estas levavam em consideração o conhecimento enciclopédico dos alunos aliado ao contexto situacional e cultural; se capacitavam o aluno a vivenciar o mundo real/exterior de acordo com seus propósitos comunicativos; se ajudavam o aluno a adquirir e a usar as diversas habilidades da língua; se refletiam a proposta do livro e quais os tipos de atividades comunicativas (cópias; objetivas; inferenciais; subjetivas; metalinguísticas; juízo de verdade; Yes/No questions; associação de colunas; múltipla escolha; atividades de resumo);

- *Metodologia*: na qual foi possível visualizarmos a) a base teórica utilizada pelo livro: behaviorista, cognitivista, comunicativa, socioconstrutivista ou alguma outra; b) o papel do professor: facilitar o processo comunicativo; observar, monitorar e aprender; ou participar; c) o papel do aluno: negociar o significado; interagir, transmitir e receber informações ou expressar idéias, sentimentos e opiniões; d) as formas de trabalho sugeridas pelo LD entre os alunos: individual, em pares ou em grupos;

- *Manual do professor*: neste item analisamos a) se o manual facilita a compreensão dos objetivos e da metodologia do livro; se ajuda o professor a desenvolver o vocabulário, as estruturas e os tópicos do livro; se o auxilia na identificação de respostas corretas ou oferece sugestões para atividades e b) se fornece planejamentos de novos tipos de aula; verificamos, ainda, se o manual faz revisão de assuntos antigos e introduz os novos; e se apresenta textos variados e tipos diversos de trabalho escrito.

Resultados e discussão

No que se refere à variedade dos gêneros, esta mostrou-se presente principalmente na coleção *English clips*. Enquanto tal coleção apresentou mais de cinquenta tipos de gêneros – entre eles: cardápio; música/*rap* (em todas as unidades); carteira de identidade; horário (*timetable*); receitas de comidas; pôsteres; *e-mails*; cartões-postais; quadrinhos; contos de fadas; críticas de filmes; artigos de revista; entrevistas; cartas do leitor/do editor; folhetos de turismo; convites para festa; anúncios publicitários (de concursos; de filmes em estréia) entre outros – o número de gêneros presentes no *Our way* não passou de quinze. Na primeira coleção, cada unidade estava repleta de gêneros; sendo alguns utilizados apenas para ilustração: passagem de avião; ingressos de cinema e teatro; programação de cinema; capa de livro e de CD. Outros, por sua vez, eram bem explorados, sendo usados como base para exercícios de compreensão e como sugestões de produção escrita – abordando-se detalhes a respeito de suas características formais e comunicativas (carteira de identidade; cartas formal e informal; cartões e convites etc.). Dessa forma, o aluno pôde ser exposto à realidade da língua e às suas variações, o que o levou a uma aprendizagem mais efetiva.

Em contraste com a primeira coleção, no *Our way* há pouca variedade de gêneros, entre os quais: programação turística; carta informal; receita de bolo; diário pessoal; cartão de namorados; entrevista. Quando estão presentes, portanto, são explorados de maneira bastante inadequada, já que servem, muitas vezes, somente de ilustração e são trabalhados com perguntas de *cópia* ou puramente *objetivas*.

Quanto à observação dos tópicos, levamos em consideração os temas transversais sugeridos pelos PCN (Saúde; Pluralidade Cultural; Ética; Meio-Ambiente; Trabalho e Consumo e Orientação Sexual), além de como apreciar como estes foram abordados pelo livro. Neste item, a coleção *English clips* também se mostrou bastante superior à outra. Suas unidades apresentavam textos que abordavam, sempre, assuntos relacionados a algum dos temas transversais, como por exemplo: alimentação equilibrada e prática de exercício – que podem ser englobados no tema Saúde –; ou então: reciclagem, preservação da natureza, diversidade da fauna e da flora – que estão incluídos no tema Meio Ambiente. Outra característica da estrutura deste livro é que, ao final de cada *clip,* é apresentada uma *Nota Cultural,* com curiosidades a respeito de algumas culturas, tipos de comportamento-padrão em culturas diversas (por exemplo, tipos de *greetings*) além das diferenças de crenças e valores, não só em relação aos países de língua inglesa, mas com comparações entre as visões do mundo Ocidental e Oriental. Estas notas abordam, também, exemplos de etnologias variadas e contrastam as questões culturais com aquelas que mais condizem com a realidade sociocultural do aluno: a cultura brasileira. Um exemplo seria a explicação a respeito de datas comemorativas como o *Halloween* e o *Valentine's Day,* ou Dia dos Namorados, no Brasil e nos Estados Unidos.

Na coleção *Our way,* os textos didáticos inseridos no livro abordam alguns temas transversais como: Ética; Pluralidade Cultural *("Halloween")*; Meio Ambiente (*"Whales"* e *"Hungry Giraffes"*); Saúde (*Higiene pessoal*) muito superficialmente, chegando, no volume 1, e um pouco no 2, a serem praticamente inexistentes. Observamos uma falta de coerência entre as propostas e a realidade do livro. Apesar do que sugere o manual do professor do volume 1, no qual são abordados vários assuntos que podem ser incluídos dentro dos temas transversais, não é o que realmente foi verificado. Vejamos o exemplo: no livro 1 é sugerido: *"Nesta unidade é possível trabalhar noções de respeito para com o próprio material escolar. A partir daí pode-se ampliar para uma discussão* sobre o ambiente próximo: sala de aula, pátio da escola etc. Essas questões integram o tema transversal Meio Ambiente". No entanto, é apresentado um diálogo simples e curto entre alunos que estão recebendo a carteira de identidade com seus nomes inscritos nelas. A unidade se desenvolve explorando o vocabulário relacionado aos materiais escolares (lápis; régua; estojo; caderno; entre outros) que servem puramente como pretexto para o enfoque gramatical, ou utiliza perguntas abertas (WH-questions), ou uso de preposições (Ex.: *The book is on the table.*), trabalhados por meio de atividades estruturais e objetivas. Além do mais, o livro não sugere qualquer forma de ampliação do tema para que seja considerado dentro do tema transversal Meio Ambiente.

Figura 1: *Our way* /vol. 1/grammar

Também o nível linguístico dos textos do *Our way* mostra-se inadequado ao nível cognitivo e não condiz com a realidade sociocultural dos aprendizes. Já o *English clips* apresenta-se um pouco melhor, o que pode estar relacionado à maior diversidade de gêneros presentes em sua estrutura. Como resultado é possível aumentar o interesse, a curiosidade e a motivação do aluno em relação ao aprendizado da LE. Outro aspecto positivo é que, tanto no início quanto no final, é apresentado um diário reflexivo com observações sobre o que o aluno será, no campo profissional e o que já é capaz de fazer, com o que irá aprender/aprendeu e sugestões sobre como melhorar, caso ainda apresente dificuldades. Por meio dessa reflexão o aluno pode avaliar seu progresso na aprendizagem da língua, além de conscientizar-se sobre os assuntos e a importância deles no uso efetivo da língua.

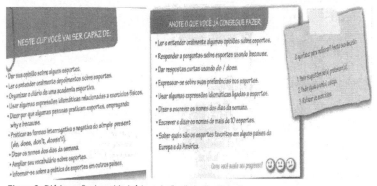

Figura 2: Diários reflexivos (do início e do final) do *English clips*

Não foi encontrado nenhum exemplo de atividade de resumo em qualquer dos dois volumes. O *English clips* apresentou a seguinte sequência, desde as atividades mais frequentes até as menos presentes: $1º$) Inferencial; $2º$) Estrutural; $3º$) Objetiva; $4º$) Subjetiva; $5º$) Metalinguística; $6º$) Associação de colunas; $7º$) Múltipla escolha; $8º$) Juízo de verdade; $9º$)Yes/No questions; $10º$) Cópia. Tal resultado leva-nos a perceber que o conhecimento enciclopédico do aluno é levado em conta e é aliado ao seu contexto cultural, de forma que este é capacitado a vivenciar o mundo exterior de acordo com suas necessidades comunicativas. As atividades presentes neste livro abrangem as quatro habilidades da língua, com várias sugestões de produção e compreensão oral e escrita. Percebe-se, entretanto, a importância que o LD dá ao tratamento da estrutura da língua, das regras gramaticais e da apreensão de vocabulário, por meio de exercícios puramente estruturais; de perguntas objetivamente inscritas nos textos; da abordagem de questões metalinguísticas; de perguntas abertas usando apenas "Yes/No" ou por meio da associação de informações sem precisar justificar escolhas.

No *Our way*, observamos a seguinte ordem nas atividades de aprendizagem: 1°) *Objetiva;* 2°) *Estrutural;* 3°) *Inferencial;* 4°) *Associação de colunas;* 5°) *Múltipla escolha;* 6°) *Metalinguística;* 7°) *Juízo de verdade;* 8°) *Subjetiva;* 9°) *Yes/No questions;* 10°) *Cópia*. Isto nos induz à conclusão de que a noção de língua adotada por tal livro é a de que esta é transparente, homogênea e descontextualizada do momento histórico e da situação sociocultural. Supervaloriza, então, as atividades objetivas e estruturais, não exigindo do aluno qualquer recorrência ao seu conhecimento prévio e acreditando que este vai alcançar o aprendizado por meio de repetições de informação e da memorização das regras gramaticais ou ortográficas, em vez de priorizar seu uso dentro dos contextos comunicativos.

Esta metodologia certamente não leva o aluno a uma aprendizagem efetiva, a ser capaz de utilizar a LE segundo seus propósitos comunicativos, pois prende esse mesmo aluno a situações isoladas e descontextualizadas. Além do mais, são escassas quaisquer atividades de produção escrita, com fraco enfoque sobre a leitura e produção/compreensão oral. As quatro habilidades são, quando não ausentes, muito superficialmente trabalhadas por este LD.

Causa-nos surpresa verificar que, apesar do que acabou de ser analisado, em sua apresentação, os autores defendem o seguinte: "Nesta reformulação incorporamos conceitos, procedimentos e atitudes propostos pelos PCNs para o período da 5ª à 8ª séries"; e acrescentam "Não nos esquecemos [...] das classes numerosas e heterogêneas [...]", nivelando os alunos a *tábulas rasas*, desprovidos de qualquer forma de conhecimento. O livro, por sua vez, é tido como fonte de verdades indiscutíveis e de conhecimento, que, em vez de ser construído pelos aprendizes, deve ser apreendido em seus mínimos detalhes.

A base teórica utilizada pelo livro *Our way* é predominantemente *behaviorista*. Apresenta vários exercícios objetivos, quase de cópia, não explorando o conhecimento prévio do aluno, mas sim tratando-o como uma "máquina", como se as repetições das estruturas gramaticais por meio dos exercícios descontextualizados lhes permitissem comunicar-se de maneira efetiva. A língua é tratada como transparente, homogênea e descontextualizada sócio-historicamente. Em alguns momentos, entretanto, há um pouco da abordagem *cognitivista;* da *comunicativa* e da *sociointeracionista*. A primeira, quando o aluno é levado a fazer inferências e a utilizar o seu conhecimento de mundo e linguístico; a segunda, quando são sugeridos trabalhos em grupo e, a terceira, quando o professor exerce a função de mediador. O papel do professor nesta coleção resume-se, principalmente, ao de facilitar o processo comunicativo, busca-se observar e monitorar, e, em alguns momentos, participar e aprender. O aluno, por sua vez, passa a interagir, se assim o permitirem os exercícios de compreensão, e a receber informações, não tendo muitos momentos nos quais possa expressar suas idéias, seus sentimentos ou suas opiniões.

O *English clips* adota a abordagem *comunicativa* e *cognitiva*. É o que demonstram os exercícios presentes em sua estrutura. A língua é tratada, então, como heterogênea e assim também são vistos os aprendizes. As sugestões de atividades extras, como os projetos a serem realizados pela turma ao final de cada unidade, dão ao professor o papel de mediador, daquele que irá organizar e promover debates, e não só transmitir, mas interagir com os alunos, aprender e participar, desempenhando um papel dentro da metodologia *sociointeracionista*. O aluno irá, não só, expressar-se, transmitir e receber informações, mas, também, negociar o significado e interagir, o que facilita o processo de aprendizagem.

Os manuais do professor de ambas as coleções ajudam-no: a entender os objetivos e a metodologia do LD; a desenvolver o vocabulário, as estruturas e os tópicos presentes; a identificar as respostas corretas ou sugestões para todas as atividades do livro. Quanto à abordagem, auxiliam, ainda, no planejamento das aulas – principalmente o *Our way*, que apresenta o plano e duração do curso que oferece. O *English clips*, como já foi mencionado, ajuda a revisar assuntos antigos e a introduzir os novos; insere a leitura de textos variados e sempre apresenta diferentes tipos de trabalhos escritos. Já o *Our way* falha nestas duas últimas tarefas, mas também faz sugestões de revisão e introdução de assuntos por meio de exercícios de *warm up* que estão no planejamento de aula.

2a. AULA

WARM UP ACTIVITY (Livros fechados)
- Esta atividade revisa um item apresentado na aula anterior
- Alunos colocam seus prismas sobre as carteiras
- Aluno A pergunta para B: What's your name?. Aluno B responde: My name is...

WRITE IT (Exercícios 4, 5 e 6)
- Explore as ilustrações. Leia o comando e verifique se há dúvidas.
- Alunos fazem os exercícios.
- Caminhe pela classe esclarecendo dúvidas.
- Correção na lousa.

PRACTICE (exercício 7)
- Leia o comando e o exemplo. Alunos repetem.
- Alunos praticam oralmente.
- Alunos fazem os exercícios por escrito.
- Correção oral.

Figura 3: Plano de aula *Our way*, vol. 1/ manual do professor

Conclusões

Toda esta análise dos livros didáticos – no nível do *texto,* das *atividades,* da *metodologia* e do *manual do professor* – nos levam a algumas conclusões sobre a eficiência do material didático no ensino fundamental. assim, podemos dizer que, no ensino fundamental, das duas coleções analisadas (*English clips* e *Our way*), a primeira mostrou-se superior nos quatro níveis analisados. Dessa maneira, por meio do uso de diversos gêneros textuais; dos exercícios que requerem inferências e opiniões dos alunos; da abordagem *comunicativa* nas práticas em sala de aula (discussões de temas importantes; trabalhos extras) e das informações (de explicações; sugestões; respostas) presentes no Manual do Professor, o aluno pode construir o próprio aprendizado, participar, interagir e aprender a formar opiniões. Isso o torna, inclusive, mais preparado para conviver na sociedade, e, ainda, o capacita, por meio dos *Diários Reflexivos,* a autoavaliar-se e refletir sobre o próprio aprendizado. Tudo isso o leva a uma aprendizagem da língua estrangeira bem mais eficiente e natural. Por outro lado, o *Our way* apresenta-se descontextualizado da realidade e, por isso, não se mostra relevante dentro do que foi determinado pelos PCN.

Reconhecemos, naturalmente, que, mesmo que um LD se apresente de forma perfeitamente adequada aos novos parâmetros educacionais, a prática do professor no contexto de sala de aula é fundamental para o processo de ensino/aprendizagem de LE.

Bibliografia

CORACINI, M. J. (Org.). (1999). *Interpretação, autoria e legitimação do livro didático.* Campinas: Pontes.

DIONÍSIO, A. P. e BEZERRA, M. A. (2001). *O livro didático de português: múltiplos olhares.* Rio de Janeiro: Lucerna.

DOLZ, J. e SCHNEUWLY, B. (1996). *Genres et progression en expression orale et écrite: éléments de réflexions a propos d'une expérience romande*. Université de Genève (mímeo).

_____. (2004). *Gêneros orais e escritos na escola*. Campinas: Mercado de Letras.

GRIGOLETTO, M. (1999). "Leitura e funcionamento discursivo do livro didático", *in*: CORACINI, M. J. (Org.). *Interpretação, autoria e legitimação do livro didático*. Campinas: Pontes.

MACHADO, A. R. (1998). *O diário de leituras: a introdução de um novo instrumento na escola*. São Paulo: Martins Fontes.

MARCUSCHI, L. A. (2001). *Gêneros textuais: o que são e como se classificam*. Recife: UFPE (mímeo).

_____. (2001). *Da fala para a escrita: atividades de retextualização*. São Paulo: Cortez.

_____. (2002). *Gêneros textuais, mídia e ensino de língua*. Recife: UFPE (mímeo).

_____. (2008). *Produção textual, análise de gêneros e compreensão*. São Paulo: Parábola.

MEURER, J. L. (1993). "Aspectos do processo de produção de textos escritos." *In: Trabalhos em linguística aplicada*, n° 21, pp. 37- 48.

PINTO, A. P. (2003). "Gêneros discursivos e ensino de língua inglesa", *in*: DIONÍSIO, A. P. e MACHADO A. R.; BEZERRA, M. A. (Orgs). *Gêneros textuais e ensino*. Rio de Janeiro: Lucerna.

ROJO, R. e BATISTA, A. A. G. (Orgs.). (2003). *Livro didático de língua portuguesa, letramento e cultura da escrita*. Campinas: Mercado de Letras.

VAL, M. G. C. e MARCUSCHI, B. (2008). *Livros didáticos de língua portuguesa: letramento e cidadania*. Belo Horizonte: Autêntica.

GÊNEROS TEXTUAIS EM LIVROS DIDÁTICOS DE PORTUGUÊS LÍNGUA ESTRANGEIRA: O QUE FALTA?

Regina Lúcia Péret Dell'Isola

A vida social contemporânea requer que as pessoas desenvolvam habilidades comunicativas que as capacitem a interagir de maneira crítica e participativa no mundo. Assim, cada um procura possibilidades de intervir positivamente na dinâmica social, ampliando seus conhecimentos sobre práticas discursivas, com mais empenho em prever, perceber, produzir e negociar sentidos por intermédio da linguagem. Para o desenvolvimento dessas habilidades, reconhecemos a necessidade de investir em perspectivas educacionais relativas à linguagem e ao seu uso em uma variedade de contextos específicos.

Professores de língua estrangeira (LE) almejam oferecer condições para que seus aprendizes sejam capazes de usar plenamente a língua-alvo. Para isso, é preciso investir em um ensino que promova a compreensão de como a linguagem se articula em ação humana sobre o mundo. O trabalho com gêneros textuais certamente favorece o desenvolvimento de habilidades de leitura, compreensão auditiva e produção de textos orais e escritos na língua alvo.

Gêneros textuais são manifestações sociais constituídas de elementos verbais e/ou não-verbais intencionalmente selecionados e organizados para exercer uma atividade sociointerativa, de modo a permitir aos interlocutores, a depreensão de sentido, em decorrência da ativação de processos e estratégias de ordem cognitiva, e a ação de acordo com a situação e as práticas socioculturais de uso. Não são apenas formas, são atividades submetidas a critérios de êxito.

Por meio da exploração dos gêneros textuais é possível realizar um trabalho eficiente, partindo-se da discussão sobre relações sociais, identidades e formas de conhecimento, veiculadas por meio de textos em variadas circunstâncias de interação, de determinações socioistóricas da interação entre autor-texto-contexto-leitor e da observação da variedade de possibilidades de organização textual. Assim, uma das metas dos professores tem sido realizar um trabalho consistente com foco no uso da LE a partir da exploração de gêneros textuais.

Embora essa meta seja um dos principais desafios para professores, estudiosos e teóricos da Linguística Aplicada, é de se estranhar que, nos livros didáticos de língua estrangeira, ainda seja inexpressiva a exploração da diversidade de gêneros textuais que circulam socialmente. Apesar de haver certa diversidade de gêneros nas atuais obras de ensino de LE, ainda é incipiente a abordagem que promove a exploração de aspectos multidimensionais dos textos, ou seja, aspectos que envolvem língua, cultura, comunicação e consciência de linguagem. No que se refere aos livros especificamente voltados para o ensino de português como língua estrangeira (PLE), atualmente disponíveis no mercado, constata-se que são poucas as obras didáticas que investem em atividades fundamentadas em gêneros textuais. A implicação disso é que, ao aprendiz, é tirada a oportunidade de interagir com os modos de produção textual oral e escrita na língua que estuda. Seria muito útil que ele entrasse em contato com o texto que, concretamente, é um produto social pertencente a determinados e diferentes domínios discursivos.

Observada essa lacuna que, provavelmente, também pode ser verificada em livros didáticos de outras línguas estrangeiras, com base na teoria de Swales (1990, 1993, 1998) sobre a organização retórica dos gêneros e na teoria de Bazerman (1994, 2005) sobre os sistemas de atividades e de gêneros, apresentamos, em linhas gerais, algumas orientações de trabalho com gêneros que favoreceriam o desempenho de atividades interativas do aprendiz com outros falantes dentro e fora da sala de aula de PLE. Nosso objetivo é levantar uma discussão relativa à importância do contato dos aprendizes de uma LE com gêneros textuais, diante da constatação de que falta, nos livros didáticos, um trabalho consistente com foco na constituição (natureza e delimitação) dos gêneros e nas esferas de uso da língua em que eles se realizam como atividades constitutivas de interação verbal.

As sugestões de exploração dos gêneros textuais estão voltadas para conduzir o aprendiz a observar, analisar, interpretar e aplicar os recursos expressivos de uma LE, levando-os a considerarem o conteúdo temático, a construção composicional e as configurações específicas de uso dos gêneros textuais. Sabemos que os textos se organizam dentro de determinado gênero em função das intenções comunicativas, como parte das condições de produção dos discursos, as quais geram usos sociais que os determinam. Por isso, julgamos relevante uma abordagem centralizada na natureza, na função e na organização dos gêneros associada às condições interativas de produção e recepção textual.

O livro didático de LE: gênero e suporte textual

O livro didático de LE é, ao mesmo tempo, um gênero e um suporte textual. Trata-se de um gênero do discurso acadêmico resultado de um conjunto planejado e organizado de propostas didáticas pautadas em uma abordagem de ensino com a finalidade de sistematizar conhecimentos. Trata-se de um suporte porque é o *locus* no qual esse todo organizado se fixa e se constitui, no contexto de ensino/aprendizagem de LE, como um referencial didático-pedagógico para professores e alunos a serviço do aprimoramento das habilidades necessárias para que o aprendiz interaja, na língua-alvo, com falantes dessa língua. Sabe-se que, muitas vezes, é a única fonte de que dispõe o professor para conduzir suas aulas e que tem sido peça-chave no planejamento de cursos e currículos escolares para o ensino de línguas. Por isso, é importante que esse material ofereça plenas condições para o aprendizado da língua alvo por meio de atividades que viabilizem a construção de sentido de modo que o aluno possa se familiarizar com textos que circulam em diversos cenários onde essa língua é falada e possa explorá-las.

Não se pode negar que as atividades propostas nos livros didáticos têm implicações no desenvolvimento das várias competências do aprendiz para interagir comunicativamente na língua que estuda. Assim, antes de se pensar sobre o uso do livro didático no contexto de ensino e aprendizagem de LE, é preciso que se reflita sobre as atividades sugeridas nos livros que se destinam a esse ensino em particular.

O livro didático de LE que se destina especificamente para o ensino de um idioma em ambiente escolar tem o papel idealizado de servir de apoio ou de roteiro de trabalho. Mais do que um simples suporte, o livro didático é um gênero que atende as condições de êxito apresentadas em Maingueneau (2001), a saber: uma finalidade reconhecida, o estatuto de parceiros legítimos, o lugar e o momento legítimos, o suporte material e a organização textual.

Trata-se de um gênero por ter uma finalidade reconhecida, ou seja, a de ensinar a língua e a produção de texto, criando condições para que quem não saiba passe a saber a língua. Conforme aponta Maingueneau (2001, p. 66):

> todo gênero de discurso visa a um certo tipo de modificação da situação da qual participa. Essa finalidade se define ao se responder à questão: *estamos aqui para dizer o quê?*[...] A determinação correta dessa finalidade é indispensável para que o destinatário possa ter um comportamento adequado ao gênero de discurso utilizado (Grifo nosso)

Assim, com a finalidade de ensinar um idioma, o livro também atende a condição de estatuto de parceiros legítimos porque ele envolve alunos que dele se utilizam, escolas que o adotam e professores que dele fazem um recurso pedagógico. O livro didático é direcionado a um trabalho de ensino/aprendizagem no qual um professor, supostamente detentor de um saber e devidamente autorizado, promove condições para os aprendizes, pessoas que supostamente não são detentoras desse saber, a aprender um idioma.

A ideia de inserir nos livros didáticos propostas de leitura e produção de texto com base em gêneros textuais, em princípio, favorece uma prática social de leitura de modo a permitir maior conhecimento da cultura da língua-alvo e também cria condições para a expressão verbal (oral ou escrita) do aprendiz. Ao ouvirem uma piada, uma entrevista, um debate, ao lerem tirinhas, charges, editoriais, artigos de opinião, cartazes, panfletos, folhetos, anúncios, dentre outros, os aprendizes estarão diante de textos autênticos, que têm características específicas, podendo ter linguagem exclusivamente verbal ou não-verbal, podendo ser mistos de mais de uma forma de linguagem, todos com propósitos comunicativos estabelecidos.

Por exemplo, tomemos uma tirinha como um texto misto de linguagem verbal e imagem, destinada a provocar uma reflexão crítica, com um tom de humor culturalmente marcado. Cabe ao aprendiz, diante desse gênero, ler palavra e imagem, observar as evidências, compreender os explícitos e implícitos textuais, para se pronunciar sobre o que leu. Cabe ao professor conduzir seus alunos a produzirem uma leitura abrangente que ultrapasse as fronteiras linguísticas e a estabelecerem comparações que lhes permitam conhecer as semelhanças e diferenças entre culturas. Para ilustrar, citamos uma tirinha disponível no *site* cuja leitura recomendamos. Laerte, um dos grandes cartunistas brasileiros, publicou essa tirinha no jornal *Folha de S.Paulo*. Trata-se de um texto autêntico, composto de três quadrinhos. No primeiro quadrinho, vemos um homem de pé, diante de uma senhora sentada, separados por um balcão. A imagem e o texto verbal nos levam a concluir que se trata de um paciente, diante de uma secretária em um consultório médico. A secretária estende sua mão para lhe entregar um papel onde agendou a consulta e lhe diz: "Aqui está: consulta marcada para daqui a três meses." No segundo quadrinho, o homem diz que, até lá, isso que tem já terá passado. No terceiro quadrinho, a secretária rasga em pedacinhos o papel do agendamento e comenta: "– Ótimo."

Essa tirinha refere-se a uma prática comum no Brasil: a de se agendarem consultas médicas com grande antecedência. Além dos termos "aqui", "daqui a três meses", "até lá", "isso" que são rica fonte de aprendizado de formas linguísticas, temos, nesse texto, a cena onde se contrastam a insatisfação do paciente e a satisfação da secretária. No desfecho, a ação da personagem ultrapassa a resposta dada. No final do diálogo, ao afirmar "ótimo", o que a secretaria estaria dizendo? Essa fala pode demonstrar seu sentimento de alegria pelo fato de o paciente, no futuro, não precisar mais da consulta e, ao mesmo tempo, evidencia que a secretária não se importa com os sintomas que conduziram o paciente a procurar um médico. O que queremos demonstrar é que mais do que veículo de ampliação de conhecimento linguístico, a exploração desse gênero exige o compartilhamento de experiências. Em quantos países, é comum o descaso com a saúde? Como são agendadas as consultas nos diferentes países? Quais seriam as possíveis reações dos aprendizes, caso eles se colocassem em lugar desse homem? Essas são apenas algumas questões com que o professor pode conduzir o trabalho com aspectos culturais, a partir dessa tirinha. O gênero textual serve de instrumento para que sejam trocadas experiências sobre o fato acontecido e para promover debate sobre ações, situações que geram sentimentos, além de várias outras perguntas que podem surgir e favoreçam o foco no uso da LE.

Evidentemente, há nos livros didáticos o propósito de uma escolarização dos conteúdos, porque esse é um suporte de gêneros voltado para uma didatização que é necessária. Mas, essa didatização não precisa estar distante da realidade e cabe ao professor estabelecer uma ponte que une e aproxima o conteúdo a ser ministrado com a prática social real do uso da língua. Sabemos que há um desejo de trabalhar com os gêneros de textos, mas a exploração dos aspectos funcionais dos gêneros presentes nas obras de PLE ainda é precária.[1] Obviamente, a especificidade de um livro didático de PLE é o ensino/aprendizado da língua portuguesa, então, os textos que compõem esse livro, em princípio, são instrumentos para conduzir ao aprendizado desse idioma, fundamentados em determinados objetivos estabelecidos pelos autores, de acordo com a divisão proposta em cada obra destinada a esse fim.

Os gêneros textuais e o ensino de LE: o que muda?

A inserção de variados gêneros de texto na didática de línguas é necessária para o acesso às diversas as práticas sociais

---

1. Embora tenha dito que aqui focalizarei o ensino de PLE, acredito que as reflexões aqui apresentadas sejam igualmente válidas para o ensino de outras línguas estrangeiras em que se pretende privilegiar gêneros como fonte textual.

da cultura da língua aprendida. Considerando-se o gênero uma ação social, é preciso preparar o aluno para desenvolver habilidades de leitura que envolva a compreensão dos modos de produção dos diferentes gêneros de textos. Por meio dos gêneros, o aprendiz pode compreender o funcionamento sociointerativo das comunidades discursivas e as formas da língua em uso. Daí a proposta de se trabalhar com textos de jornal, textos da revista, a publicidade, cartas, editoriais etc. Mas não basta que o professor leve essa diversidade para as aulas de português, sem haver um planejamento prévio. É preciso que sejam analisados os potenciais dos gêneros e as atividades propostas para o trabalho com esses diversos gêneros. Conforme afirma Júdice

> Na atualidade, com a entrada na sala de aula de MD [material didático] elaborado em suporte impresso, sonoro, eletrônico, etc, multiplicaram-se os gêneros com que os aprendizes estabelecem contato, muitas vezes sem implicar por parte do professor uma reflexão sobre a especificidade de cada um deles e sobre as abordagens que seriam proveitosas para dar oportunidades ao estudante de ampliar suas possibilidades de ler, de dizer e de se dizer na língua-alvo. (2007, p. 1)

Evidencia-se, de um lado, alguma diversidade de gêneros textuais em certos livros didáticos de PLE, de outro, carência de variedade de gêneros textuais em outros livros para ensino desse idioma. Além disso, é superficial a exploração de características socioculturais e linguísticas que regulam a forma, o conteúdo e as escolhas léxico-gramaticais que compõem determinados gêneros textuais e são desempenhadas por uma comunidade discursiva específica, identificada e descrita, conforme a proposta de Swales (1990, 1998) e Bathia (1993).

A abordagem do ensino de LE por meio do gênero como um recurso para uma melhor compreensão dos aspectos intelectuais e esquemáticos que contribuem para que um determinado discurso aconteça em sua prática, proposta por Swales (1990), tem como meta principal capacitar os aprendizes de LE a competir tanto em suas áreas específicas como no mercado de trabalho, em igualdade de condições com falantes nativos da língua-alvo. Swales (1990) justifica a aplicabilidade do conceito teórico de gênero às necessidades profissionais e acadêmicas de comunicação dos usuários de uma língua estrangeira. Acrescenta que são necessários três elementos-chave que, ao se interligarem, contribuem para que o propósito comunicativo de uma determinada manifestação discursiva seja realizado: comunidade discursiva, gênero e tarefa. O traço de união desses três elementos é o propósito comunicativo. A unidade básica da comunicação humana é o texto que pode ser definido como um conjunto de elementos linguísticos que detêm caráter de totalidade comunicativa em razão de fatores linguísticos, semânticos e pragmáticos.

Para Swales (1990), os gêneros textuais têm base em rituais comunicativos de um grupo de interactores, por ele definido como comunidade comunicativa. Os gêneros podem ser identificados a partir do objetivo que trazem explícita ou implicitamente, pela forma e pelo posicionamento, já que, segundo esse autor, o gênero compreende uma classe de eventos comunicativos cujos exemplares compartilham os mesmos propósitos comunicativos. Esses propósitos são reconhecidos pela comunidade discursiva e constituem o conjunto de razões "que moldam a estrutura esquemática do discurso e influenciam e limitam a escolha de conteúdo e de estilo" (Swales 1990, p. 58). E o que pretende um professor de LE? Nada mais nada menos que seu aluno participe como membro ativo em uma comunidade discursiva, ou seja, insira-se nas redes socioretóricas que se formam mediante certos objetivos, dominando razoavelmente os gêneros que essa comunidade detém.

Esse conceito de gênero privilegia o caráter e o propósito comunicativo de uma situação, suas convenções e regras linguísticas e discursivas compartilhadas pela comunidade discursiva que convive, atua e interage em uma dada situação, dominando gêneros do discurso articulado e intencionado (a quem se destina: público-alvo) por ela mesma. Uma vez configuradas as expectativas, uma manifestação genérica pode ser considerada como prototípica pela comunidade geradora. Levantar uma manifestação textual (oral ou escrita) como um gênero, então, consiste em levantar as características socioculturais e linguísticas que regulam a forma, o conteúdo e as escolhas léxico-gramaticais que o compõem e são feitas por uma comunidade discursiva específica, identificada e descrita. Assim, as comunidades discursivas apresentam um conjunto de propósitos reconhecíveis e mecanismos de intercomunicação entre os seus membros, utilizando uma seleção de gêneros em evolução tanto para o avanço do conjunto de propósitos como para a legitimação dos mecanismos participativos que são essenciais no trabalho do professor voltado para o ensino da língua em uso.

Não podemos negligenciar que uma turma de aprendizes de LE ignore a função social dos textos e seja instigada a realizar uma tarefa de produção oral ou escrita, baseada na aplicabilidade social desse gênero. Devemos investir na exploração das características funcionais dos gêneros, além de explorar as formas linguísticas e as possibilidades de variações existentes, ou seja, podemos conduzir os aprendizes a perceberem maneiras diferentes de organizar o texto, mantendo-se o propósito comunicativo, naturalmente aceito por uma determinada comunidade discursiva.

Por exemplo, na seção *Bate-papo* da unidade 2 do livro didático Terra Brasil, há um trecho de um texto de divulgação sobre um manifesto contra a propaganda de bebidas alcoólicas. Antes de ter acesso ao manifesto propriamente dito, o aprendiz lê um fragmento que introduz o manifesto e é convidado a conversar sobre o assunto. Após um debate sobre o tema, ele é convidado a acessar o *site* em que está presente o manifesto lançado pelo Conselho Regional de Medicina de São Paulo.

BATE-PAPO[2]

É conversando que a gente se entende...

O alcoolismo constitui, hoje, grave problema de saúde pública no Brasil, com o agravamento de o jovem, especialmente o adolescente, ser estimulado quotidianamente pela enganosa publicidade das bebidas alcoólicas que predomina na mídia.

O Conselho Regional de Medicina de São Paulo lançou o manifesto a favor da proibição da propaganda de cervejas e outras bebidas alcoólicas, denominado "Propaganda sem Bebida".

- O problema do alcoolismo é um problema do Brasil? Do seu país?
- Existe solução para esse problema?
- Que sugestões você tem para diminuir ou resolver esse problema?
- Que outros problemas sociais você observa no Brasil e no seu país?
- Que imagem você acha que os estrangeiros têm de seu país? Você gostaria que essa imagem fosse diferente? Justifique.

O bate-papo é uma forma de o aprendiz se expressar oralmente e ativar conhecimentos prévios sobre o tema em discussão. As perguntas propostas não se limitam ao assunto central, fazem

---

2. Fonte: DELLISOLA, R. e ALMEIDA, A. *Terra Brasil*: curso de língua e cultura. Belo Horizonte: UFMG, 2008, p. 52.

projeções para outros debates acerca das diferenças e semelhanças culturais. O aluno é convidado a acessar o manifesto no *site* http://www.propagandasembebida.org.br/ onde terá acesso ao seguinte texto:

MOVIMENTO PROPAGANDA SEM BEBIDA
Pela proibição da propaganda de cerveja e bebidas alcoólicas

Nós, cidadãs, cidadãos e entidades da sociedade

DEFENDEMOS a restrição da propaganda de cervejas e outras bebidas alcoólicas nos meios de comunicação e em eventos esportivos, culturais e sociais, semelhante à legislação atual que limita as propagandas de cigarro:

CONCLAMAMOS todos a aderia à campanha de recolhimento de um milhão de assinaturas para sensibilizar o Governo Federal e o Congresso Nacional a aprovar, em regime de urgência, lei que restringe a publicidade de álcool.

ALERTAMOS que o consumo do álcool é hoje um dos mais graves problemas de saúde e segurança pública do Brasil, porque:
- é responsável por mais de 10% de todos os casos de adoecimento e morte no país.
- provoca 60% dos acidentes de trânsito.
- transforma 18 milhões de brasileiros em dependentes.
- leva 65% dos estudantes de 1º e 2º grau à ingestão precoce, sendo que a metade deles começa a beber entre 10 e 12 anos.
- é detectado em 70% dos laudos cadavéricos de mortes violentas.
- está ligado ao abandono de crianças, aos homicídios, delinquência, violência doméstica, abusos sexuais, acidentes e mortes prematuras.
- causa intoxicações agudas, coma alcoólica, pancreatite, cirrose hepática, câncer em vários órgãos, hipertensão arterial, doenças do cora-

ção, acidente vascular cerebral, má formação do feto; está ligada a doenças sexualmente transmissíveis, Aids e gravidez indesejada.

- impõe prejuízos incalculáveis, atendimentos em pronto-socorros, internações psiquiátricas, faltas no trabalho; além dos custos humanos, com a diminuição da qualidade de vida dos usuários e de seus familiares.

Assim, **DENUNCIAMOS** que os interesses econômicos; a *lobby* da indústria de bebidas alcoólicas; a propaganda enganosa e irresponsável; e a omissão governamental levam à total ausência de políticas públicas de prevenção e controle do consumo de álcool no Brasil

SUGERIMOS, além de normas rígidas de restrição das propagandas:

- Aumento do preço ou taxação das bebidas alcoólicas, com destinação de recursos arrecadados para prevenção e tratamento de dependentes.
- Fiscalização e aplicação do Estatuto da Criança e do Adolescente (ECA).
- A venda de bebidas alcoólicas para menores é crime que deve ser punido.
- Controle rigoroso dos motoristas alcoolizados, de acordo com o Código Brasileiro de Trânsito.

Por fim, **EXIGIMOS**

- o direito de viver em uma sociedade livre das consequências do uso abusivo do álcool, tais como acidentes e atos de violência.
- que informações confiáveis sobre os efeitos nocivos do consumo do álcool sejam oferecidas a todos os cidadãos;
- que crianças e adolescentes não sejam expostos a propagandas que incentivem o consumo de bebidas alcoólicas;
- que todas as pessoas dependentes de álcool tenham acesso a tratamento digno e adequado.

Em contato com esse manifesto, o aprendiz de PLE tem a oportunidade de observar por meio esse gênero, as razões que motivam um grupo de pessoas a protestarem sobre algo, as consequências de uma conduta comprovadamente indesejável e prejudicial. O gênero é instrumento de aprendizado da língua.

Não basta entender que um manifesto é a revelação do pensamento de uma pessoa ou de um grupo de pessoas a respeito de um assunto de interesse geral ou de qualquer natureza: social, política, cultural, religiosa, entre outras. É preciso que o aprendiz compreenda a maneira pela qual determinada comunidade discursiva denuncia à sociedade a existência de um problema que ainda não é de pleno conhecimento da população, como se faz um alerta sobre a possibilidade de uma situação problemática vir ocorrer.

Ainda que este gênero não possua uma estrutura rígida, ele contém alguns dados essenciais: um título capaz de invocar a atenção do público e ao mesmo tempo informar de que trata o texto; a identificação do problema; análise dos argumentos e do problema que justificam o ponto de vista do autor, local e data; e, por fim, as assinaturas do(s) autor(es) do manifesto ou simpatizantes de causa. A linguagem do manifesto varia em concordância com alguns fatores, entre eles, quem é o autor, a que ou a quem se dirige e em que veículo circula. Em grande parte, quando circulado nos meios de comunicação de grande alcance, o manifesto encontra-se na norma padrão da língua. Essa variação vai ao encontro da idéia de que nossas ações linguísticas cotidianas orientam-se por um conjunto de fatores que atuam no contexto situacional. Faz-nos pensar também que, no plano do ensino/aprendizagem de produção textual, equivale a dizer que o conhecimento e o domínio dos diferentes tipos de gêneros textuais, por parte do aluno, não apenas o prepara para eventuais práticas linguísticas, mas também lhe amplia a compreensão de realidade, ao mesmo tempo que lhe aponta formas concretas de participação social como cidadão.

Os gêneros textuais, segundo Marcuschi (2002), referem-se aos textos materializados que encontramos em nossa vida diária e apresentam características sociocomunicativas definidas por conteúdos, propriedades funcionais, estilo e composição característica. Tendo em vista que gêneros textuais realizam-se em situações discursivas, é de se estranhar que muitos livros didáticos destinados ao ensino de língua estrangeira ainda não explorem importantes aspectos comunicativos inerentes aos gêneros. O que muda é considerar os gêneros como ações sociais. Sendo interdependentes a materialidade linguística e o processo discursivo, o ensino de LE volta-se para práticas verbais veiculadas sempre por meio de gêneros textuais. Esses gêneros são construções sociais que vinculam a produção da linguagem ao contexto sócio-histórico em um momento de interlocução. Em razão disso, qualquer que seja a prática (oral, escrita, auditiva, leitora) ela deve ser contextualizada no gênero e nas condições de produção textuais.

Atividades de exploração dos gêneros textuais: qual é o foco?

Verifica-se a necessidade de expor o aprendiz de uma LE a uma diversidade de gêneros textuais. Não basta inserir grande quantidade de gêneros textuais nos LDs de LE, pois com isso, certamente, perdem-se os propósitos fundamentais da presença desses textos que é o aprendizado da LE. No afã desenfreado de utilizá-los, constata-se falta de estabelecimento prévio de objetivos a serem alcançados, a partir da leitura de cada texto selecionado. Em geral, não se exploram as características que cada gênero oferece associadas nem, ao menos, se esclarecem as possibilidades oferecidas pelos textos com que se pretende trabalhar em sala de aula. Isso resulta em muitas propostas inexpressivas ou na introdução de textos completamente dispensáveis. Considerando-se o aspecto sociocomunicativo dos gêneros textuais, sua eficiente utilização é de extrema importância para o processo de aprendizagem de uma língua, seja ela materna, seja ela estrangeira.

O trabalho com gêneros nos manuais de PLE continua extremamente formalista, revelando despreparo dos autores em conduzir a exploração das condições de produção, das instâncias enunciativas em que os gêneros são produzidos e praticados. Além disso, observa-se relativa desconsideração dos propósitos comunicativos dos gêneros presentes nesses materiais destinados ao ensino de PLE.

Em dois conhecidos livros didáticos de PLE, publicados no Brasil, encontramos modelos de folha de cheque para serem preenchidos. Qual seria o objetivo dessa proposta? Trata-se de uma proposta a partir da qual o gênero é explorado de maneira a promover o aprendizado da língua e das situações comunicativas do idioma aprendido? Ainda que a intenção seja introduzir o aprendiz ao letramento, não seria essa atividade reducionista, voltada apenas a um pequeno grupo de aprendizes que, talvez, um dia, terão a experiência de viverem como os brasileiros que utilizam cheques como recurso monetário? Salvo um pequeno grupo de aprendizes que, eventualmente seria o público-alvo em potencial, a quem mais interessa a presença desse gênero em um material destinado ao ensino de LE? Além disso, na prática, de que vale o cheque em um mundo onde o cartão de crédito é moeda? Certamente, há quem vá defender que a presença desse gênero pode servir de elemento motivador que propicia um exercício de leitura e escrita do aprendiz, podendo até mesmo ser assunto para um debate oral sobre o sistema bancário, sobre diferentes maneiras de efetuar pagamentos, dentre outros temas interessantes que podem gerar novos textos orais ou escritos. Se considerarmos as diversas possibilidades das abordagens comunicativas, inegavelmente, esse é um material rico em possibilidades. No entanto, a questão é: por que não foram exploradas essas possibilidades em nenhum desses dois livros didáticos?

É importante a seleção dos gêneros que seriam mais produtivos para o aprendizado não só da língua como também da cultura de um país. É preciso levar em consideração a maneira produtiva de expor e de tratar tais "novidades" ao colocar o aprendiz em contato com a grande variedade de gêneros existentes.

Bazerman (1994, 2005) também tem se dedicado à elaboração de uma teoria de gênero, seu trabalho espelha vários pontos de contato com os de Miller (1994) e de Swales (1998). O conceito de gênero adotado pelo autor tem como noções-chave as de recorrência e ação social. Bazerman (1994: 81) assume a perspectiva de gênero como ação social e sustenta que 'uma forma textual que não é reconhecida como sendo de um tipo, tendo determinada força, não teria status nem valor social como gênero. Um gênero existe apenas na medida em que seus usuários o reconhecem e o distinguem'.

A partir dessa abordagem, é possível focalizar os gêneros como ações retóricas tipificadas. De certa forma, há um reconhecimento de regularidades. Por exemplo, a leitura de uma notícia jornalística exige que o aprendiz de uma LE observe o caráter informativo do texto, busque respostas às questões "o quê?", "quando?", "onde?", "quem?"; procure identificar o *porquê*, o *como*, e predizer "e daí?", além de perceber que a notícia filtra e molda realidades cotidianas, por meio de suas representações. Esse gênero textual caracteriza-se por fazer saber aquilo que aconteceu em um tempo recente ou não e pode ser tipificado como um registro de fatos sem opinião. A exatidão é tida como o elemento-chave da notícia. Assim, a compreensão desses aspectos estruturais de uma notícia típica favorece a compreensão da leitura desse texto (oral ou escrito) e a produção escrita do aprendiz. Falta, nos manuais didáticos de PLE, focalizar as características elementares de determinados gêneros que contribuem positivamente para a produção textual do aprendiz.

Outro exemplo é a biografia, gênero que busca resgatar a memória pessoal por meio de um estudo da vida e obra de um indivíduo. Produzida desde a Antiguidade na Grécia, a biografia é uma modalidade discursiva que consiste em relatar os acontecimentos da vida de uma pessoa, por meio de uma estrutura narrativa que pode se apresentar em ordem cronológica, acompanhada ou não de recursos como fotografia e imagens que servem como ativadores da memória. Nas aulas de LE, a leitura de uma biografia pode ir além das informações textuais, isto é, pode compreender uma investigação das razões pelas quais a vida de determinada pessoa é alvo da construção de um texto biográfico, pode envolver a focalização das etapas do processo de construção desse gênero e culminar no desafio para que o aprendiz escreva uma biografia, seguindo orientações relativas à composição desse gênero.

Biografias são encontradas em livros didáticos de PLE, embora nem sempre venham acompanhadas de propostas de atividades que explorem os aspectos aqui apresentados. Em edição recente do livro didático *Avenida Brasil* (2008, p. 53), são apresentados dados biográficos de três brasileiros: Carlos Drummond de Andrade, Cecília Meireles e Cândido Portinari. Essas biografias são seguidas de uma única atividade de compreensão em que os aprendizes devem relacionar colunas, de acordo com informações explícitas nos textos. Embora as autoras tenham inserido esse gênero textual nesse livro, não houve investimento além da retomada de poucas informações textuais. Abordagens dessa natureza são reducionistas e minimizam as potencialidades oferecidas pelos gêneros dos textos selecionados.

Não defendemos que todos os gêneros devam ser apresentados aos aprendizes para que eles tenham acesso a sua forma composicional. Partimos do pressuposto de que os alunos de LE tenham conhecimento de uma grande quantidade de gêneros a que têm acesso e que estejam abertos a compreender como esses e outros gêneros circulam na sociedade. Portanto, consideramos que os aprendizes têm letramento suficiente para explorar gêneros por eles já conhecidos. Por isso, julgamos que determinados gêneros – amplamente conhecidos – dispensam apresentação formal e sugerimos que sua presença volte-se para o desenvolvimento da habilidade de produção oral ou escrita. No livro *Terra Brasil* (2008, p. 18) não se investiu na apresentação de biografia. As autoras solicitam que os aprendizes organizem um folheto de personalidades brasileiras que se destacam profissionalmente no cenário nacional. Cabe aos aprendizes selecionar uma dessas personalidades e pesquisar sobre ela: quem é? Onde e quando nasceu? O que faz? Sugere-se também que eles selecionem imagens, fotos, caricaturas e tudo o que encontrarem sobre essa pessoa e que reúnam as informações seguindo a configuração de uma biografia. Vê-se aqui que os aprendizes são convidados a produzir um trabalho biográfico, independentemente de terem lido qualquer biografia que lhes serviria de modelo.

Acreditamos que propostas dessa natureza desafiam os aprendizes a ampliar seu contato com a LE e a se expressar nessa língua, por meio da produção escrita de um determinado gênero textual. A nossa prática nos permite afirmar que esse desafio promove o letramento de alguns de nossos alunos de PLE em determinados gêneros textuais.

Também os textos de propaganda e capas de revista são extremamente produtivos. Os anúncios e capas de revistas brasileiros tendem a ser criativos, simples e diretos. O estímulo visual da imagem é caminho praticamente obrigatório para observar o produto, invariavelmente em primeiro plano, sublimado, de modo que o espectador sinta desejo de adquiri-lo. Cabe ao aprendiz observar o gênero, as relações entre o verbal e a imagem e procurar identificar o público-alvo, a forma usada para alcançar esse público.

Dionísio (2005, p. 194) destaca a edição de janeiro de 1997 da revista *SuperInteressante* que traz o tema *cosméticos* como assunto de capa. Para abordar *cientificamente* a matéria apresentada e cumprir com uma função jornalística de divulgação, foi feita uma montagem em que aparecem na capa dois planos: um verbal (manchete, *lide*) e um pictorial (fotografia e gráfico). Leem-se, na manchete, *Cosméticos Científicos* e, no *lide*, *Agora a beleza virou assunto de cientistas*. A imagem se compõe de uma fotografia, um close de uma mulher, à qual se sobrepõem ilustrações que demonstram, por meio de desenhos das células que simbolizam uma visão microscópica da ação dos novos cosméticos na pele. O vocabulário visual, no interior do gráfico, indica as partes do corpo humano (células e pele) e a ação das cápsulas e dos filtros solares, como agentes de rejuvenescimento e de proteção da pele. O foco na constituição da composição dessa matéria de capa e da abordagem científica dada ao tema, evidenciada verbal e visualmente nesse texto, favorece um ensino/aprendizado de base interacionista. Inegavelmente, explorações dessa natureza contribuem para uma nova abordagem de ensino de LE.

A teoria dos gêneros exige o desenvolvimento de habilidade de leitura em duas direções: na busca de uma compreensão totalizadora, que vai além das letras e apreende o texto como um todo, relacionando-o com seu contexto; e na atenção para a sua materialidade linguística, tomando-a como base para a construção da interpretação. Quanto à expressão oral ou escrita, o foco no gênero requer a capacidade de produzir um texto adequado a determinadas situações de interlocução.

O desempenho dos aprendizes exige considerar a diversidade de situações comunicativas em que se observa a orientação para a informação, com o fim de se levantar o seu sentido como função, ou com finalidade, o qual associado ao objetivo, confere, em parte, especificidade à organização da ação verbal na interação linguística.

Acreditamos que o aprendizado de uma LE por meio da devida exploração dos gêneros de texto favorece a qualidade da leitura, da compreensão auditiva e da expressão escrita ou oral do aprendiz de uma LE que estará apto a respeitar regras socialmente estabelecidas para o uso linguístico em circunstâncias específicas de produção textual, no que se refere à seleção adequada do modo de apresentação do discurso e da forma mais apropriada de empregar a LE aprendida.

Referências

BHATIA. Vijay k. (1993). *Analysing genre: language use in professional settings.* Londres: Longman.

BAZERMAN, C. (1994). "Prefácio", *in*: BLYLER, N. R. e THRALLS, C., (eds.) *Professional comunication: the social perspective.* Londres: SAGE Publications, pp. VII-VIII.

_____. (2005). *Gêneros textuais, tipificação e interação.* São Paulo: Cortez.

DELLISOLA. Regina L.P. (2005) *O sentido das palavras na interação leitor-texto.* Belo Horizonte: Fale/UFMG.

_____. (2006). "Letramentos: em busca da habilidade de ler e entender gêneros textuais". *LITTERA*, Revista de Linguística e Literatura, Ano IV, n° 4, Jul/Dez, pp. 20-30.

DELLISOLA, Regina e DE ALMEIDA, Apparecida. (2008). *Terra Brasil: curso de língua e cultura.* Belo Horizonte: Editora da UFMG.

DIONÍSIO, Ângela. (2005). "A multimodalidade discursiva na atividade oral e escrita", *in*:

MARCUSHI, L. A e DIONISIO. A. (orgs.). *Fala e Escrita.* Belo Horizonte: Autêntica.

EBERLEIN O.F, e LIMA, Emma *et al.* (2008). *Avenida Brasil: curso básico de Português para estrangeiros.* Vol. 1. São Paulo: EPU.

JÚDICE, N. (2007). "Textos verbais e não-verbais no ensino e avaliação de português como língua estrangeira". (Texto, cedido pela autora, apresentado em Congresso promovido pela ABRALIN em 2007).

MAINGUENEAU, D. (2001). *Análise de textos de comunicação.* São Paulo: Cortez.

MARCUSCHI, Luiz A. (2002). "Gêneros textuais: definição e funcionalidade", *in*: DIONÍSIO, Ângela P. *Gêneros textuais e ensino.* Rio de Janeiro: Lucerna, pp. 17-36

MILLER, C. R. (1984). "Genre as social action." *Quarterly Journal of Speech*, 70, pp. 151-167.

SWALES, J. M. (1990). *Genre analysis: English in academic and research settings.* Cambridge: Cambridge University Press.

_____. (1993). "Genre and engagement." *Revue Belge de Philologie et d'histoire.* Vol. 71, pp. 687-698.

_____. (1998). *Other floors, other voices: a textography of a small university building.* Mahwah: Lawrence Erlbaum.

O ENSINO DE VOCABULÁRIO EM LEITURA NO LIVRO DIDÁTICO DE LÍNGUA ESTRANGEIRA

Lêda Maria Braga Tomitch

Introdução

Existe um consenso na literatura na área de compreensão leitora no que se refere à importância do conhecimento de vocabulário para a leitura (vide, por exemplo, Just e Carpenter 1987; Beck e Mckeown 1991; Ruddell 1994; entre outros). Alguns pesquisadores da área de aquisição de línguas[1] vão além ao afirmar que o vocabulário ocupa uma posição central na aprendizagem de uma língua estrangeira (Saville-Troike 1984, *apud* Jordan 1997), ou de ambas, línguas materna e estrangeira (Lauffer 1997).

---

1. No contexto deste trabalho, uso os termos 'aquisição e aprendizagem' para me referir ao mesmo processo.

As pesquisas que investigam a relação entre o conhecimento de vocabulário e a leitura revelam que existe uma relação entre a amplitude do vocabulário conhecido e a proficiência em leitura (Just e Carpenter 1987; Ruddell 1994). Entretanto, de acordo com vários pesquisadores (vide, por exemplo, Tomitch 1991; Ruddell 1994; entre outros), não existe consenso na literatura em termos da natureza dessa relação, já que alguns estudos apontam para uma relação causal e outros não. De acordo com Ruddell, "não podemos dizer que a aquisição de vocabulário por si só aumente a compreensão" (p. 416, minha tradução). Segundo a autora, existem vários fatores que devem ser levados em conta ao analisarmos essa questão, incluindo "o que significa saber uma palavra, [...] características dos aprendizes, [...] o tipo e o efeito do ensino, [...] como testamos ambos o vocabulário e a compreensão, [...] características do texto, e [...] estimativas da amplitude do vocabulário e de como o mesmo é adquirido" (pp. 416-417). Reconhecendo a importância de todos esses fatores, discuto rapidamente abaixo apenas o primeiro fator, "o que significa saber uma palavra", com o objetivo de introduzir o objeto de estudo deste trabalho.

Lauffer (1997) argumenta que "saber uma palavra" envolve os seguintes tipos de conhecimento em relação à mesma: sua forma (pronúncia no caso da fala e grafia no caso da escrita); sua estrutura (morfemas e derivações comuns); seu padrão sintático na frase e na sentença; seu significado referencial (multiplicidade de significados e extensões metafóricas), afetivo (conotação), e pragmático (adequação aos diversos contextos); suas relações lexicais, incluindo sinônimos, antônimos e hipônimos; e suas colocações mais comuns, isto é, palavras com as quais normalmente aparece no texto.

Levando-se em conta os pontos levantados acima, uma questão importante a ser considerada, e colocada como premissa básica deste trabalho, é que não parece ser somente o número de palavras conhecidas pelo aprendiz que determina a sua compreensão leitora, mas principalmente, o seu nível de conhecimento em relação às palavras, e a sua capacidade de utilizar esse conhecimento durante a leitura para identificar a palavra em questão, acessar seu significado naquele contexto, e estabelecer relações com outras palavras do texto. O estabelecimento de inter-relações entre as palavras durante a leitura torna-se fundamental para que o leitor possa acessar o esquema mental relevante que o permita construir um modelo de representação mental adequado e compreender o texto lido.

Partindo do pressuposto acima colocado, o objetivo deste trabalho é analisar as atividades de ensino de vocabulário em livros didáticos de inglês, como língua estrangeira, utilizados no ensino fundamental no Brasil e estabelecer uma relação entre o que é ensinado em termos do conhecimento lexical e os processos componenciais da leitura que esse conhecimento fomenta. Inicialmente apresento o modelo teórico de compreensão leitora que serviu de embasamento para o presente trabalho. A seguir, descrevo o método utilizado na coleta e análise de dados, incluindo uma descrição dos materiais didáticos selecionados e do modelo de categorização de atividades de ensino de vocabulário. No que se segue, apresento e discuto os resultados encontrados. Finalmente, teço algumas considerações sobre os principais achados do estudo à luz da literatura em questão e discorro sobre as implicações pedagógicas do estudo para a elaboração de atividades de ensino de vocabulário em leitura na língua estrangeira.

O processo de leitura: o modelo de Gagné et. al.

De acordo com Gagné, Yekovich e Yekovich (1993), a compreensão leitora envolve conhecimento declarativo, o que os autores denominam de "compreensão conceitual", e também conhecimento procedural, envolvendo processos automatizados e estratégias. Como parte do conhecimento declarativo, os autores incluem o nosso conhecimento sobre letras, fonemas, morfemas, palavras, idéias, esquemas mentais, e tópico ou o assunto do texto. No que se refere ao conhecimento procedural, Gagné et. al. incluem os processos componentes da leitura, quais sejam: decodificação, compreensão literal, compreensão inferencial e monitoramento da compreensão. A decodificação é descrita nesse modelo como envolvendo dois sub-processos: emparelhamento (*matching*) e recodificação (*recoding*), sendo que o emparelhamento envolve "associação direta da palavra escrita com o seu significado" (p. 267), onde o leitor rapidamente *reconhece* a palavra, e a recodificação seria "uma rota intermediária de representação das correspondências letras-sons" (p. 267), onde o leitor se utiliza da pronúncia da palavra para então acessar o seu significado. A compreensão literal inclui, de acordo com os autores, o acesso lexical e o parseamento, envolvendo basicamente o processo de "reunir os significados acionados das palavras para formar proposições" (p. 267), onde o acesso lexical seleciona o melhor significado para a palavra dentro daquele contexto, e o parseamento "usa as regras sintáticas e lingüísticas da língua em questão para colocar as palavras juntas e formar idéias que fazem sentido" (p. 272). Os autores descrevem a compreensão inferencial como o ato de "ir além das idéias explicitamente colocadas [no texto] para integrar, sumarizar e elaborar essas idéias" (p. 267), com o objetivo de obter "uma compreensão mais profunda e abrangente do texto" (p. 275). No processo de integração, o leitor procura relações entre as proposições dentro de sentenças complexas, entre sentenças e mesmo entre parágrafos, construindo assim uma representação mental integrada do texto que o auxilia a lembrar e a utilizar a informação mais tarde. Gagné et. al.

descrevem a sumarização como o processo que "tem como objetivo extrair a essência do texto" (p. 276), ou seja, "produzir [...] uma estrutura global ou 'macro' que expresse as idéias principais do texto" (p. 275). De acordo com os autores, o acionamento do esquema relevante é fundamental para que o resumo mental seja apropriado, já que o esquema é que provê o leitor com o conhecimento necessário para produzir as inferências que precisarão ser feitas. Gagné *et. al.* observam que o processo de elaboração permite ao leitor "usar conhecimento declarativo pré-existente para acrescentar às novas idéias advindas do texto" (p. 278), "[...] quando o objetivo do leitor for lembrar ou reconstruir a informação mais tarde" (p. 278-279). Os autores trazem *exemplos, detalhes, analogias* e *continuações* como tipos de elaborações providas pelo leitor. O último processo componencial da leitura, e também o de mais alto nível, descrito por Gagné *et. al.*, é o monitoramento da compreensão. Este processo envolve o estabelecimento de um objetivo ao ler o texto, a seleção de estratégias adequadas à execução da tarefa, a checagem do objetivo durante a leitura para ver se o mesmo está sendo atingido e, a resolução do problema, caso algum tenha sido detectado durante a checagem do objetivo. Esclareço que o modelo proposto por Gagné *et. Al.* pressupõe que o processamento durante a compreensão leitora ocorra em paralelo, isto é, desde que o leitor seja proficiente nos processos descritos acima, eles poderão ocorrer de maneira simultânea.

Na análise que apresento nesse artigo, tentarei relacionar as atividades de vocabulário, encontradas nos livros didáticos analisados aos seguintes processos da compreensão leitora descritos acima: decodificação, compreensão literal e compreensão inferencial, não incluindo na discussão o monitoramento da compreensão.

O estudo
Método
Livros didáticos

Foram analisadas as atividades de vocabulário de três séries de livros didáticos: *Connect* – Livro 1 (Cambridge University Press, 2004); *Extreme* – Livros 1 e 4 (Richmond Publishing, 2004); e *Power English* – Livros 1 e 4 (Macmillan, 2005). Três unidades de cada livro foram escolhidas aleatoriamente para análise, excluindo-se a primeira e a última, por se tratarem normalmente de apresentação inicial de conteúdo e revisão, respectivamente. Do livro *Connect 1*, foram selecionadas as unidades 2, 4 e 7, de um total de oito unidades; do livro *Extreme 1*, as unidades 2, 7 e 10, de um total de 11 unidades; do livro *Power English 4*, as unidades 2, 7 e 10 (as unidades 11 e 12 são de revisão das unidades anteriores), de um total de 12 unidades; e dos dois livros restantes, *Power English 1* e *Extreme 4*, foram selecionadas as unidades 2, 7 e 11, de um total de 12 unidades em cada livro. No total foram analisadas 15 unidades dos 5 livros didáticos mencionados acima.

O critério principal para a escolha dos livros didáticos mencionados foi o fato de esses estarem entre aqueles utilizados para o ensino da língua inglesa no ensino fundamental no Brasil.

Modelo para a categorização das atividades de vocabulário

Para a categorização das atividades de vocabulário nos livros didáticos analisados foi utilizado o modelo de Sökmen (1997). A autora divide as atividades de vocabulário em seis categorias: trabalho de dicionário, análise de unidades da palavra, atividades mnemônicas, elaboração semântica, colocação e frases lexicais, e produção oral. Neste trabalho manterei o foco nas cinco primeiras categorias, as quais descrevo abaixo, não tratando das atividades classificadas como de produção oral. Ao invés disso, farei uma adaptação e incluirei uma categoria denominada de 'produção escrita', com o objetivo de agrupar as atividades que promovam uma contextualização da palavra a ser aprendida por meio de exercícios de escrita.

A autora inclui na categoria "trabalho de dicionário" qualquer atividade que tenha como foco a palavra, podendo envolver a cópia da mesma, e a sua definição, sendo a definição na língua materna ou na língua estrangeira. De acordo com Thomas e Dieter (1987, *apud* Sökmen 1997), esse tipo de atividade, principalmente quando envolve a cópia da palavra, auxilia na criação de traços visuais e motores na memória. Como exemplos de atividades de dicionário, Sökmen cita o sublinhar a palavra no texto e escrever seu significado na margem; a cópia da palavra algumas vezes, enquanto se repete em voz alta ou enquanto se visualiza seu significado; a cópia da palavra e sua posterior localização no dicionário para checar seu significado; a cópia da palavra, seguida da checagem do seu significado e da posterior construção de uma paráfrase para a definição vista; a criação de cartões para as palavras ou morfemas, incluindo suas definições e/ou figuras que as representem; e o ato relacionar palavras com suas definições, seja em tarefas impressas ou em formato eletrônico no computador.

A tarefa de análise de unidades da palavra envolve o ensino de afixos e palavras-raiz (radicais), com o objetivo de auxiliá-los a chegar ao significado das palavras novas por meio da análise das partes. Segundo Sökmen, essa atividade envolve níveis mais profundos de processamento, podendo assim levar a uma melhor retenção das palavras na memória de longo prazo.

De acordo com Sökmen, as atividades mnemônicas são estratégias que envolvem o código verbal (acústico), visual ou ambos, com o objetivo de auxiliar a memória na retenção do vocabulário. A autora cita como exemplo de atividades mnemônicas que utilizam o código verbal, a rima e a música, e a associação de uma figura com a palavra como exemplo de atividades que utilizam o código visual. A autora ressalta que o código visual criado pelo próprio aprendiz leva a uma melhor memorização (vide também Sternberg 2000 para uma posição semelhante).

Na elaboração semântica as atividades levam o aprendiz a estabelecer associações entre as palavras, enriquecendo assim suas redes semânticas e possibilitando uma melhor retenção do vocabulário. De acordo com a autora, esse tipo de atividade promove a integração das palavras novas com aquelas já armazenadas na memória, levando a níveis mais profundos de processamento e estabelecendo conexões mais concretas na memória. Sökmen menciona quatro tipos de atividades de elaboração semântica: análise de características semânticas, mapeamento semântico, ordenamento, e esquema pictórico. Na análise de características semânticas o aprendiz analisa uma tabela ou diagrama contendo uma lista de atributos (características) de uma determinada palavra e deve assinalar aqueles atributos que são verdadeiros em termos do seu significado. A atividade de mapeamento semântico geralmente envolve a apresentação de uma palavra aos aprendizes e estes engajam então numa associação livre onde verbalizam palavras relacionadas que lhes vêm à memória, organizando, logo a seguir, a lista de palavras verbalizadas em um diagrama. Na atividade de ordenamento o aprendiz deve organizar uma lista de palavras que lhe é apresentada de maneira desorganizada, numa seqüência específica, que pode ser baseada em 'todo-partes' (por exemplo food: rice, beans, meat), 'analogia' (por exemplo mom-dad brother-sister), 'grau' (por exemplo excellent → good → fair), ou 'geral-específico' (por exemplo animal → cat → siamese). O esquema pictórico envolve a criação de diferentes tipos de diagramas (por exemplo escalas, fluxogramas, árvores hierárquicas) envolvendo o grupo de palavras a serem aprendidas. Como ressalta Sökmen, a atividade pode ser criada pelo professor e completada, de alguma maneira, pelos aprendizes, ou ser construída integralmente por estes últimos. Apesar da autora não fazer essa colocação, podemos inferir que a forma exata de utilização dessa atividade vai depender do nível da turma, já que a demanda cognitiva envolvida na criação de esquemas pictóricos é bem maior do que aquela envolvida na tarefa de completar um determinado esquema proposto.

A quinta categoria de atividades de vocabulário descrita por Sökmen é denominada de colocação e frases lexicais. Colocação (collocation) envolve palavras que normalmente aparecem juntas (por exemplo serious problems) e frases lexicais incluem aquelas frases que se mostram úteis ao aprendiz pelo fato de poderem ser utilizadas em vários contextos diferentes, apenas com a substituição de uma palavra (por exemplo one of the most common _____ [noun]). Como observa a autora, essa atividade pode estabelecer fortes conexões entre o vocabulário apresentado, levando a uma melhor retenção na memória.

Resultados e discussão

Connect 1, Extreme 1 e Power English 1

Todos os livros iniciais das três séries analisadas – *Connect 1*, *Extreme 1* e *Power English 1* – centram a unidade em torno de um assunto comum, que permeia todas as habilidades trabalhadas: fala, escuta, leitura e escrita, além das seções específicas de gramática e pronúncia. No sumário, no conteúdo referente a cada unidade, é especificado o assunto do vocabulário em foco (ver Tabela 1).

TABELA 1: TEMAS DAS UNIDADES ANALISADAS NOS LIVROS INICIAIS

Livro	Assunto	Unidade	Vocabulário
Connect 1	Favorite People	Unit 2	Teachers and classmates; stars and their jobs; numbers 0-20; countries
	Around Town	Unit 4	Places in town; more places in towns; locations; places in the mall; objects in a bedroom
	Around the World	Unit 7	Countries; nationalities; months of the year; holidays; dates and ordinal numbers
Extreme 1	My interests	Unit 2	Occupations; sports
	My Favorite Day	Unit 7	Jobs at home; everyday activities; times of the day
	My Favorite Food	Unit 10	Food; containers; menus
Power English 1	How old is Cristina?	Unit 2	Cardinal numbers 11-20;
	Are you Sad?	Unit 7	Feelings; cardinal numbers 21-101
	Roger Request	Unit 11	School-related words

Apesar deste estudo não tratar especificamente da análise dos textos utilizados nos materiais, não pude deixar de observar alguns aspectos importantes. Primeiro, os textos para leitura propriamente dita, onde a seção inclusive recebe o título de 'Reading', constituem-se, em sua maioria, de uma prática dos aspectos lingüísticos trabalhados na unidade, envolvendo pequenos trechos onde um personagem reconta algo sobre sua vida pessoal, ou incluindo um diálogo entre alguns personagens. Desta forma, os textos apresentados tomam a forma de língua falada, apresentada de maneira escrita. Segundo, em geral, os textos apresentados dificilmente poderiam ser encaixados em gêneros textuais encontrados no dia-a-dia, sejam em revistas, jornais ou outros meios de comunicação. Dois dos três livros tentam quebrar um pouco esse padrão: o *Extreme 1* traz, ao final do livro, uma seção denominada de 'Reader', onde é apresentado um texto expositivo e o livro *Power English 1* traz um livreto em separado incluindo histórias em quadrinhos, ambos em linguagem simples.

Nos três livros iniciais analisados as atividades específicas de vocabulário constituem, em geral, uma seção em separado, não aparecendo especificamente como parte da seção denominada de 'Reading'. No livro *Connect 1*, a seção dedicada ao trabalho com vocabulário, denominada de 'Vocabulary', é sempre a primeira de cada lição da unidade. No livro *Extreme 1*, a seção 'Reading' sempre abre a unidade e pode haver mais de uma seção de vocabulário, uma logo após a leitura e outra depois da escuta ('listening'), ou nenhuma seção específica. O *Power English 1* nem sempre apresenta uma seção específica de vocabulário, sendo que quando especificada é denominada de 'Time for vocabulary', caso contrário, o trabalho com o vocabulário é feito juntamente com outras habilidades desenvolvidas na unidade. Durante a análise do *Power English 1*, nos casos em que não havia uma seção específica, consultei o sumário do livro, onde o autor lista o conteúdo específico de cada unidade em termos de 'Language pattern', 'Grammar' e 'Vocabulary', e busquei a seção que trabalhava mais diretamente com o conteúdo de vocabulário ali mencionado.

A maioria das atividades encontradas nas unidades analisadas dos livros *Connect 1*, *Extreme 1* e *Power English 1* incluem identificação de palavras ou frases e/ou o seu uso em contextos simples e/ou de identificação de seus atributos por meio de figuras. Utilizando-se o modelo de categorização de Sökmen, acrescido da categoria 'produção escrita', foram obtidos os seguintes resultados (ver Tabela 2 a seguir).

TABELA 2: CATEGORIZAÇÃO DAS ATIVIDADES DE
ENSINO DE VOCABULÁRIO NOS LIVROS INICIAIS

Tipo de atividade de ensino de vocabulário	Connect 1	Extreme 1	Power English 1	Total
Trabalho de dicionário	6	6	5	17
Análise de unidades da palavra	0	0	0	0
Atividades mnemônicas	13	5	6	24
Elaboração semântica	0	1	1	2
Colocação e frases lexicais	4	3	1	8
Produção escrita	12	6	6	24
Total	35	21	19	75

Como mostra a Tabela 2, a maior parte das atividades concentra-se nas categorias 'atividades mnemônicas' e 'produção escrita', seguidas de 'trabalho de dicionário'. A categoria 'colocação e frases lexicais' vem a seguir com um número bem menor de ocorrências, seguida pela 'elaboração semântica', apresentando o menor número de atividades. Nenhuma atividade da categoria 'análise de unidades da palavra' foi encontrada nas unidades dos livros iniciais analisados.

As atividades mnemônicas encontradas incluem a associação do código verbal escrito com o código visual, e muitas vezes também com o código verbal acústico. Normalmente é dada uma lista de palavras ou frases lexicais que devem ser associadas às figuras correspondentes, às vezes envolvendo uma tarefa de escuta, seja para checar as respostas ou para efetuar a própria atividade, como pode ser observado nos exemplos a seguir:

Connect 1

Exemplo 1 (Unit 2-Lesson 7, p. 18):

Look at the photos in Sandra's scrapbook. Label the pictures with the words in the box. Then listen and practice.

Exemplo 2 (Unit 4- Lesson 16. p. 44):

Where are Jenny and her friends? Match the two parts of each sentence. Then listen and practice.

1. Jenny is......   a. at the *newstand*

2. Tyler is......   b. at the *restaurant*

3. Sandra is.....   c. at the *movie theater*

4. Nicole is.....   d. at the *Internet café*

5. Yoshi is.....   e. at the *bus stop*

6. Paulo is.....   f. at the *shoe store*

(Acompanha a atividade uma foto de cada um dos personagens em um dos locais mencionados).

Extreme 1

Exemplo 1 (Unit 2, p. 20):

Match the sports to the pictures.

(É dada uma lista de palavras que denominam oito esportes e oito figuras que os representam)

Exemplo 2 (Unit 7, p. 53)

Match the parts of the day to a clock.

o evening o afternoon o morning o night

(São apresentadas quatro figuras mostrando as diferentes partes do dia, acompanhadas de um relógio marcando a hora correspondente).

Power English 1

Exemplo 1 (Unit 2, p. 10)

Look at the English Club students in the photo. How old are they? Write the ages next to the names.

19 – 10 – 12 – 17 – 13 – 15

Justin___ Felipe___ Namrita___ Tomoko___ Paolo___ Cristina___

Listen to the answers.

Exemplo 2 (Unit 7, p. 46)

How are you today? Answer the questions. Put a √ or an X in the boxes.

Are you sad?[ ] Are you hungry?[ ] Are you thirsty?[ ] Are you bored?[ ] Are you tired?[ ]

(Cada frase é acompanhada de uma figura que expressa como o personagem se sente)

As atividades do tipo 'produção escrita' envolvem algum tipo de contextualização do vocabulário a ser aprendido, logo após ter sido introduzido por meio de uma outra atividade, como por exemplo, de uma atividade mnemônica. Normalmente essa contextualização é feita por meio de uma tarefa de escrita que requer o uso da palavra ou frase no contexto de uma oração ou de um pequeno trecho escrito, como mostram os exemplos a seguir:

Connect 1

Exemplo 1 (Unit 2 – Lesson 6, p. 18):

Write about three people at your school.

Ex.: Ms. Davis is my *science teacher*.

Exemplo 2 (Unit 4 – Lesson 18, p. 50):

Write about three of your favorite places.

Ex.: My favorite music store is Virgo Beat Music.

Extreme 1

Exemplo 1 (Unit 7, p. 52):

Write sentences about your Saturdays or Sundays.

Ex.: On Saturdays, I play soccer. I don't get up early.

Exemplo 2 (Unit 7, p. 53):

Complete the times.

a. It's_____to eight_____the_____.
b. It's twenty five_____ten_____.
c. It's_____past three_____.
d. It's _____to_____.

Power English 1

Exemplo 1 (Unit 2, p. 14):

Write two sentences about Andre and Sandra with *He/She is... years old. He/She is from... in...*

Exemplo 2 (Unit 7, p. 49):

Look at the pictures and correct the sentences. Write two sentences about each picture.

1. I'm happy. (O personagem da figura está triste)

Ex.: I'm not happy. I'm sad.

(A tarefa inclui outros sete itens semelhantes)

Em relação à categoria 'trabalho de dicionário', as atividades incluem a identificação da palavra, isto é, o reconhecimento de sua grafia e de seu significado, acompanhado ou não de um trabalho com seu código acústico, muitas envolvendo também sua transcrição (cópia). O único trabalho específico de vocabulário do tipo 'trabalho de dicionário' do livro *Extreme 1* aparece numa seção denominada de 'Learn these words', onde uma lista das palavras foco da unidade é apresentada ao aluno. Essas palavras aparecem em diversas atividades e, de acordo com instruções no manual do professor, esse é o momento para checar se os alunos aprenderam as palavras e explicar seus significados, se for o caso. Apresento abaixo exemplos dos livros *Connect 1* e *Power English 1*:

Connect 1

Exemplo (Unit 2, p. 21):

Game- Word search- Can you find these people in the puzzle? Circle the words.

o actoo classmate o math teacher o singer o singero best friend
o coach o model o soccer player

(A atividade apresenta um quadro de palavras cruzadas contendo as profissões listadas)

Now label the pictures.

(Figuras com personagens que representam as profissões listadas).

Power English 1

Exemplo (Unit 2, p. 11):

Cardinal numbers 11 to 20. Listen and repeat.

11-eleven 12-twelve 13-thirteen 14-fourteen 15-fifteen 16-sixteen 17-seventeen 18-eighteen 19-nineteen 20-twenty

Como mencionado anteriormente, poucos exemplos de atividades da categoria 'colocação e frases lexicais' foram encontrados nas unidades analisadas (vide exemplos a seguir).

Connect 1

Exemplo (Unit 4, p. 57):

Write a suggestion for each situation. Use the expressions in the box or your own ideas.

o go swimming o have a soda o sit and watch TV o sit down

1. You and your friends are thirsty. *Let's have a soda* (Exemplo).
2. Your brother is tired._____
3. You and your sister are late for a movie. _____
4. Your friend is hot._____
5. You and your friends are tired. _____

Extreme 1

Exemplo (Unit 10, p. 75):

Look at the pictures and match the phrases.

a. a cup of...   orange juice

b. a bottle of...   soda

c. a carton of...   water

d. a glass of...   coffee

e. a can of....   milk

Add more food to each container.

Power English 1

Exemplo (Unit 11, p. 76):

Complete these requests with *Can I....* and these verbs:

Go - use – watch – close – sit – look – have – borrow – put - listen

1. *Can I sit* here? (Exemplo)
2. _____to this?
3. _____a candy?

(São apresentados outros 7 itens semelhantes, cada um com figuras que representam as solicitações).

Somente duas atividades de elaboração semântica foram encontradas, sendo que uma delas se encaixa na subcategoria de ordenamento e a outra na subcategoria de 'esquema pictórico':

Power English 1 (Unit 7, p. 50)

Word Soup. Find five words for each category and complete the lists (A drawing of a bowl is included with 35 words written inside it).

School_____

Colors_____

Family_____

Food_____

Sports_____

Feelings_____

Occupations_____

Can you add two more words to each category?

Extreme 1 (Unit 2, p. 21)

a. Work in groups. Choose a category and write a survey question.

Sports/athlete   films/actors   groups/singers

What's your favorite sport?

a) swimming   b) basketball   c) roller-blading   or   d) tennis?

b. Interview your classmates and make a chart.

(É dado o exemplo de um gráfico)

c. Use your charts to talk about your class.

Tive acesso aos livros do professor do *Extreme 1* e *Power English 1*. Com relação ao livro *Extreme 1*, poucas instruções são dadas ao professor em relação ao trabalho com o vocabulário. Para as seções denominadas de 'Learn these words', onde é apresentada uma lista com o "vocabulário básico da lição" (p. IV), há sempre a mesma recomendação: "utilize esta seção para checar se os alunos aprenderam as palavras inseridas neste quadro. Em caso de dúvida explique novamente seus significados" (p. 27). Para as seções denominadas de 'Vocabulary', as recomendações, em sua maioria, referem-se ao trabalho com a pronúncia das palavras envolvidas e/ou com a mecânica do exercício. O livro *Power English 1*, por sua vez, traz recomendações bem mais detalhadas ao professor no que se refere ao trabalho com o vocabulário, além de incluir balões no livro do aluno, denominados de 'Vocabulary Tips', onde são dadas dicas para otimizar o aprendizado de vocabulário. Em relação às instruções dadas ao professor, o manual coloca a importância da memorização, da contextualização, do estabelecimento de associações entre os itens lexicais apresentados, da revisão/retomada do vocabulário já trabalhado, bem como do uso de estratégias de ensino de vocabulário variadas. Como recursos de ensino de vocabulário, o manual sugere: associação de palavras com figuras, classificação por categorias, associação livre, além da criação de histórias, rimas e músicas, tendo como base o vocabulário a ser aprendido. O manual reitera a importância de o professor incentivar o aluno a manter uma lista das palavras aprendidas e a utilizar estratégias para organizá-las. São apresentadas três sugestões sobre como o aluno pode organizar essa lista: por meio da organização por categorias, da criação de um mini-dicionário de figuras ou da criação de um mini-dicionário em ordem alfabética. Essas recomendações, em geral, são repassadas também ao aluno por meio da seção 'Vocabulary Tips', mencionada anteriormente.

Extreme 4, Power English 4

Assim como nos livros das séries iniciais, os livros avançados das duas séries analisadas, *Extreme 4* e *Power English 4*, também centram as unidades em torno de um tópico comum (vide Tabela 3 a seguir), e trazem atividades para trabalhar as habilidades de fala, escuta, leitura e escrita, bem como de gramática e vocabulário.

TABELA 3: TEMAS DAS UNIDADES ANALISADAS NOS LIVROS AVANÇADOS

Livro	Assunto	Unidade	Vocabulário
Extreme 4	A Great Place	Unit 2	Describing places; records
	Guess What?	Unit 7	Uncertainties; crimes; mysteries
	Breaking the Rules	Unit 11	Laws; television; rules; regulation
Power English 4	Home Rules	Unit 2	Chores; places
	In My Life	Unit 7	Words related to skateboarding
	My Cousin Howard	Unit 10	Mixed

Novamente, apenas a título exploratório, observei os textos utilizados nas seções de leitura. Apesar dos textos serem de linguagem simples e controlada, terem como foco os aspectos gramaticais da unidade, e ainda apresentarem muitos diálogos, há a inclusão de uma maior variedade de gêneros discursivos, incluindo textos expositivos, resumos, páginas da internet, mensagens eletrônicas, sinopses de livros, narrativas e notícias de jornais. Como nos livros iniciais das duas séries, o *Extreme 4* traz uma seção denominada de 'Reader' ao final do livro, com textos um pouco mais longos, dos seguintes gêneros, expositivo, teste, e carta, com o objetivo de "oferecer prática de leitura extensiva de textos não-literários", como colocam os próprios autores no manual do professor (pp. 86-89); o livro *Power English 4* traz um encarte, em separado, intitulado "Missing in San Francisco", incluindo contos e alguns textos expositivos sobre o mesmo assunto, possibilitando uma leitura mais extensiva.

Assim como no livro *Extreme 1*, todas as unidades do livro *Extreme 4* incluem uma pequena seção denominada de 'Learn these words', onde somente uma lista com as palavras-foco da unidade é apresentada ao aluno. As atividades específicas de ensino de vocabulário aparecem em sete das doze unidades numa seção denominada de 'Vocabulary'.

No livro *Power English 4*, todas as unidades abrem com uma seção denominada de 'Warm Up', onde é trabalhado o vocabulário foco da unidade, servindo como uma atividade de pré-leitura e/ou de escuta para um pequeno trecho escrito em forma de diálogo ou de uma narrativa pessoal.

Como pode ser visto na Tabela 4 abaixo, os livros avançados *Extreme 4* e *Power English 4* apresentam 'atividades mnemônicas' e de 'produção escrita' como as mais comuns, seguidas de 'trabalho de dicionário', somente uma de 'elaboração semântica' e nenhuma atividade de 'análise de unidades da palavra' e nem de 'colocação e frases lexicais'.

TABELA 4: CATEGORIZAÇÃO DAS ATIVIDADES DE ENSINO
DE VOCABULÁRIO NOS LIVROS AVANÇADOS

Tipo de atividade de ensino de vocabulário	Extreme 4	Power English 4	Total
Trabalho de dicionário	6	3	9
Análise de unidades da palavra	0	0	0
Atividades mnemônicas	2	10	12
Elaboração semântica	0	1	1
Colocação e frases lexicais	0	0	0
Produção escrita	5	7	12
Total	13	21	34

Com relação às atividades mnemônicas, a exemplo dos livros iniciais, essas atividades incluem a associação da palavra (código verbal escrito) com uma figura (código visual), às vezes incluindo um trabalho de escuta (código acústico) e/ou uma atividade de 'produção escrita' (vide exemplos a seguir).

Extreme 4

Exemplo (Unit 11, p. 72):

What verb is used to talk about these rules?

Write sentences for these signs. (ex: *You mustn't smoke in the house*)

(A tarefa inclui seis figuras com placas de 'proibido' e 'permitido' em relação a várias atividades do cotidiano como fumar, ver TV, tomar banho, entre outras)

Power English 4

Exemplo (Unit 2, p. 10):

Match the pictures with these words. Write the number.

a. eating healthily   d. saying where you are going
b. coming home late   e. doing chores at home
c. not watching some movies   f. wearing the right clothes

Look at the photos and the questionnaire. Listen to the interview with Jake.

(A tarefa inclui seis fotos onde os personagens representam as atividades mencionadas acima).

Em relação às atividades de 'produção escrita', o vocabulário a ser aprendido é utilizado em tarefas de contextualização, envolvendo o uso da palavra ao nível da oração. Essas atividades vêm associadas a um outro tipo de estratégia de ensino de vocabulário, seja de 'atividade mnemônica' (vide exemplo do *Extreme 4* - Unit 11, p. 72- acima; e exemplo do *Power English 4*, Unit 2, p. 12, abaixo), ou de 'elaboração semântica' (vide exemplo do *Extreme 4* - Unit 11, p. 71 - mais abaixo).

Power English 4

Exemplo (Unit 2, p. 12):

Write questions with *Do you have to* or *Can you* and the words in parentheses.

(A tarefa apresenta oito itens de vocabulário (por exemplo make up your bed; sleep in on the weekend, set the table), acompanhadas de figuras que representam as atividades desempenhadas).

As atividades específicas de 'trabalho de dicionário' nas unidades analisadas do livro *Extreme 4* são somente aquelas, também presentes no *Extreme 1*, denominadas de 'Learn these words', onde uma lista das palavras foco da unidade é apresentada. Das três unidades analisadas do livro *Power English 4*, somente uma unidade apresenta atividades de 'trabalho de dicionário' (4 atividades). Duas delas estão associadas a atividades mnemônicas, uma outra envolve também um aspecto gramatical trabalhado na unidade (os pronomes *who, which, where, whose e when)* e a outra envolve um trabalho com a página de um dicionário, associado a uma atividade mnemônica), como pode ser visto abaixo:

Power English 4 (Unit 10, p. 67):

Look at the picture story and listen to the dialog again. Then complete these definitions with these nouns.

a bodyguard – happy hour – paparazzi – sunbeds – a drive-in restaurant

1. _____ are photographers who take pictures of celebrities.
2. _____ is someone whose job is to protect people.

(São apresentados outros três itens semelhantes)

Power English 4 (Unit 10, p. 68):

Match the photos and these words.

St. Valentine's Day( ) a saw( ) a vegetarian( ) allowance( ) bedtime( ) a couch potato( ) nurses( ) sunset( ) a forest( )

(São apresentadas figuras que representam os itens lexicais listados)

Now complete the definitions with the words above:

1. _____ is the time of the day when the sun goes down.

2. _____ is money which parents give to their children every week.
(A tarefa inclui outros sete itens semelhantes).

Power English 4 (Unit 10, p. 69):

Complete the definitions with *who, which, whose, where* or *when* and the words in the box.

1. Chores are jobs <u>which children have to do at home</u>.
2. Carnival is the time of the year _____.

(A tarefa inclui outros sete itens semelhantes)

Power English 4 (Unit 10, p. 70):

Find definitions on this page of the *Macmillan Essential Dictionary* for the six pictures. Write the word under the pictures.

Somente uma atividade de 'elaboração semântica' foi encontrada, como parte da unidade 10 (p. 69) do livro *Power English 4*, numa atividade envolvendo um aspecto gramatical:

How do you use *who, which, whose, where, when* in defining relative clauses? Check the correct box to complete the table.

	Time	Place	Things	People	Possession
Who					
Which					
Whose					
Where					
When					

Considerações finais

Havia uma expectativa, no início desse estudo, de que os materiais didáticos analisados incluíssem um trabalho de vocabulário específico voltado para os textos apresentados nas seções de leitura. Entretanto, a análise das unidades, tanto dos livros iniciais, quanto dos livros mais avançados, mostra que isso não ocorre. Na verdade, os textos para leitura, como já coloquei anteriormente, concentram-se, na sua maior parte, na linguagem falada, tendo sido provavelmente construídos especialmente para cada uma das unidades, pois apresentam sempre aspectos gramaticais ali desenvolvidos e linguagem simplificada.

Diante desse raciocínio, ouso dizer que a seção de leitura nesses materiais, em sua grande maioria, tem como objetivo principal trabalhar a 'língua' e não a compreensão leitora. Isso explicaria o fato de, na maioria das vezes, não haver uma seção específica de vocabulário relacionada ao texto a ser lido, e também o fato da seção de vocabulário, quando presente, não estar como parte das atividades de pré-leitura. O vocabulário e a gramática permeiam toda a lição, como parte do ensino dos aspectos lingüísticos da língua estrangeira, principalmente aqueles envolvidos na linguagem falada, já que todas as atividades, mesmo as de produção escrita, são voltadas para a fala.

Os materiais didáticos analisados nesse estudo reforçam a visão do vocabulário como sendo ligado a processos de mais baixo nível ('bottom-up'), como pregado por alguns autores (por exemplo Carrell 1988/1998). Nesse sentido, as atividades de vocabulário encontradas com mais freqüência nesses materiais ('atividades mnemônicas', 'produção escrita', e 'trabalho de dicionário') auxiliariam o leitor durante a leitura no que se refere aos processos de decodificação (envolvendo emparelhamento e recodificação) e de compreensão literal (envolvendo o acesso lexical), ambos considerados como processos de mais baixo nível (Gagné *et. al.*). Entretanto, como visto anteriormente neste artigo, a decodificação e a compreensão literal são apenas parte dos processos envolvidos na compreensão leitora. O conhecimento do significado da palavra isolada, mesmo que em diferentes contextos, como encontrado nesse estudo, não é suficiente para a execução do processo de compreensão inferencial (Gagné *et. al.*), onde o leitor deve fazer inferências para conectar as informações do texto lido. As atividades do tipo elaboração semântica, principalmente aquelas que envolvem mapeamento semântico, ordenamento, e esquema pictórico, descritas anteriormente, tornam-se mais adequadas no auxílio à compreensão inferencial. Infelizmente, foram muito poucas as atividades desse tipo encontradas nos materiais didáticos analisados nesse estudo.

Nesse sentido, faz-se necessário que, primeiro, os materiais didáticos incluam diferentes tipos de texto, como aqueles encontrados no dia-a-dia do aprendiz; e segundo, incluam atividades específicas de pré-leitura que trabalhem as palavras-chave do texto a ser lido, não como palavras isoladas, mas como uma rede interligada de conceitos. Esse tipo de trabalho auxilia no acionamento do conhecimento prévio relevante e guia o aprendiz na identificação das idéias principais do texto lido, levando-o a construir um modelo de representação mental adequado que o permite compreender, reter e lembrar o conteúdo do texto mais tarde.

Bibliografia

BECK, I.; MCKEOWN, M. (1991). "Conditions of vocabulary acquisition", *in*: BARR, R.; KAMIL, M. L.; MOSENTHAL, P. e PEARSON, P. D. (Eds.). *Handbook of reading research*. Nova York: Longman, vol. II.

CARRELL, P. L. (1988/1998). "Interactive text processing: implications for ESL/second language reading classrooms", *in*: CARREL, P. L.; DEVINE, J. e ESKEY, D. E. (Eds.). *Interactive approaches to second language reading.* Nova York: Cambridge University Press.

DOWNIE, M.; GRAY, D. e JIMÉNEZ, J. M. (2004). *Extreme 1 e 4. Livro do Professor.* São Paulo: Richmond Publishing/Editora Moderna.

GAGNÉ, E. D.; YEKOVICH, C. W. e YEKOVICH, F. R. (1993). *The cognitive psychology of school learning.* Nova York: Harper Collins College Publishers.

GRANGER, C. e ALMEIDA, M. R. (2005). *Power English 1 e 4. Teacher's book.* São Paulo: Macmillan.

GRANGER, C.; ALMEIDA, M. R. e PARANÁ, J. (2005). *Power English 1 e 4. Teacher's guide.* São Paulo: Macmillan.

JUST, M. A. e CARPENTER, P. A. (1987). *The psychology of reading and language comprehension.* Massachusetts: Allyn e Bacon.

LAUFFER, B. (1997). "What's in a word that makes it hard or easy: some intralexical factors that affect the learning of words", *in*: SCHMITT, N. e MCCARTHY, M. (Eds.). *Vocabulary: description, acquisition and pedagogy.* Cambridge: Cambridge University Press.

RICHARDS, J. C.; BARBISAN, C. e CHUCK S. (2004). *Connect 1. Student's book.* Hong Kong: Cambridge University Press.

RUDDELL, M. R. (1994). "Vocabulary knowledge and comprehension: a comprehension-process view of complex literacy relationships", *in*: RUDDELL, R. B.; RUDDELL, M. R. e SINGER, H. *Theoretical models and processes of reading.* Newark: International Reading Association.

SÖKMEN, A. J. (1997). "Current trends in teaching second language vocabulary", *in*: SCHMITT, N. e MCCARTHY, M.

(Eds.). (1997). *Vocabulary: description, acquisition and pedagogy*. Cambridge: Cambridge University Press.

STERNBERG, R. J. (2000). *Psicologia cognitiva*. Porto Alegre: Artmed Editora.

TOMITCH, L. M. B. (1991). "Schema activation and text comprehension". *Revista Fragmentos,* vol. 3, n° 2, pp. 2943.

THE ADVENTURES OF ROBINSON CRUSOE E UM LIVRO DIDÁTICO: A HERMENÊUTICA DO DISCURSO DO COLONIALISMO

Dilys Karen Rees

A minha profissão de professora de Língua E Literatura Estrangeira/Inglês tem me levado a questionar o significado do ensino/aprendizagem dessa língua no Brasil atual e a sua relação com o passado recente, em que a língua inglesa cresceu em importância, tornando-se um idioma que atua em um espaço transglóssico. Como aponta Pennycook (1998, p. 19), há ligações estreitas entre as práticas da atualidade e os acontecimentos históricos que envolvem a língua. Em outras palavras, o período colonial não é algo fechado e lacrado no passado sem contato com o momento presente, mas, ao contrário, se mostra nos interstícios em que se constroem os conceitos subjacentes às práticas de ensino/aprendizagem.

O período da colonização

A colonização, nas palavras de Bosi (1992, p. 13),

... não pode ser tratada como uma simples corrente migratória: ela é a resolução de carências e conflitos da matriz e uma tentativa de retomar, sob novas condições, o domínio sobre a natureza e o semelhante que tem acompanhado universalmente o chamado processo civilizatório.

A colonização, portanto, não ocorreu em outras terras do outro lado do mundo sem consequência para a matriz. Na verdade, a matriz foi construída tanto cultural quanto economicamente pelas colônias.

A exploração açucareira e mineira que ocorreu nas Américas ajudaram a fortalecer a burguesia europeia da época da colonização. Considerando Portugal e a sua Ação colonizadora Ribeiro (1995, p. 38) cita as "energias transformadoras da revolução mercantil", fundada em novas tecnologias tais como a bússola, o astrolábio, o leme fixo, as velas de alto mar, e que, juntos com os canhões de guerra para a pacificação de outros povos, completavam a nau oceânica. O objetivo dessa energia era descobrir novas terras para poder levar à Europa "... toda a riqueza saqueável e, depois, todo o produto da capacidade de produção dos povos conscritos" (p. 39).

Existem referências às riquezas do empreendimento colonial não somente em tratados sobre a economia da colônia, mas também nos produtos culturais da época. Nesse sentido, é possível perceber como a imagem de si, isto é, da matriz e como a imagem do outro, a colônia, eram construídas pela colonização. Said (1994, p. 71) afirma que o romance, artefato da sociedade burguesa, e o imperialismo colonizador são ligados de forma intrínseca. Assim, é possível constatar a presença do caráter colonizador mesmo indiretamente nas obras escritos durante o período da colônia.

Exemplificando, no romance de Jane Austen, *Mansfield Park*, o personagem Sir Thomas passa grande parte do tempo no exterior, no seu latifúndio em Antígua. Na verdade, a propriedade de Mansfield Park é mantida pelo empreendimento açucareiro da família no Caribe, no entanto, Sir Thomas nunca é descrito como presente na sua propriedade caribenha, mas como ausente de Mansfield Park. Ele retorna, depois de longas ausências, para reassumir a sua posição na sua casa e na sociedade local.

O além-mar, a colônia não possui características específicas, já que é apresentada como ausente. Essa ausência, a meu ver, indica a anulação do outro, enquanto um ser que possui direitos à existência e, portanto, à voz. É negar ao outro a participação no jogo da linguagem que, usando a hermenêutica filosófica de Gadamer (1977, p. 56) como base, se refere à dialogia da linguagem, o jogo da pergunta e da resposta, que produz novos significados e projeta novas expectativas. Ao entrarmos no jogo do diálogo, abrimo-nos para a "alteridade do outro" (*the otherness of the other*) (Risser 1997, p. 136). Contudo, se negamos o diálogo e o jogo da linguagem, negamos a possibilidade da compreensão que é definida na hermenêutica gadameriana como a criação de novos diálogos. Ao negar a possibilidade de diálogo, nega-se "o verdadeiro vínculo humano" (Gadamer 1999, p. 532).

Lembremo-nos, também, que as colônias no imaginário da matriz eram terras vazias. Abley (2003, p. 42), ao descrever a colonização da Austrália e da Tasmânia, afirma "[s]onharam com um continente vazio e a sua visão era de liberdade".[1] Para conseguirem esse continente vazio, os colonos massacraram os habitantes originais, primeiro justificando as suas ações nos jornais da época ao descrever os aborígenes como "a raça mais baixa de selvagens no mundo conhecido"; "uma espécie...de

---

1. As traduções deste artigo são feitas por mim.

macaco sem cauda" (citado por Abley 2003, p. 41). Como resultado da atitude de não dialogar com o outro, não havia mais nenhum indígena na Tasmânia no final do século 19.

Por sua vez, na colonização da América do Norte, William Bradford em 1620, ao aportar em Cape Cod, no que viria a ser os Estados Unidos, descreve o que os primeiros colonos avistaram, "... o que podiam avistar, se não um ermo, hediondo e desolado, cheio de animais selvagens e homens selvagens" (1974, p. 16). Nota-se o uso das palavras *ermo* e *selvagem* para definir a terra onde chegam os colonos. O ermo se opõe à presença civilizatória dos colonos e o conceito de selvagem reúne, neste novo local os animais e os homens, posicionando-os fora do âmbito da civilização europeia. Ao definir-se a terra como um ermo e os habitantes como selvagens, cria-se uma polaridade entre os recém-chegados e os habitantes da terra. O ermo não é um ambiente favorável ao homem europeu, tanto assim que é descrito como *hediondo* e *desolado*. Somente selvagens, fora do limite da civilização, poderiam habitar tal lugar. Assim, os colonos, no *Mayflower Compact* escrito no ano da chegada ao Novo Mundo, declaram que vieram implantar a primeira colônia e formar "um Corpo Político Cível para melhor nos ordenar e preservar e promover os fins mencionados anteriormente" (Bradford 1974, p. 20). A ordem europeia que chega ao ermo e à civilização, por meio do Corpo Político, disciplinará os animais e os homens selvagens. Nessa polaridade, não há possibilidade de diálogo, pois o outro existe para ser dominado.

A língua inglesa no período colonial

No período em que ocorreu a colonização, vinculava-se o conceito de nação com os conceitos de língua e cultura. A língua inglesa acompanhava, portanto, a expansão do império britânico pelo mundo, lembrando-nos da afirmação, "the sun never sets on the British Empire". Com a expansão colonial era aceita como o direito da raça anglo-saxã, a lingua que acompanhava o movimento colonizador era vista como a melhor lingua e, portanto, merecia estender-se por todo o planeta:

> Nossa é a língua das artes e da ciência, dos negócios e do comércio, da civilização e da liberdade religiosa está 'circundando a terra', em direção ao leste e ao oeste e estendendo pelos (sic) cinco grandes divisões geográficas do mundo, fornecendo uma previsão certa que, com os seus recursos extraordinários para melhorar as condições humanas, se tornará em breve universal (Read 1849,[2] p. 48, citado por Bailey 1991, p. 116).

A língua inglesa, na passagem acima, tem embutida nela uma capacidade de melhorar a condição humana. Na interpretação de Read (1849), ela carrega em si as características do empreendimento colonial, que na época eram interpretadas como trazendo progresso para os povos "não-civilizados". Que esse progresso resultasse, na pior das hipóteses, em genocídio e, na melhor das hipóteses, em um desprezo pelas culturas e línguas locais, não era considerado. Em vez disso, o domínio da língua inglesa era justificado por ser a melhor língua, a língua vinculada à civilização e ao progresso:

> Certamente, uma língua que reúne uma simplicidade extrema a todas as qualidades exigidas de uma língua para expressar os pensamentos da civilização mais avançada deveria ter a primeira reivindicação de se tornar uma língua mundial ou pelo menos de ser a base sobre a qual uma língua universal do futuro se formará. E isso, realmente, parece ser o destino da língua inglesa (Knoflech[3] 1890, p. 17, citado por Bailey 1991, p. 117).

---

2. READ, H. *The hand of God in history*; or, Divine Providence historically illustrated in the extension and establishment of Christianity. Hartford: H. Huntington, 1849.

3. KNOFLECH, A. *Sound English*: a language for the world. New York: G. E. Stechert, 1890.

A língua inglesa era, portanto, destinada a dominar o Mundo, segundo Knoflech em 1890. O argumento principal a favor do domínio da língua inglesa é o fato de que ela é vinculada a uma civilização avançada e, assim, subentende-se, tem o direito de dominar as outras civilizações "menos avançadas". A língua se torna parte do empreendimento colonial de expansão da cultura anglófona. Assim sendo, à medida que a colônia avança, a língua inglesa também avança.

O Brasil e a mudança de paradigma cultural

Conjuntamente com o avanço da colônia tem-se também o avanço do ensino da língua inglesa. No Brasil, especificamente, foi nos últimos setenta anos do século XX que houve o ensino de idiomas seguindo práticas modernas (Almeida Filho 2003, p. 20). A partir dos anos trinta, os professores de línguas deveriam se preparar para este ofício em cursos superiores de faculdades e universidades e o ensino de línguas tornou-se parte do currículo escolar. Foi nesta mesma época que houve o que Tota (2000, p. 16) chama de "mudança de paradigma" em relação às influências culturais vigentes no país. Até então, como explica o autor, o paradigma cultural era a europeia, principalmente a francesa. Já os Estados Unidos era identificado com a "bárbara cultura de massa" (p. 17), visto que, para muitos da época, qualquer manifestação cultural respeitável não poderia vir das Américas.

Esse quadro alterou-se com o surgimento do fascismo na Europa após a Primeira Guerra Mundial criando, assim, uma mudança na ordem mundial. No Brasil era a época do governo Vargas, que desejava modernizar o país. Após algumas incertezas, o governo brasileiro se uniu aos Estados Unidos, que junto com seus aliados tinha se posicionado contra o fascismo europeu manifestado, principalmente, no imperialismo alemão. Com a decisão do governo brasileiro de se aliar aos Estados Unidos e não aos fascistas europeus, o país foi integrado à política de boa vizinhança do governo do Presidente Franklin Roosevelt. Para esse fim, foi criado em 1940 o *Office for the Coordination of Inter American Affairs* (OCIAA), que sob a direção de Nelson Rockfeller mobilizou os empresários americanos a pensar em termos do hemisfério americano. Por meio da imprensa, divulgaram-se não somente a ação das tropas americanas na Europa e no Oriente, mas também notícias do Brasil nos Estados Unidos (Tota 2000, p. 49). Foi também nessa época que Brasil recebeu a visita de Walt Disney que criou o desenho animado *Alô, Amigos!* em que figurava, pela primeira vez, o personagem Zé Carioca (Oliveira 2000, p. 97). Segundo Tota (2000, p. 191), "Os meios de comunicação... foram usados pedagogicamente para americanizar o Brasil. Houve um projeto de americanização, quer dizer, ações deliberadas e planejadas visando a um objetivo".

A partir desse momento o Brasil se inseriu no paradigma cultural americano, com o resultado de que a língua inglesa passou a ser cada vez mais o idioma estrangeiro selecionado por escolas e alunos. A importância do ensino/aprendizagem da língua inglesa no Brasil atual é inegável e é pensando no contexto apresentado que delineio os argumentos a seguir.

O romance The adventures of Robinson Crusoe

Daniel Defoe escreveu o romance *The adventures of Robinson Crusoe* em 1719. O livro relata as experiências de um marinheiro náufrago que passa, aproximadamente, vinte e oito anos em uma ilha deserta. Curiosamente, antes do naufrágio, Crusoe viveu no Brasil durante quatro anos como plantador de tabaco. Ele e alguns outros latifundiários brasileiros decidem ir à África comprar escravos para trabalharem nas suas plantações. É nessa viagem que ocorre o naufrágio, sendo ele o único sobrevivente.

> Ao chegar à ilha, Crusoe percebe que ela é deserta, habitada somente por animais selvagens (conferir Capítulo 6). Aos poucos, ano após ano, ele transforma a ilha, plantando milho, cevada, arroz; domesticando as cabras da ilha; aprendendo a colher as uvas e a secá-las; construindo duas casas e viajando pela ilha conhecendo-a toda. Como a voz do personagem diz, "Estou raramente desocupado" (Capítulo 11, p. 100). Ele não conhece a preguiça, mas por meio do trabalho e da criatividade, Crusoe domina o lugar hostil e o transforma.

Durante todos esses anos, os únicos outros humanos, que Crusoe vê, mas somente à distância, são canibais que usam a ilha para os seus rituais macabros. Em um certo momento, ele encontra a praia cheia de mãos, pés, caveiras e um lugar onde os "selvagens infelizes" devoraram os seus cativos (conferir Capítulo 15). Ele é dominado pelo medo dos canibais, de encontrá-los e de se tornar uma das suas vítimas. Mas, ao refletir sobre as práticas canibalísticas, Crusoe chega à conclusão de que ele não tem o direito de condenar o povo que pratica o canibalismo, já que, "[n]ão sabem que é uma ofensa, para então cometê-la em rebeldia da Divina justiça", ao contrário dos espanhóis, que sabiam que estavam cometendo uma crueldade inaceitável, mas mesmo assim massacraram os indígenas (Capítulo 15, p. 143). Crusoe vive com muito medo e passa a ficar preso a sua casa e às proximidades.

Vinte e quatro anos depois de chegar à ilha, Crusoe ouve, pela primeira vez, uma voz humana. É de um rapaz indígena que está fugindo dos canibais. Crusoe o salva, atirando nos seus perseguidores com a sua espingarda (conferir Capítulo 18). O rapaz fica muito grato, e, após uma noite de descanso, ao encontrar Crusoe, ele se deita no chão aos seus pés, colocando o pé de

Crusoe na sua cabeça, dando todos os sinais de "sujeição, servidão e submissão imagináveis" (Capítulo 19, p. 172). É nessa situação que Crusoe começa a ensinar a língua inglesa.

A análise de dois trechos do romance

Nos trechos, a seguir, há a descrição das aulas que Crusoe ministrou ao seu aluno, Friday:[4]

> ... in a little time, I began to speak to him and teach him to speak to me; and first, I made him know his name should be Friday I likewise taught him to say 'Master', and then let him know that was to be my name; I likewise taught him to say 'yes' and 'no' and to know the meaning of them (Capítulo 19, p. 172).

> ... [I] made it my business to teach him everything that was proper to make him useful, handy, and helpful; but especially to make him speak and understand me when I spoke; and he was the aptest scholar that ever was, and particularly was so merry, so constantly diligent, and so pleased when he could but understand me or make me understand him, that it was very pleasant to me to talk to him (Capítulo 19, p. 176).

A situação de ensino/aprendizagem

Nos vinte e quatro anos que Crusoe reside na ilha, ele, por meio do seu trabalho, tem dominado a natureza e transformado grande parte da ilha. Dessa maneira, Crusoe e Friday não estão em pé de igualdade em termos de poder social, apesar do fato de que Crusoe é um náufrago e Friday um refugiado, os dois estranhos à

---

4. Tomei a decisão de não traduzir os trechos que serão analisados tanto no romance *The Adventures of Robinson Crusoe* quanto no livro didático.

ilha, longe das suas terras de origem e dos seus lares e famílias. Friday, na verdade, chega ao domínio de Crusoe e precisa se encaixar às regras já estabelecidas por ele. O ensino/aprendizagem da língua inglesa ocorre, portanto, no domínio social de Crusoe.

O espaço ocupado pelo falante da língua inglesa

Robinson Crusoe, cidadão da Inglaterra, é o falante da língua inglesa, portanto, a língua é vinculada a um estado-nação e à cultura inglesa. Na relação de poder que se estabelece entre os dois personagens, Crusoe irá ensinar Friday a falar, "I began to ... teach him to speak to me". Não há nenhuma tentativa por parte de Crusoe de aprender a língua do indígena, mas desde o início a situação é estabelecida de que Friday precisa aprender inglês. Crusoe, da sua posição de poder social, dá uma identidade a Friday por meio do ensino de palavras que demonstram subserviência. Ele deve aprender as palavras "Master", "yes", "no" e tudo que é útil para que ele seja uma ajuda a Crusoe. A identidade estabelecida por Crusoe para Friday é de um ser submisso e o veículo para essa identidade é a língua inglesa.

O espaço ocupado pelo aprendiz

O aprendiz é um ser marcado pela ausência, já que, não tem nome e precisa recebê-lo de Crusoe. Como o nome Friday remete à ação de Crusoe em salvá-lo, ele se torna dependente de Crusoe, pois até recebeu dele a vida. Ele também não tem língua, mas precisa aprender a língua do seu amo para poder se expressar. No entanto, essa capacidade de expressão se dá por meio de palavras que denotam submissão e obediência como "yes", "no" e "Master", palavras que devem ser usadas sendo servo de Crusoe. Dessa maneira, a identidade de Friday dissolve-se na relação de poder entre ele e Crusoe, visto que Friday é marcado pela ausência e Crusoe pela presença. Ao usar as palavras "handy, useful and helpful" entende-se que Friday será um ajudante, subserviente, que prestará serviço a Crusoe, ajudando-o a cumprir as suas metas, pois Friday não tem metas pessoais. Na verdade, na cena do primeiro encontro entre os dois, deparamos com esta relação de desigualdade quando Friday deita no chão e coloca o pé de Crusoe sobre a sua cabeça. Fica ainda mais claro, no ensino da primeira palavra da língua inglesa ao Friday que é a palavra, "Master", "amo".

Além disso, Friday aceita esta situação com alegria, "[he] was so merry" e com presteza, querendo aprender tudo com diligência, "he was the aptest scholar". Na sua ausência de identidade, ele alegremente aceita a nova identidade oferecida a ele por Crusoe.

Robinson Crusoe e a análise do livro didático

Usando a aula no romance *The adventures of Robinson Crusoe* como uma base figurativa, analisarei e discutirei a situação de ensino/aprendizagem da língua inglesa, o espaço ocupado pelo professor e o espaço ocupado pelo aluno apresentados no livro didático.[5] Selecionei esse livro didático, por ser o livro usado no Centro de Línguas da nossa universidade e com o qual tenho contato no meu trabalho como supervisora.

A descrição do livro didático

O livro didático (doravante LD) é publicado pela Oxford University Press. A segunda edição foi lançada em 2004. O livro é dividido em "files" ou capítulos que, por sua vez, são subdividi-

---

5. Não nomearei o livro didático por questões de ética e em respeito aos autores. Simplesmente farei uma descrição inicial, em termos gerais. No decorrer da análise, no entanto, usarei exemplos específicos para ilustrar a discussão.

das em lições que vão de A a D. Todo capítulo finaliza com as três lições, *Practical English, Writing, Revise & Check*. No sumário do LD, cada lição é apresentada em termos do vocabulário, da gramática, e da pronúncia que deverão ser ensinados.

O LD é bem ilustrado e colorido contendo ilustrações desenhadas e fotografias. Ele é acompanhado de um CD que contém exercícios de audição e pronúncia, sendo que cada seção tem uma música da cultura popular internacional. Há também um livro de exercícios para o aluno.

A situação de ensino/aprendizagem apresentada no LD

A língua inglesa é apresentada como uma realidade já estabelecida do mundo moderno. Em nenhum momento há uma argumentação a favor do aprendizado da língua inglesa como aparece, frequentemente, em livros escritos e publicados no Brasil em que se procura justificar o uso da língua e convencer o aluno da importância da mesma na sua vida.[6] Ao contrário, no LD, a língua é apresentada em diversas situações de uso, sem ser questionado. Ao não argumentar a favor da língua, ao apresentá-la como um fato estabelecido do mundo moderno, elimina-se a possibilidade de considerar os conflitos inerentes ao domínio da língua inglesa.

As diversas situações de uso em que a língua inglesa é apresentada vão desde a troca de informações do tipo, *What's your name? My name is...*, à troca de correio eletrônico. Divido essas situações em duas categorias abrangentes, as tradicionais e as da modernidade-mundo.

---

6. A título de exemplo, menciono a série *English clips* das autoras Mariza Ferrari e Sarah Rubin (Editora Scipione) e a série *New password* dos autores Amadeu Marques e Kátia Tavares (Editora Ática). Nas duas séries, há argumentos que pretendem convencer o aluno da importância de se aprender a língua inglesa.

As tradicionais são aquelas situações que são encontradas em livros didáticos há algumas décadas, em que se trocam informações sobre o nome, a nacionalidade, a profissão, discute-se a família e o parentesco, fazem-se compras em lojas ou encontram-se em um restaurante. São as situações de um mundo presencial, face a face. O contato à distância é feito por meio da carta ou do cartão postal, algo palpável, sólido, que pode ser manuseado.

Já as situações da modernidade-mundo são aquelas que resultam do momento histórico em que vivemos, na qual impera o não-presencial, a fluidez e a mobilidade. Essa modernidade se remete a valores simbólicos de pertencimento a grupos de indivíduos que se configuram como cidadãos do mundo. Assim encontramos situações de viagens pelo mundo por razões turísticas ou profissionais, situações em que se discute a música pop internacional e em que se discutem celebridades do mundo do entretenimento internacional.

Os dois tipos de situação no LD

O primeiro capítulo do LD é dividido em seis partes: 1A – *Nice to meet you*, 1B – *I'm not English, I'm Scottish*, 1C – *His name, her name*, 1D – *Turn off your mobiles!*, *On a Plane* e *What do you remember?*. Examinando-se essa primeira seção do livro é possível encontrar os dois tipos de situação, a tradicional e a da modernidade-mundo.

Exemplificando a situação tradicional, no File 1A, o aluno aprende a se apresentar a outra pessoa, respondendo à pergunta, *What's your name?* e aprende as fórmulas de polidez como, *Nice to meet you* e *I'm fine thanks*. Na terceira lição, 1C, o aluno aprende como responder a perguntas feitas por uma secretária quanto ao seu nome e endereço. Nos dois exemplos citados, a informação é trocada face a face, em um mundo presencial.

No entanto na seção 1C, há, também, um exercício que usa cenas de filmes como base da discussão. O mundo dos filmes representa a padronização por meio da fabricação industrial da cultura que penetra mundialmente o cotidiano. Ortiz (1994) explica que essa padronização não implica homogeneidade, pois cada local receberá e interpretará os produtos culturais de forma local. A participação neste mundo cria uma nova forma de estar-no-mundo, isto é, um mundo fluido e não fixo, em que não é possível cartografar as culturas nacionais, inserindo-as dentro de regiões fixas e preestabelecidas.

O reconhecimento desses filmes e atores será, também, fluido e divergente, dependendo da penetração da cultura mundial no cotidiano individual e a criação de uma memória mundial imagética. Usando como exemplo a minha própria leitura das cenas, posso dizer que reconheço a cena do filme francês, *Émilie Poulain*, e a cena de *Guerra nas estrelas*, em que um dos Jedi luta com o sabre de luz. Não sei, no entanto, os nomes dos atores das duas cenas e, no caso da última cena, não sei o nome do personagem Jedi. Nas outras cenas, reconheço os atores Gwyneth Paltrow, Penélope Cruz, Halle Berry e Hugh Grant, mas não reconheço os filmes dos quais as cenas foram retiradas. Há duas cenas, de filmes mais antigos, nas quais não reconheço os atores nem, tampouco, reconheço os filmes dos quais as cenas foram retiradas.

As perguntas em torno das cenas praticam as frases do diálogo tradicional, presencial que foi usado na primeira parte da lição, com ênfase agora na mudança do adjetivo possessivo, passando de *What's your name?* para *What's her/his name?* e permitindo respostas como, *I don't remember* e *I don't know*. Nesse exercício, é possível constatar a conexão entre a modernidade-mundo e o mundo tradicional e fixo da apresentação estrutural da gramática, em que se troca *your* por *his* e *her*.

Em outro exemplo, na parte 4 C, intitulada *Fatal attraction?*, encontra-se o subtítulo *l. Grammar object pronoun* do lado de cenas do filme *Ghost*. O filme serve de base para uma discussão de histórias de amor, retiradas de outros filmes. As imagens conduzem a uma memória imagética mundial em que o momento presente é reatualizado e se torna memória e passado. Assim, o filme *Ghost* se transforma na lembrança de uma grande historia de amor, que, presumivelmente, todos conhecem. A referência ao amor entre um homem e uma mulher tem, portanto, como base a definição romântica da cultura mundializada de base hollywoodiana.

Há também referências a livros, mas livros que já foram traduzidos para filmes. Na seção 9B, intitulada *I've read the book, I've seen the film*, há uma lista de quatro livros: *Gone with the Wind* de Margaret Mitchell, *Goldfinger* de Ian Fleming, *Jurassic Park* de Michael Crichton e *The Lord of the Rings* de J.R.R. Tolkien. Os livros são discutidos em relação aos filmes, não em relação ao gênero do livro ou ao estilo do autor. A discussão se reverte, mais uma vez, à memória coletiva imagética dos filmes.

Assim, a situação do ensino/aprendizagem no livro é uma que não se abre para conflitos ou dúvidas. A língua inglesa é ensinada e usada como parte já estabelecida do mundo atual. Além disso, a situação incorpora recursos tradicionais, mas também faz referências à cultura mundializada do presente momento.

O espaço ocupado pelo falante da língua inglesa

O LD apresenta o falante da língua inglesa como participante do mundo moderno. Em outras palavras, o falante não é somente aquele que tem a língua inglesa como a primeira língua, mas é aquele que transita pelo espaço mundializado em que as distâncias, tanto físicas quanto culturais, são reduzidas e neutralizadas. Dessa maneira, no LD, encontra-se uma descrição de um típico sábado na vida de uma menina russa, *My favourite day* (*File 3, Writing*, p. 37). As suas atividades são bastante comuns, isto é, a família recebe visitas no sábado à noite, no domingo todos dormem até tarde e ao acordarem leem o jornal enquanto tomam o café da manhã. Na verdade, não há nada na vida dessa menina russa, que a diferencia significativamente de qualquer outra menina da mesma idade, vivendo sob a influência do mundo moderno.

No *File 5*, na lição com o título, *Girls' night out*, amigas em três cidades em diferentes partes do mundo, Rio de Janeiro, Pequim e Moscou, saem para se divertir. Não há nada nos detalhes que realmente distingue uma cidade da outra, visto que as jovens vão para barzinhos ou restaurantes e discutem namorados, moda e música. O mundo mostrado é uniforme, nele as mulheres apresentadas são basicamente iguais. A apresentação das três cidades, em partes tão distintas do mundo, só serve para mostrar que a cultura mundializada é a mesma em diferentes locais. Nesse momento, a língua inglesa não aparece em primeiro plano como falada pelas jovens, mas é sutilmente vinculada ao mundo moderno no qual mulheres trabalham, são independentes, seguem a moda, tanto em roupa quanto em música, e escolhem os seus próprios parceiros.

A língua inglesa é vinculada também a assuntos que fazem parte da *ética do lazer*, em que se focaliza o divertimento pessoal que inclui viagens de turismo, compras, e saídas para bares e restaurantes. Considera-se, também, o corpo na qualidade de um objeto estético, discutindo-se a saúde, a comida e o exercício físico como parte do bem-estar físico.

A seguir, apresento um quadro que resume a ocorrência desses assuntos e onde é possível constatar o quanto são a base das lições no livro didático:

QUADRO I – RESUMO DAS OCORRÊNCIAS DOS TÓPICOS – O DIVERTIMENTO E O CORPO ENQUANTO OBJETO ESTÉTICO

O divertimento	O corpo enquanto objeto estético
4B – *Shopping – men love it!* – A lição tem como tema, *fazendo compras*, focalizando o fato que homens também gostam de ir às lojas para comprar roupas, CDs e eletrônicos.	3B – *How stressed are these people?* – É um texto que focaliza o *stress* moderno e como combatê-lo por meio de uma vida menos agitada, em que se exercita e se tem uma dieta adequada.
5C – *Girls' night out* – A lição tem como tema sair à noite para se divertir. (A lição foi discutida acima)	3C – *The mystery of Okinawa* – É um texto que apresenta a ilha de Okinawa e o fato de que muitas pessoas nesse lugar vivem mais de 100 anos. A dieta alimentar consiste de legumes, peixes e frutas. Apresenta-se também o fato de que os habitantes reservam tempo para relaxar diariamente que geralmente trabalham a vida inteira, isto é, não aposentam, mas estão sempre ativos.
5 – *Writing – A holiday report* – A lição apresenta um casal de namorados que descrevem as férias maravilhosas que tiveram na cidade de Roma	3 *Revise & check – Don't go to the gym in the winter!* – É um texto que discorre sobre a necessidade de se exercitar, mas não em janeiro na academia por causa do inverno frio, estação em que o corpo exige mais cuidados. Obviamente, o texto foi escrito para habitantes do hemisfério norte.
6B – *Would you like to spend a night in this room?* – É um texto que descreve a visita a um hotel mal-assombrado e o fato de que alguns hotéis na Inglaterra oferecem fenômenos paranormais como atração turística.	7ª – *What does your food say about you?* – O tema da lição são as diferenças em hábitos alimentares entre pessoas do mundo moderno. Há três personagens: Fast Food Frank, que come comida pré-fabricada encontrada em pacotes e come em restaurantes *fast food*, Healthy Hannah, que come somente produtos frescos e saudáveis, e Luxury Lucy, que come comidas caras, como salmão, queijos, vinhos e chocolates. É interessante notar que o abacaxi é colocado como um dos seus luxos. Obviamente, a lição é para residentes do hemisfério norte.

7C – *Changing holidays* – O tema da lição é um programa de TV em que os participantes planejam viagens de férias e depois trocam de férias entre si.	7B – *How much water do we really need?* – O tema da lição é a quantidade de água que devemos beber para sermos saudáveis.
7 – *Practical English* – *At a restaurant* – O tema da lição é como ler um cardápio e fazer o pedido em um restaurante.	7 – *Writing* – *Luxury Lucy's favourite sandwich* – O texto apresenta a receita de um sanduíche feito de salmão defumado, queijo tipo *cream cheese* e pão integral.
8C – *Would you like to drive a Ferrari?* – O tema da lição é a possibilidade de ofertar aos amigos, como um presente especial e diferente, as experiências que desejam, como dirigir um Ferrari, pular de paraquedas, pilotar um avião, fazer um *bungee jump* etc.	7 – *Revise & Check* – *Food can be dangerous for your health* – É um texto no qual se discutem os ingredientes de muitas comidas servidas em restaurantes, no qual se coloca um molho de manteiga ou creme de leite na comida, fazendo-se com que ela perca suas propriedades saudáveis.
8D – *They dress well but drive badly* – O tema da lição é a comparação entre várias cidades do mundo, Rio de Janeiro, Milão, Tóquio, Sydney, Los Angeles, Barcelona, no que concerne à facilidade ou dificuldade da vida nessas cidades. Alguns tópicos que surgem são: vida social, trânsito, roupas, pessoas, segurança.	
8 – *Writing* – *Making a reservation* – O tema da lição é como fazer uma reserva em um hotel. Os hotéis estão em Giza, Veneza, e Túnis. As reservas são feitas em inglês e pelo correio eletrônico.	
8 – *Revise & check* – *The Atacama desert* – É um texto que discorre sobre o deserto Atacama, apresentando-o como um ótimo lugar para aqueles que procuram viagens de aventura.	

Assim, os falantes transitam entre os vários locais onde se situa a modernidade. Fisicamente andam por hotéis, aeroportos e restaurantes; não presencialmente transitam pelo espaço demarcado pelo corpo, na preocupação com a saúde, com a comida, com a aparência. Dessa maneira, a imagem do falante da língua inglesa não é vinculada a um país específico, mas a um modo de vida relacionada à modernidade-mundo.

O espaço ocupado pelo aprendiz de língua inglesa

No LD, o fato de que há personagens provindos de lugares diferentes do mundo mostra a possibilidade da existência da diferença. No entanto, como já foi apontado, os assuntos discutidos e os espaços pelos quais transitam os personagens são os mesmos. Dessa feita, o que se apresenta no livro didático é a homogeneidade, ou seja, um mundo em que há poucas diferenças de um lugar para o outro. As diferenças que são apresentadas se referem a práticas folclóricas, a localizações geográficas e a figuras históricas.

Exemplificando, na lição 3D, há o texto intitulado, *Fascinating Festivals*, em que se descrevem factualmente festivais folclóricos na Espanha, Itália e Tailândia, como a data do festival e o número de frequentadores. Por sua vez, na lição 8B, *The highest city in the world*, descrevem-se locais, como o país de Máli, na África Ocidental e as cidade de La Paz na Bolívia e Yakutia na Sibéria, em que o clima é de extremos, isto é, muito quente, frio ou seco. Por último, na lição 5A, intitulada *Who were they?*, mostram-se estátuas de figuras históricas, como Fredéric Chopin, Joana D'Arc e Napoleão Bonaparte, que também são descritos factualmente quanto às datas de nascimento e de falecimento. Nessas lições, não há uma discussão das práticas ou dos valores ligados aos festivais, à vivência do clima ou às figuras históricas, mas uma apresentação transacional de informação. As diferenças, portanto, são de ordem factual, a serem apreendidas e não compreendidas no sentido gadameriano, em que a compreensão requer o jogo do diálogo, da pergunta e da resposta.

A similaridade entre as pessoas, no entanto, é demonstrada quanto à inserção na ética do lazer e da capacidade de transitar entre os espaços da modernidade-mundo. Não importa a localização do aprendiz de língua inglesa, é possível que ele participe do mundo moderno. Assim a diferença e a similaridade se combinam no espaço mundial, fazendo com que a diferença se neutralize ao se tornar uma troca de informações sobre o diferente, em termos factuais e que é fundada na similaridade de inserção no mundo moderno.

As similaridades e as diferenças entre *The adventures of Robinson Crusoe* e o LD

É possível constatar que a situação do aprendiz no LD é semelhante àquela do personagem Friday, no romance *The adventures of Robinson Crusoe*. Isto é, nos dois casos o aprendiz chega ao domínio já formado e estabelecido do falante da língua inglesa. Assim, o aprendiz deve adaptar-se a esse domínio, e a sua vivência cultural anterior deve ficar, na melhor das hipóteses, em segundo plano, e, na pior, totalmente anulado. No caso de Friday, há uma ausência da sua presença cultural, já que ele é tratado por Robinson Crusoe como um ser que não tem uma existência prévia sobre a qual valha a pena se interessar. Como já foi exemplificado, no caso do LD, existem menções a diversas situações culturais, geralmente ligadas a países em que a língua inglesa é uma língua estrangeira, mas esses países são apresentados como integrantes de uma cultura mundializada, na qual as pessoas aprendem inglês e se comunicam nessa língua apesar de diferenças locais. Em outras palavras, as diferenças que podem causar estranhamento são eliminadas e apresenta-se, no LD, um mundo no qual os habitantes se comunicam na língua inglesa, trocando informações sobre sua vida e afazeres sem que haja problemas de compreensão.

Comparando o espaço ocupado pelo falante da língua inglesa no romance *Robinson Crusoe* e o espaço ocupado pelo falante no LD, constata-se que, no primeiro caso, o falante pertence a um espaço demarcado pelo estado/nação. Crusoe pertence à nação inglesa e detém o poder cultural, isto é, o poder de decidir o poder simbólico social na pequena comunidade que ele criou. Dessa maneira, Friday não dispõe de nenhum poder de decisão, perdendo a sua língua e tendo a sua posição social estabelecida como de subalterno.

O espaço do falante no LD, no entanto, é diferente em um aspecto, pois trata-se não mais do espaço físico geográfico do estado/nação e sim do espaço fluido de um modo de vida. Entende-se por meio dos diferentes personagens de várias partes do mundo, apresentados no livro, que qualquer pessoa de qualquer lugar pode transitar pelo espaço da vida moderna. No entanto, é preciso dizer que não é um campo aberto de igualdade para todos, pois os personagens no LD que participam desse modo de vida são, em geral, jovens da classe média com profissões relativamente bem remuneradas. Assim, podem arcar com viagens, restaurantes e a compra dos objetos que acompanham esse modo de vida, tais como CDs e roupas. O modo de vida moderno retratado no LD é exclusivista, já que é restrito a um grupo seleto de pessoas.

Nos dois tipos de espaços, o caminho de informação e de poder é unilateral. Não há uma relação de troca, mas de consumo. Friday perde a sua identidade indígena para se tornar o servo de Robinson. No LD, os personagens de vários países do mundo perdem suas características locais para se tornar membros da comunidade moderna. Nas duas situações, as diferenças de língua, de valores, de culturas são ignoradas e aquele que visa ocupar o espaço do falante da língua inglesa precisa incorporar a ausência, isto é, despir-se do familiar, do local, do que é enraizado e se vestir das vestimentas do outro, ou seja, da língua, modo de vida do outro. Em nenhum dos livros discutidos, se apresenta a possibilidade da convivência entre culturas diferentes, cria-se, a partir do encontro, um terceiro lugar.

Considerações finais

Retomando o conceito da dialogia da linguagem de Gadamer (1999, p. 532), lembremo-nos que ao se negar a possibilidade de diálogo e da compreensão, nega-se "o verdadeiro vínculo humano". Na filosofia hermenêutica, o ato de compreender é constituído em relação ao outro, uma vez que compreender é ter a capacidade de ouvir a voz do outro (Risser 1997, p. 21). A abertura ao outro implica deixar valer em mim algo que para mim é estranho e diferente, isto é, algo que é contra mim. Esse momento hermenêutico acontece quando o "eu" experimenta o outro como o "tu" do diálogo (Gadamer 1999, p. 532). Ao fazer isso, o "eu" se coloca em posição de abertura para ouvir e compreender a posição diferente. Assim, quando o outro não participa como um "tu" do diálogo, ele é relegado ao papel de objeto, sobre o qual se age.

A compreensão implica um acordo com uma posição diferente da minha. Esse acordo não significa concordar com a posição diferente, mas entrar em diálogo com ela. Para que haja acordo, o outro não pode ser transformado em um objeto que, de antemão, é conhecido "a fundo". Nas palavras de Gadamer (1977, p. 41, grifo do autor), "(o) participante do jogo que sempre *percebe as intenções* do seu parceiro e que não leva a sério o que elas representam é um desmancha-prazer que evitamos".

A relação hermenêutica básica desse evento é o dialogo, a pergunta e a resposta. Na verdade, ao se perguntar compreende-se a questionabilidade de algo e as possibilidades diferentes são colocadas à prova. Para Gadamer (1999, p. 551), "aquele que quer pensar tem de perguntar", já que a pergunta pode ser uma "erupção na extensão aplainada" do senso comum (p. 539). Sendo assim, podemos caracterizar o diálogo como parte de um jogo de linguagem, pois, para Gadamer (1977, p. 56), "(d)e fato, tudo que aprendemos ocorre em jogos de linguagem".

No LD, o diálogo é negado ao aprendiz quando ele é marcado pela ausência de identidade local, cultural. O aprendiz é retirado do jogo da linguagem, e assim tanto o aprendiz, como também Friday em *The adventures of Robinson Crusoe*, se tornam objetos e não participantes do "... jogo contínuo em que o estar-com-outros do ser humano ocorre" (Gadamer 1977, p. 56).

Portanto, como o outro se tornava objeto no discurso da colonização, marcado pela ausência cultural e sobre o qual se agia, o aprendiz no LD ainda é marcado pela ausência e se torna objeto. Mesmo que a situação do falante de língua inglesa tenha mudado, não mais vinculado a um estado-nação, mas a um modo de vida, é ele quem detém o domínio social e é o aprendiz que deve se adequar ao espaço do falante da língua inglesa.

Concluindo, então, continuamos a lidar com discursos em torno da língua inglesa, e com práticas de ensino da língua, que são ligados a características do discurso colonial, em que se negava a participação do outro no jogo do diálogo.

Bibliografia

ABLEY, M. S. *Spoken here: travels among threatened languages*. Boston, Houghton Mifflin, 2003.

ALMEIDA FILHO, J. C. P. (2003). "Ontem e hoje no ensino de línguas no Brasil", *in*: STEVENS, C. M. T. e CUNHA, M. J. C. *Caminhos e colheita: ensino e pesquisa na área de inglês no Brasil*. Brasília: Editora da UnB, pp. 19-34.

AUSTEN, J. (1974). *Mansfield Park*. Harmondsworth: Penguin Books.

BAILEY, R. W. (1991). *Images of English: a cultural history of the language*. Ann Arbor: The University of Michigan Press.

BOSI, A. (1992). *Dialética da colonização*. São Paulo: Companhia das Letras.

BRADFORD, W. (1974). "Of Plymouth Plantation", in: BRADLEY, S. et. al. (Eds.). The American tradition in literature. USA: Grosset e Dunlap, pp. 14-20.

DEFOE, D. (1994). The adventures of Robinson Crusoe. Nova York: Book Essentials Promotions.

GADAMER, H. G. (1977). "On the scope and function of hermeneutical reflection", in: GADAMER, H. G. Philosophical hermeneutics. Tradução de D. Linge. Berkeley: University of California Press, pp. 18-43.

_____. (1977). "On the problem of self-understanding", in: GADAMER, H. G. Philosophical hermeneutics. Tradução de D. Linge. Berkeley: University of California Press, pp. 44-58.

_____. (1999). Verdade e método: traços fundamentais de uma hermenêutica filosófica. Tradução de F. P. Meurer. Petrópolis: Editora Vozes.

OLIVEIRA, L. L. (2000). Americanos: representações da identidade nacional no Brasil e nos EUA. Belo Horizonte: Editora da UFMG.

ORTIZ, R. (1994). Mundialização e cultura. São Paulo: Editora Brasiliense.

PENNYCOOK, A. (1998). English and the discourses of colonialism. Londres: Routledge.

RIBEIRO, D. (1995). O povo brasileiro: a formação e o sentido do Brasil. São Paulo, Companhia das Letras.

RISSER, J. (1997). Hermeneutics and the voice of the other. Albany: State University of New York Press.

SAID, E. W. (1994). Culture and imperialism. Nova York: Vintage Books.

TOTA, A. P. (2002). O imperialismo sedutor: a americanização do Brasil na época da Segunda Guerra. São Paulo, Companhia das Letras, 2000.

O LIVRO DIDÁTICO DE LÍNGUA INGLESA PARA O ENSINO FUNDAMENTAL E MÉDIO: PAPÉIS, AVALIAÇÃO E POTENCIALIDADES

Rosinda de Castro Guerra Ramos

Introdução

O universo escolar do professor de inglês do ensino fundamental e médio é cercado de muitas influências: seus alunos, sua sala de aula, sua escola, pais, direção, entre outros, e inegavelmente o livro didático (doravante LD). No setor privado, a adoção do LD é bastante comum, quer por escolha da escola, quer por escolha do grupo de professores ou professor da disciplina. Esse LD fornece conteúdos, textos e atividades que delineiam muito do que acontece em sala de aula ou, em muitos casos, moldam ou ainda "engessam" o que deve acontecer na sala de aula. Em outros setores, como o da escola pública, por exemplo, ele pode, ou não, ser adotado, caso mais habitual, mas mesmo neste caso, também garante sua presença, porquanto é usado por muitos professores da escola pública como suporte pedagógico para planejar suas aulas e/ou como fonte para seleção de textos e atividades, ou mesmo como suporte teórico para o professor. A abundância de publicações de livros didáticos voltados para o ensino de inglês no mercado nacional também corrobora esse *status*.

Ao mesmo tempo, qualquer que seja o uso que se faz do LD, esse envolve necessariamente os processos de seleção e de implementação e/ou adaptação. Esses processos, por sua vez, demandam uso de procedimentos sistemáticos para uma efetiva seleção e avaliação, o que nem sempre é usado pelo professor quando se depara com a escolha e/ou implantação de materiais a serem utilizados em sua sala de aula. Essas várias razões já são suficientes para marcar a importância que o LD exerce nas ações profissionais e de sala de aula do professor de inglês e, merece, portanto, que seja examinado mais atentamente.

Hoje, já há na literatura vários estudos que abordam a seleção, a avaliação e modos de explorar o LD como formas de auxiliar o professor em suas tomadas de decisão e em suas ações em sala de aula (Cunningsworth 1984, 1995; Sheldon 1987; Tomlinson 2003; Graves 2000; entre outros). No entanto, o que tenho observado, em minha própria prática e nos cursos de formação de professores que ministro, é que dificilmente o professor compartilha ou faz uso dessas informações quando se depara com a tarefa de seleção, implementação e/ou adaptação. Além disso, a visão que tem do LD também é bastante variada: para alguns, o LD pode ser visto como um guia, uma ferramenta auxiliar (Gabrielatos 2000/2004; Graves 2000), para outros, como "uma bíblia, uma muleta, um mal necessário, ou um fardo" (Gabrielatos 2000/2004).

Essas observações e concepções conflitantes e variadas motivaram-me a lançar um olhar investigativo sobre o LD. Herói ou vilão? Colaborador ou ditador? Neste artigo busco refletir sobre esses papéis antagônicos atribuídos ao LD, seu uso e suas potencialidades. Inicio, examinando seus papéis, funções e apontando vantagens e desvantagens que são atreladas ao LD. Em seguida, apresento uma lista de critérios, que julgo importante para que se faça uma avaliação mais sistemática quando nos deparamos com a escolha e implementação de materiais didáticos. Esses critérios são explicados e exemplificados, quando necessário, com o que os LDs nacionais contêm e, ao mesmo tempo, contrastados com as teorias que norteiam os PCN (Brasil 1998,1999). Acredito que esse exame lance luz aos conflitos existentes entre o que se tem, o que se quer e o que se deve ter (segundo os documentos oficiais). Finalmente, teço comentários sobre algumas implementações que podem ser feitas para que o professor possa ser mais bem informado e auxiliado em sua prática de sala de aula.

O livro didático: papéis e funções

Examino, inicialmente, papéis e funções do LD por acreditar que isso contribui para um melhor entendimento das controvérsias que giram em torno de seus papéis, seu uso e seu potencial.

Inicio por elucidar uma questão bastante comum entre os professores: Material Didático é LD? Um dos autores que trata do conceito de Materiais Didáticos é Tomlinson (2001, p. 66) que os conceitua como *qualquer coisa que pode facilitar a aprendizagem de língua*. Complementando o conceito, Tomlinson (2001, p. 66) acrescenta que os materiais didáticos podem ser linguísticos, visuais, auditivos, cinestésicos e podem aparecer em diferentes formas (impressos, cassetes, CD-ROMs, DVDs, ao vivo etc.). Podem, ainda, ser instrucionais (quando criados exclusivamente para fins pedagógicos); experimentais (quando fornecem exposição à língua em uso); elicitativos (quando estimulam uso da língua); exploratórios (quando buscam descobertas sobre a língua em uso).

Essa conceituação faz com que o LD possa ser entendido como *uma das formas* de Material Didático (e não como o Material Didático) o qual geralmente aparece em forma impressa (hoje há CDs e DVDs), criado *exclusivamente* para fins pedagógicos (por esse motivo instrucional por excelência) e pode ainda possuir todas ou algumas das características acima (experimental, elicitativa e/ou exploratória).

Como se percebe, os papéis e funções do LD apresentam-se variados, pois esses são dependentes das diferentes concepções teóricas de linguagem e do processo de ensino/aprendizagem que cada autor possui, além de dependerem do uso que dele se deseja fazer.

Nas últimas décadas o LD tem sido alvo de estudos e debates, principalmente com o artigo de Allwright (1981) *What do we want teaching materials for?* que desencadeou polêmicas em relação a seu uso (ONeill 1982; Cunningsworth 1984, 1995; Sheldon 1987; Hutchinson e Waters 1987; Hutchinson e Torres 1994; Graves 2000; Richards 2002; entre outros), causando, por conseguinte, uma diversidade de olhares em relação a seus papéis e funções.

Tomlinson (2001, p. 67), por exemplo, ao comentar sobre a necessidade de usar o LD, traz argumentos que evidenciam papéis e funções do LD. Ao mencionar, por um lado, os argumentos de seus defensores associa-os aos papéis de guia e ferramenta auxiliar. Esses argumentos são: o LD é a forma mais conveniente de apresentar o material para os alunos; auxilia a dar consistência e continuidade a um curso; dá aos alunos um senso de sistema, coesão e progresso; e ajuda os professores a preparar suas aulas. Já seus opositores argumentam que o livro didático é superficial e reducionista no que tange aos itens linguísticos que abarca e no provimento de experiências de linguagem, uma vez que não dá conta de cobrir a diversidade de necessidades de todos os seus usuários. Além disso, impõe uniformidade de *syllabus* e abordagem, removendo, de certa forma, a iniciativa e o poder dos professores. Esses argumentos, portanto, evidenciam os papéis de bíblia, muleta e fardo, mencionados anteriormente.

Acrescento a esses argumentos um outro aspecto que também julgo importante sobre o LD: eles não são neutros, pois, conforme Celani (2005, p. 20), embora referindo-se a materiais didáticos, estes:

> (...) estão intimamente ligados aos métodos de ensino. (...) Foram produzidos onde e por quem? Levam em conta os contextos sociais e culturais dos alunos? Ou estão calcados em pressuposições questionáveis implícitas nas várias abordagens dominantes no ensino de inglês no momento? Os chamados materiais "globais" dificilmente podem levar em conta necessidades locais e devem, portanto, ser submetidos a um questionamento crítico, do ponto de vista de tensões e desafios à identidade e aos valores da comunidade onde serão usados, para se chegar a uma compreensão das questões envolvidas, por meio da reflexão crítica.

Aqui também se podem perceber argumentos que expõem restrições à sua adoção "cega" e fatalmente, portanto, conduzem o professor a um questionamento sobre seu uso, indicando que sua escolha precisa e deve passar pelo crivo de uma avaliação sistemática e crítica.

Cunningsworth (1984, p. 1), por sua vez, ao defender o uso de LD, inicia seu livro, com o argumento de que é raro encontrar um professor que, em maior ou menor grau, não faça algum uso do LD e acrescenta que isso não é surpreendente, visto que produzir material original é um processo difícil, moroso e, do ponto de vista prático, não seria econômico para o professor gastar horas e horas "duplicando" esforços para criar quantidades enormes de "material produzido individualmente". Ao mesmo tempo, também argumenta que os livros didáticos publicados no mercado são fruto do trabalho de profissionais qualificados e experientes, de discussões e testagens com professores. Entretanto esse autor, ao defender o uso do LD, mostra-se cauteloso quanto à sua adoção, pois não deixa de ressaltar que o LD "é um bom criado mas um mestre pobre" e, portanto, só servirá ao professor se este souber selecioná-lo e usá-lo apropriadamente. Além disso, Cunningsworth recomenda que o professor tenha em mente os objetivos e necessidades de seus alunos como um dos critérios norteadores para sua seleção, o que coloca a seleção e a avaliação como processos necessários à sua adoção.

Holden e Rogers (2001, p. 117) também defendem a adoção do LD, mas fazem a mesma ressalva feita por Cunningsworth (1984), quando recomendam: "o mais aconselhável é procurar um livro didático adequado à sua situação de aulas".

Outro autor que focaliza o uso do LD é Richards (2002). Para esse autor, o LD pode servir tanto de base para o *input* que o aluno recebe para a prática da língua na sala de aula, como ser, em outras situações, complemento para a formação do professor, isto é, uma ferramenta de apoio para o professor com pouca experiência de ensino (já que fornece sugestões de como planejar as aulas e trabalhar sequencialmente os conteúdos). Entretanto, conforme indica o autor, o uso do LD tem vantagens e desvantagens, dependendo do modo e do contexto em que é utilizado.

As principais vantagens dos LDs, citadas por Richards (2002, p. 26), são: 1) fornecem tanto para o professor como para os alunos um programa estruturado e um *syllabus*; 2) padronizam o ensino/aprendizagem, ou seja, possibilitam que o mesmo conteúdo seja dado para classes diferentes (por exemplo, várias 6as séries); 3) mantêm a qualidade do ensino, isto é, se o LD adotado é bom, os alunos são expostos a materiais elaborados com base em princípios de aprendizagem consistentes, com conteúdo sequenciado de forma apropriada e previamente testado; 4) fornecem uma grande variedade de fontes de aprendizagem, já que são frequentemente acompanhados de fitas cassetes, CD-ROMs, vídeos, livro de exercícios etc.; 5) são eficientes, já que possibilitam ao professor dedicar mais tempo ao ensino/aprendizagem da língua do que à elaboração de material didático; 6) podem propiciar modelos de linguagem e *inputs* precisos e eficazes aos professores cuja primeira língua não seja o inglês; 7) podem servir, juntamente com o manual do professor, como meio de capacitação para professores iniciantes; e 8) têm apelos visuais e atraentes, por terem altos padrões de desenho e produção.

Quanto aos aspectos negativos, Richards (2002, p. 27) menciona que os LDs: 1) podem conter linguagem não-autêntica, uma vez que diálogos e textos são muitas vezes produzidos para incorporar aspectos linguísticos que se deseja ensinar; 2) podem distorcer o conteúdo, já que muitos LDs, para que sejam aceitos em diferentes contextos, apresentam uma visão ideal do mundo, evitam temas controversos e, normalmente, colocam como padrão uma sociedade de classe média, em geral, branca; 3) não refletem as necessidades dos alunos, posto que são geralmente escritos para atender mercados globais; 4) podem "desabilitar" (*deskill*) o professor transformando-o em um mero técnico transmissor, cuja principal função é apresentar materiais elaborados por outras pessoas, caso use o livro como fonte primária, deixando que a maioria das decisões instrucionais seja tomada pelo próprio LD e pelo manual do professor; 5) podem ser muito caros, isto é, os preços não são compatíveis com a realidade de muitos alunos.

Graves (2000) também menciona vantagens e desvantagens similares às de Richards (2002) e acrescenta que é muito difícil encontrar um livro didático que atenda às necessidades dos alunos e às exigências do curso, visto que cada situação de ensino/aprendizagem é única.

Resumindo, o uso do LD não é isento de controvérsias. Entretanto, os argumentos apresentados até agora conduzem a ver o LD muito mais como um colaborador, uma ferramenta auxiliar, do que um vilão. Outro ponto ressaltado é a importância que o papel dos alunos e da situação de ensino ocupam quando o assunto é a escolha do LD. Alia-se a isso a grande quantidade de livros distintos disponibilizados no mercado, quer em termos de concepções ideológicas, de ensino/aprendizagem e linguagem, quer em termos de propósitos diferentes, voltados para públicos variados ou para atender a "todos", fazendo com que o professor inevitavelmente se defronte com a tarefa de seleção e consequentemente com um processo de avaliação.

A avaliação de LD

Segundo Tomlinson e Masuhara (2005, p. 1) "a avaliação de materiais envolve a medição do valor (ou valor potencial) de um conjunto de materiais de aprendizado por meio de julgamentos sobre o efeito que eles produzem nas pessoas que os utilizam". Para esses autores, a avaliação procura medir, por exemplo, a atração que o LD pode exercer sobre os alunos; a sua validade para o ensino, o interesse que pode ter para professor e aluno, a motivação que pode causar etc.

Já Rubdy (2003, pp. 41,42) define avaliação contrapondo-a à seleção:

> Evaluation, like selection, is a matter of judging the fitness of something for a particular purpose. However, while it is true that the selection of materials inevitably involves, or subsumes, a process of

evaluation, evaluation can be undertaken for a variety of purposes and carried out in a variety of ways. In the selection of materials, on the other hand, what assumes primary importance is the analysis of learner needs and interests and how these are addressed. Consequently, in the selection of materials usually it is the most *appropriate* rather than the best that wins.(...)

Para Hutchinson e Waters (1987, p. 97), a avaliação de LD é um "processo combinatório" isto é, "combinar necessidades a soluções disponíveis". Em outras palavras, avalia-se para poder escolher o melhor material possível, julgando sua aplicabilidade a um dado contexto de ensino/aprendizagem.

Quanto à forma de avaliação, Tomlinson (2003, p. 5) comenta que geralmente os materiais são avaliados de modo impressionístico, o que tende a favorecer materiais que estão em conformidade com as expectativas daquilo que as pessoas acham que deveria ser e que tenha apelo visual. Portanto, ele reafirma que é necessário que a avaliação assegure o estabelecimento de procedimentos que sejam "rigorosos, sistemáticos e baseados em princípios" (*ibid.*, p. 5).

Cunningsworth (1995, pp. 1, 2) cita duas formas de avaliação. A primeira, denominada *impressão geral*, é feita folheando-se o LD rapidamente. Isso permite que o professor obtenha uma idéia geral de suas possibilidades, pontos fortes e fracos e ao mesmo tempo perceba características que sobressaem. Essa, como já indiquei anteriormente, é provavelmente a forma de avaliação mais comum usada por professores quando se defrontam com novos LDs que "caem em suas mãos". Entretanto, essa *impressão geral*, segundo Cunningsworth (1995), embora possibilite ao professor ter uma visão introdutória geral do livro, pode impossibilitar a localização de omissões relevantes, pontos fracos do material e, principalmente, a impossibilidade de assegurar uma combinação entre o que o material contém e os requisitos da situação de ensino/aprendizagem. A segunda forma de avaliação chama-se "avaliação em profundidade" (*in-depth evaluation*), ou seja, aquela que além de permitir ver o que é proeminente e óbvio em um LD, possibilita verificar, por exemplo, como itens específicos são trabalhados, em especial aqueles que se relacionam às necessidades dos alunos, aos requisitos do conteúdo programático etc., portanto, a forma mais recomendável.

Graves (2000, p. 176), por sua vez, argumenta que há dois modos de se entender como usar um LD. O primeiro, que julgo um dos mais difíceis de ser feito porquanto implica em conhecimentos mais sólidos de concepções teóricas, é denominado "entrar dentro dele", ou seja, um exame para que se possa entender como e porque o LD é construído. Isto possibilita ao professor saber *o quê* ele estará adaptando ou suplementando. O segundo é tudo que não seja o LD, isto é, o contexto, os alunos, e o professor. Nesse modo, geralmente, são usados as "lentes" da experiência do avaliador e o contexto, possibilitando ao professor saber *o para quê* ele está adaptando.

Resumindo, o processo de avaliação pode ser feito de duas perspectivas: uma, que denomino *do material* e, a outra, *do professor*. Na perspectiva *do material* examina-se, por exemplo, as unidades, as atividades, a organização do LD para saber se cumprem com os objetivos propostos e refletem as concepções teóricas propostas pelo autor. Na perspectiva *do professor*, esse exame norteia-se pela classe em questão, suas necessidades etc. para avaliar a validade de sua adoção. Na primeira perspectiva, nosso julgamento se direciona para *o que o material diz fazer e o que o material faz*. Já na perspectiva do professor, nosso julgamento se direciona para *aquilo que o material oferece e para aquilo que precisamos*.

Neste trabalho, a lista de critérios de avaliação que proponho está orientada para a fase pré-utilização (Tomlinson e Masuhara 2005, p. 5). Focaliza critérios que, acredito, auxiliam a indicar o que o material diz fazer e faz, suas potencialidades de uso em sala de aula, bem como ajudam a identificar aspectos específicos que requerem adaptação. Algumas das considerações que farei sobre o processo de avaliação são motivadas pela necessidade de se escolher, nos dias de hoje, materiais que estejam em conformidade com as novas orientações teóricas prescritas nos documentos oficiais (os PCN) e que, ao mesmo tempo, considerem sua relevância e adequação para um grupo em particular.

O que mais tenho observado, entretanto, é que os professores que utilizam o LD como ferramenta auxiliar recorrem à forma impressionística para avaliá-lo, e concentram-se, nos textos e atividades que são examinados, como material potencialmente usável, por um lado, e, por outro, naquilo que o professor julga importante que os alunos aprendam. Raramente o professor lê a apresentação do LD, suas orientações teóricas (quando têm) para melhor compreender que abordagens subjazem ao material, principalmente se ele já for mais experiente. Por isso, advogo que o processo de avaliação é fundamental não só para que o professor faça escolhas informadas, mas também para que possa melhorar sua competência profissional, adquirindo uma postura avaliativa, sistemática e crítica para fazer mudanças necessárias. Como então ajudá-lo nessa tarefa?

Uma proposta de avaliação de LD

Para uma avaliação adequada é necessário estabelecer critérios que guiem nossos julgamentos. Inúmeras listas de verificação foram propostas nos últimos anos para auxiliar o professor a fazer uma seleção sistemática de LDs (Hutchinson e Waters

1987; Sheldon 1987; Cunningsworth 1995; Ramos 1998, 2003). Neste trabalho proponho a utilização de uma lista de critérios desenvolvida por mim em 1999, a partir da literatura vigente e de discussões com professores da rede pública da cidade de São Paulo no curso "Reflexão sobre a ação: o professor de inglês aprendendo e ensinando",[1]

Critérios para avaliar unidades

1. **O público-alvo**: a quem se dirige? (faixa etária, sexo, conhecimento prévio da língua etc.)
2. **Os objetivos da unidade:** quais são? Estão explícitos ou implícitos? São alcançáveis? Contribuem para a formação do cidadão?
3. **Dos recursos:** há indicações do que será usado ou necessário para a utilização da unidade?
4. **A visão de ensino/aprendizagem e a de linguagem**: quais são?
5. **O "syllabus"** que subjaz à unidade: estrutural? Funcional? Situacional? De gêneros? De tarefas? Outros?
6. **A progressão dos conteúdos**: do mais fácil para o mais difícil? De conhecimento de mundo para os conhecimentos de organização textual e sistêmicos? Como o conhecimento estratégico aparece? Como a gramática é focalizada? Isoladamente? Contextualizada?

---

1. O o curso "Reflexão sobre a ação: o professor de inglês aprendendo e ensinando" faz parte de um programa de formação de professores de inglês em serviço, intitulado *A formação contínua do professor de Inglês: um contexto para a reconstrução da prática* que é integralmente financiado pela Associação Cultura Inglesa – São Paulo e oferecido gratuitamente pela instituição a qualquer professor da rede pública de ensino do estado ou município de São Paulo, em conjunto com o Programa de Pós-Graduação em Linguística Aplicada e Estudos da Linguagem (LAEL).Maiores informações ver Celani, 2003 e Barbara e Ramos, 2003. ,como forma de guiar o processo de avaliação de LD. São eles:

7. **Quanto aos textos**:
   - didáticos? autênticos? adaptados com simplificações?
   - diversificados tanto ao tipo como aos tópicos? Contextualizados? Temática abrangente?
   - focalizam ou promovem interdisciplinaridade? Transversalidade?
   - adequados para a faixa etária?
   - qualidade gráfica e visual: ilustrações, diagramação organizada etc.?
   - tem a ver com as atividades propostas?
8. **Quanto às atividades**:
   - têm objetivos explícitos? Implícitos?
   - as instruções são claras? Dependem do professor para sua aplicabilidade? A atividade tem enunciados que checam o conhecimento do aluno ou são enunciados que conduzem a prática e a aprendizagem?
   - que tipos são usados? Controlados? Não controlados? Exercícios? Tarefas? De compreensão para produção da prática de habilidades para o uso?
   - promovem interação? Colaboração? Cooperação? Autoestima? Entretenimento? Geram solução de problemas? Promovem desenvolvimento de habilidades cognitivas?
   - quantidade de atividades? Muitas? Suficientes para os objetivos propostos? Poucas?
9. **Material suplementar**: é necessário? É possível?
10. **Flexibilidade da unidade**: propicia adaptações? Uso de outra sequência etc.?
11. **Teachers notes**: possui? Indica procedimentos para aplicação das atividades e gerenciamento de sala de aula? Justificativas para o material? Respostas para as atividades?

O primeiro comentário sobre essa lista é que ela foi elaborada originariamente para auxiliar professores a analisar unidades didáticas de diferentes LDs publicados no mercado nacional, mas pode também ser usada para avaliar o LD como um todo. Ela foi organizada em componentes maiores (público-alvo, objetivos etc.) que julguei importante para serem observados no processo avaliativo. Esses componentes são acompanhados de perguntas específicas para suscitar questionamentos que possibilitem ao professor refletir e examinar os LDs tanto na perspectiva do material como na do professor mais detalhadamente. Além disso, à luz dos novos caminhos propostos nos documentos oficiais, poder compreender o que o LD de fato oferece nessa vertente para que sua prática de sala de aula seja condizente com esse novo fazer.

Um segundo ponto a comentar é que analisar unidades isoladas de sua organização dentro de um curso é tarefa complexa. Por isso, o leitor observará que entre os componentes propostos, há alguns que só podem ser respondidos se o LD for observado como um todo. Esses itens são: (1) o público-alvo; (3) os recursos; (4) visões de ensino/aprendizagem e linguagem; (5) o *syllabus*; (6) a progressão dos conteúdos; (10) material suplementar; (12) *teachers notes*. Lembro que ao se usar essa lista, isso precisa ser apresentado juntamente com suas justificativas para os professores.

Acrescento ainda que muitos dos critérios aqui indicados são aqueles que se encontram em outras listas de verificação já mostradas na literatura. Porém, o que acredito ser um diferencial desta são as perguntas incluídas para guiar o professor sobre os componentes maiores, pois essas não só podem propiciar uma "avaliação em profundidade" (Cunningsworth 1995), mas levar a compreenderem vários itens (por exemplo, a cidadania, a interdisciplinaridade) assinalados pelos PCN (Brasil 1998,1999) para comporem as novas direções educacionais a vigorar nos currículos de ensino fundamental e médio do país, podem também facultar ao professor analisar se o LD em questão contempla essas novas exigências educacionais.

Para direcionar a avaliação de unidades didáticas, segundo os critérios acima, em primeiro lugar, deve-se observar o *público-alvo* do LD. Esse componente possibilita avaliar se o material apresentado condiz com esse público. Essa informação, em geral, vem indicada na capa ou folha de rosto por um número (indicativo de série, como, por exemplo, 6) ou sequência da série de volumes (por exemplo, 1, 2 etc.). É importante chamar a atenção do professor para o fato de que o LD nacional não considera o público, mas sim o sistema escolar dividido por série, indicando, pois, uma generalização ou idealização de público-alvo. Logo, faz-se necessário, para o professor que deseja adotar esse LD, que observe outros aspectos do componente *público-alvo*, que não estão no LD mas no seu grupo e no contexto. Esses aspectos são, por exemplo, diferenças de faixa etária (exemplo, alunos de diurno e noturno), sexo, conhecimento prévio de língua estrangeira, nível de formação, comunidades a que seus alunos pertencem. Essa observação permite que o professor não seja prejudicado com sua escolha e também perceba o que precisará ser feito para que o material atenda seu grupo de alunos e seu contexto.

Em segundo, é preciso observar se os *objetivos* propostos na unidade são executáveis e alcançáveis por meio dos textos, conteúdos e atividades propostos ao longo da unidade. É interessante apontar que, nos LDs disponíveis no mercado nacional, raramente os objetivos vêm explícitos na unidade do aluno (não é o caso da série *English Clips*, por exemplo). Nesse caso, o professor deverá procurá-los no livro do professor e se isso não acontecer, deverá inferi-los ao analisar a unidade, uma tarefa nem sempre fácil para o professor. Gostaria de comentar que a questão – *Contribui para a formação do cidadão?* – foi adicionada após discussões com professores da rede pública que acharam essa pergunta essencial, uma vez que esse é um dos itens que compõem os objetivos gerais de ensino/aprendizagem indicados pelos PCN (Brasil 1998, 1999). Interessante mencionar aqui que raramente esse aparece como objetivo nos LDs. Contudo, há indícios de que os LDs tratam disso, pois encontramos indicações como: "De acordo com os PCNs", (*Great 3*); "De acordo com as Diretrizes Curriculares Nacionais para o Ensino Médio", (Inglês); "Esperamos que a obra contribua para que você se desenvolva como cidadão...", (*Take your time 6*). Entretanto, um olhar mais detalhado desses materiais mostra que pouco se faz para que isso seja realizado. Como consequência, o professor terá seu tempo duplicado, caso ele queira e/ou deva atender esse objetivo.

Os *recursos* são outro componente importante. Eles normalmente aparecem nas orientações para os professores ou então estão no livro do aluno, representados por ícones. Levantar dados sobre eles auxilia o professor a melhor planejar suas aulas, pois saberá previamente com que possíveis equipamentos/materiais precisará contar para implementar o material em estudo. Se isso não está disponível para o professor, este já saberá de antemão que precisará fazer cortes ou modificações no material selecionado.

As *visões de linguagem e ensino/aprendizagem* são outro critério a ser considerado, pois elas fundamentam como os conteúdos serão apresentados e como se dará a aprendizagem. Em outras palavras, que formas de ver e definir a linguagem, bem como que procedimentos de ensino são adotados no LD. Esse componente, no meu entender, é um dos mais difíceis para o professor analisar, porquanto exige desse um conhecimento teórico a respeito das várias correntes existentes para que possa identificar qual delas permeia o material. Esses conhecimentos teóricos são o que possibilita ao professor identificar se o LD de fato faz o que diz fazer ou se "camufla" uma postura que pode não ter. Um exemplo para clarificar é o caso de LDs que descrevem sua posição teórica na apresentação ou nas orientações para o professor, como, por exemplo, sociointeracionista (a concepção prescrita nos documentos oficiais). Ao se realizar uma análise do índice, dos materiais e atividades propostos, verifica-se que as concepções teóricas de fato são outras, ou seja, nesse caso, ao invés de proporcionarem atividades que enfatizam a comunicação, a interação; a colaboração, fazem uso de exercícios de repetição, memorização, focalizando estruturas gramaticais e geralmente descontextualizadas, sem relação com o cotidiano do aluno ou com as realidades sociais, atividades essas que refletem de fato uma concepção tradicional de linguagem e de ensino/aprendizagem (ver Mizukami 1986; Willians e Burden 1997 para detalhamento).

Para auxiliar o professor nessa tarefa e tentar fazer com que a avaliação pudesse ser vista a partir de elementos mais concretos e familiares, coloquei dois outros componentes que de certa forma colaboram para que se possam identificar essas concepções de linguagem e ensino/aprendizagem que permeiam ao LD: (5) o *syllabus* e (6) a *progressão dos conteúdos*.

O *syllabus*, embora também dependente de um conhecimento teórico, é elencado por meio de itens de ordem linguística (exemplo *simple present, future*), estratégica (exemplo *prediction, inference* ou funcional (exemplo *describing objects, introducing people*), entre outros mais familiares ao professor (principalmente os que estão em serviço), podendo, portanto, colaborar para tornar a tarefa de identificar diferentes concepções teóricas menos penosa.

A *progressão de conteúdos*, por sua vez, é um item que tanto pode ser olhado em relação ao LD como um todo, bem como pode ser particularizado na unidade. Esse componente também está organizado de modo a proporcionar ao professor formas mais familiares de entender as visões teóricas que subjazem o LD. Um exemplo é a pergunta que foca "do mais fácil para o mais difícil", amplamente identificado por professores como o item que diz respeito ao modo como a gramática e vocabulário se organizam no material. Ao mesmo tempo, essa é uma indicação para que o professor identifique essa progressão com a concepção estruturalista de linguagem. Ressalto também que essa lista já contempla a nomenclatura adotada nos PCN (Brasil 1998) para referir-se ao conteúdo a ser aprendido e a sua progressão, isto é, os conhecimentos de mundo, textuais e sistêmicos. Outro item que também contempla a nova vertente teórica prescrita nos documentos oficiais é o que se refere à gramática, isto é, a pergunta conduz o professor a observar se a gramática é trabalhada no LD de forma isolada (a concepção mais tradicional) ou contextualizada (o novo paradigma teórico).

Cabe ao professor avaliador julgar o quanto esse LD pode se adequar às suas necessidades, às suas próprias concepções e às novas concepções prescritas nos documentos oficiais para merecer ser selecionado, bem como o quanto de trabalho dará para que mereça ser adaptado. Conforme já mencionado anteriormente nem sempre é "o melhor que vence" (Rudby 2003).

Os dois componentes seguintes (8) *textos* e (9) *atividades* são os que reputo mais relevantes, pois, conforme tenho observado em minha prática, são o foco principal de atenção do professor quando se depara com o processo de avaliação.

Hoje, o texto é a unidade proposta para o ensino/aprendizagem de línguas e não a palavra ou sentenças isoladas. Além disso, é necessário o conhecimento da organização textual, isto é, reconhecer as:

> rotinas interacionais que as pessoas usam para organizar a informação em textos orais e escritos. Por exemplo, para dar uma aula expositiva é necessário o conhecimento de como organizar a informação na interação, que é de natureza diferente da organização da informação em uma conversa. (Brasil 1998, p. 31)

Essa concepção, prescrita nos PCN (Brasil 1998), já conduz à adoção de uma tipologia de textos e gêneros. Portanto, quando o professor for analisar os textos disponibilizados nos LDs é preciso que ele perceba se isso é considerado ou não. Um comentário a ser feito a esse respeito é que geralmente os textos dos LDs não são tratados como gêneros e o ensino/aprendizagem de língua baseado em gêneros é mais raro ainda. A pergunta – diversificados tanto quanto ao tipo como aos tópico? –, na lista de critérios, foi proposta justamente para conduzir a avaliação a esse exame. Dou destaque também a tópicos, pois sua diversidade é que vai permitir ao professor melhor cuidar do item interesse e motivação dos alunos para o conteúdo apreendido. Embora essa diversidade exista em muitos dos LDs nacionais, nem sempre os tópicos se mostram abrangentes para permitir um trabalho mais livre do professor.

A pergunta referente à autenticidade também revela uma concepção teórica mais contemporânea que subjaz a essa escolha e, portanto, ao contrapor os itens *didático, autêntico, adaptado com simplificações* etc., o professor é conduzido a uma análise mais detalhada dos textos encontrados nos LDs.

Outros questionamentos que considero importantes são aqueles que instigam o professor a examinar os textos à luz dos itens indicados nos PCN (Brasil 1998) para nortear o ensino/aprendizagem, a saber: a interdisciplinaridade, a transversalidade, a contextualização. Entretanto, o que se verifica, como mencionado anteriormente, é somente uma indicação para que essa possibilidade possa acontecer, sem preocupação alguma de como executar esse trabalho. Mostro um exemplo, extraído do livro do professor *Great 3* (Holden e Cardoso 2002, p. 10), no qual, junto com os objetivos que o aluno visualiza, acompanha no livro do professor uma nota em outra cor sobre essa informação. Observe como isso é feito:

Unit 3: Comparing and Contrasting
Your goals:
- Estabelecer comparações e referir-se a obrigações empregando must.
- Usar adjetivos e pronomes possessivos e fazer perguntas sobre posse empregando whose.
- Compreender mensagens escritas como um todo, inferir o significado de palavras pelo contexto e interpretar dados estatísticos.
- Refletir sobre grupos de palavras e organizá-las.
- Refletir sobre relacionamentos e namoros.

***Interdisciplinaridade e Temas** Transversais: Português (linguagem publicitária), Geografia, Matemática; Trabalho e Consumo, Ética, Orientação Sexual.* (Livro do professor.)

Tentando buscar mais informações para o desenvolvimento deste trabalho, consultei a parte intitulada *Guia do Professor* (Holden e Cardoso 2002, p. viii). Observe o que se tem num quadro sobre a unidade 3 em relação a isso:

QUADRO1: ILUSTRAÇÃO DE TRABALHO TRANSDISCIPLINAR E INTERDISCIPLINAR

Transdisciplinaridade	Interdisciplinaridade
Trabalho e consumo (associação de trabalhadores) Ética e Orientação Sexual (sexo e gravidez na adolescência)	Português (linguagem publicitária) Geografia e Matemática (grandezas)

Novamente o que se pode perceber é que as únicas menções que podem auxiliar o professor são as informações em parênteses, no quadro acima, as quais estão ligadas com as temáticas dos textos que aparecem na unidade. Deduz-se que é a partir disso que o professor pode fazer as pontes com outras disciplinas. Como isso será feito não é indicado, o que torna, por conseguinte, a tarefa do professor muito mais árdua, caso ele deseje trazer essas novas exigências educacionais para sua ação de sala de aula.

O componente (9) *atividades* envolve identificar uma tipologia diversificada, conhecimentos vários que, por sua vez, denunciam que concepções teóricas subjazem ao material, como essas atividades foram desenhadas e sequenciadas. Avaliar esse componente auxilia o professor a perceber se os textos são adequados à faixa etária, interesse e nível de conhecimento dos alunos, se os tipos de atividade condizem com os objetivos propostos na unidade e se espelham as concepções teóricas que o LD diz seguir.

Em relação à tipologia, o professor precisará identificar se são *exercícios ou tarefas*, o que de certa forma o direciona novamente às visões teóricas que norteiam o LD. O mesmo acontece com aquelas que se relacionam á forma como o material é trabalhado (ex. promove interação, gera solução de problemas). Interessante mencionar que alguns livros já trazem tarefas e projetos como formas de desenvolver o aprendizado dos alunos, mas esses precisam ser examinados à luz dos preceitos teóricos, pois, muitas vezes, o que aparece nos LDs como tarefa ou projeto, de fato são atividades.

As perguntas relacionadas ao desenho e sequenciamento possibilitam perceber se as instruções são escritas de forma coerente e clara e se os enunciados conduzem à testagem ou à prática e à aprendizagem, uma questão que, acredito, é bastante pertinente e nem sempre considerada nos critérios de avaliação. Além disso, é uma pergunta vital, principalmente para as atividades que buscam ensinar compreensão de textos, a habilidade priorizada no ensino médio. Também considero importante a pergunta relativa ao objetivo, pois esta raramente é explicitada na atividade e obriga o professor a buscar essa informação nas orientações do professor, se houver, ou então, a ter que inferi-la por meio de uma análise mais profunda da atividade. Complementa essas indagações a pergunta que se refere à quantidade de atividades propostas na unidade, pois esta direciona o professor a ter de relacioná-la à questão de objetivos propostos na unidade.

Por fim, o componente (11) *flexibilidade da unidade* colabora para que o professor possa melhor guiar as adaptações que julga necessárias para atender as necessidades de seu grupo e contexto. Já os componentes (10) *material suplementar* e (12) *teacher's notes*, conforme mencionado anteriormente, são mais bem explorados na perspectiva do LD como um todo.

O processo de avaliação termina quando o professor seleciona as unidades ou o LD a ser implementado, sem deixar de considerar qual será seu lugar no curso em questão e quais adaptações precisarão ser feitas para atender as necessidades de seu grupo e seu contexto.

Considerações Finais

Para finalizar este trabalho, faço algumas considerações sobre o LD de inglês para o ensino fundamental e médio.

Em primeiro lugar, retomo seu papel e função. Conforme exposto neste artigo, acredito que, apesar dos diferentes papéis que se atribuem a ele, seu papel de "ferramenta auxiliar" é o mais contemplado, tanto pela literatura como por seus usuários. Complementando, se o LD pode ser "um estímulo ou instrumento para o ensino/aprendizagem" (Graves 2000, p. 175), ele pode ser uma fonte de exemplos práticos e idéias para que o professor dele se sirva. Para isso, entretanto, é essencial que o professor saiba avaliar, modificar, complementar, levando em conta os objetivos do curso, a realidade da escola em que trabalha (estrutura física, recursos disponíveis etc.), as necessidades e desejos dos alunos, as necessidades "locais" e, principalmente hoje, as novas concepções de ensino/aprendizagem e de linguagem vigentes nos documentos oficiais. Argumento, portanto, que, sem passar por um processo de avaliação, dificilmente o professor poderá ter a visão de que ele pode ser "um bom criado", "um guia", "uma ferramenta auxiliar".

Neste artigo apresentei uma lista de critérios para avaliar o LD. Ao exemplificar os componentes dessa lista contrastando-os com o que é prescrito nos PCN (Brasil 1998, 1999), foram indicadas algumas discrepâncias entre o que eles dizem fazer e fazem e entre o que está prescrito e o que realizam quanto a dessa prescrição. Portanto, para que o LD possa ter seu uso otimizado, é preciso que os conteúdos recebam, por parte de seus usuários (os professores) e principalmente de seus autores, um tratamento mais contemporâneo, ou seja, que se privilegie a interação social como mola propulsora do processo de aprendizagem, situações de aprendizagem que sejam significativas e colaborativas, que situem o aprendiz no mundo em que vive e não deixem de, pelo menos, sinalizar para os professores possíveis diferenças de contextos sociais e culturais existentes no país. Essa perspectiva leva fatalmente a uma revisão das concepções teóricas subjacentes, do *syllabus* e dos tipos de atividades mais encontrados nos LDs. Além disso, esse exame também mostrou que as questões de transdisciplinaridade, interdisciplinaridade e de temas como formação da cidadania precisam receber tratamento diferenciado do que têm hoje, isto é, precisam passar de meras sugestões e/ou indicações a conteúdos explorados efetivamente.

Para concluir, acrescento que discutir o papel, o uso e as potencialidades do LD é primordial, porquanto esse é um tópico que está relacionado diretamente aos papéis que o professor precisa exercer em sua vida profissional, e, portanto, deve ter lugar de destaque na formação do professor pré-serviço e em serviço. Dar condições para que ele possa fazer um trabalho avaliativo é contribuir para a construção de uma identidade profissional transformadora, uma vez que possibilita ao professor refletir, fazer uma confrontação de sua própria ação e oportunizar a reconstrução de si mesmo e de sua própria ação. Em suma, possibilitar o desenvolvimento de sua autonomia e aquisição de um novo posicionamento em relação ao seu universo profissional e pessoal.

Bibliografia

ALLWRIGHT, R. L. (1981). "What do we want teaching materials for?" *ELT Journal*, vol. 36, n° 1, pp. 5-18. Oxford: Oxford University Press.

BÁRBARA, L. e RAMOS, R. C. G. (Orgs.). (2003). *Reflexão e ações no ensino-aprendizagem de línguas*. Campinas: Mercado de Letras.

BRASIL. Ministério da Educação e do Desporto. (1998). *Parâmetros Curriculares Nacionais – Língua Estrangeira*. Brasília: MEC/SEF.

BRASIL. Ministério da Educação e do Desporto. (1999). *Parâmetros Curriculares Nacionais – Ensino Médio*. Brasília: MEC/SEF.

BREEN, M. e CANDLIN, C. (1987). "Which materials? a consumers and designers guide", *in*: SHELDON, L. (Ed). *ELT textbooks and materials: problems in evaluation and development*. ELT Documents, 126. Londres: Modern English Publications in Association with the British Council.

CELANI, M. A. A. (2005). "English for all preservando o forró", *in*: FIGUEIREDO, C. A. e O. F. JESUS (Orgs.). *Aspectos da leitura e do ensino de línguas*. Uberlândia: UDUFV, pp. 2-9.

_____. (2003). *Professores formadores em mudança. Relato de um processo de reflexão e transformação da prática docente*. Campinas: Mercado de Letras.

CUNNINGSWORTH, A. (1984). *Evaluating and selecting EFL teaching materials*. Londres: Heineman.

_____. (1995). *Choosing your coursebook*. Londres: Heinemann.

FERRARI, M. e RUBIN, S. (2001). *English clips, book 7*. Livro do professor. São Paulo: Editora Scipione.

GABRIELATOS, C. "The coursebook as a flexible tool. Materials evaluation and adaptation". Disponível em: http://www.gabrielatos.com. Acesso em 4 setembro de 2006.

GRAVES, K. (2000). *Designing language courses: a guide for teachers*. Boston: Heinle & Heinle Publishers.

HOLDEN, S. e CARDOSO, R.L. (2002). *Great! 3*. Teachers book. São Paulo: Macmillan.

HOLDEN, S. e ROGERS, M. (2001). *O ensino da língua inglesa*. São Paulo: SBS Editora, (2 ed.).

HUTCHINSON, T. e TORRES, E. (1994). "The textbook as an agent of change". *ELT Journal*, vol.48, n° 4, pp. 315-328.

HUTCHINSON, T. e WATERS, A. (1987). *English for Specific Purposes*. Cambridge: CUP.

MARQUES, A. (2000). *Inglês*. Série novo ensino médio. São Paulo: Editora Ática, (4 ed.).

MIZUKAMI, M.G.N. (1986). *Ensino: as abordagens do processo*. São Paulo: EPU.

ONEILL, R. (1982). "Why use textbooks?" *ELT Journal*, vol. 36, n° 2, pp. 104-111.

RAMOS, R. C. G. (2003). "A abordagem instrumental e material didático para contextos presencial e digital". Disciplina oferecida no segundo semestre de 2003 no Programa de Pós-Graduação de Linguística Aplicada e Estudos da Linguagem (LAEL). PUC-SP.

_____. (1998). "Critérios para a avaliação de materiais didáticos. Tópicos em Preparação e Avaliação de Materiais Didáticos: no Contexto Presencial e a Distância". Disciplina oferecida no programa de Linguística Aplicada e Estudos da Linguagem – PUCSP, (Mimeo).

RICHARDS, J. C. (2002). *"The role of textbooks in a language program". New Routes – April. São Paulo: Disal.*

ROCHA, A. M. e FERRARI, Z. A. (1999). *Take your time 6.* Livro do professor. São Paulo: Editora Moderna.

RUBDY, R. (2003). "Selection of materials", *in*: TOMLINSON, B. (Ed.). *Developing materials for language teaching.* Londres: Continuum, pp. 37-56.

SHELDON, L. (Ed) (1987). "ELT textbooks and materials: problems in evaluation and development". ELT Documents 126. Londres: Modern English Publications in Association with the British Council.

TOMLINSON, B. (Ed.). (2003). *Developing materials for language teaching.* Londres: Continuum.

_____. (2001). "Materials Development", *in* CARTER, D. e NUNAN, D. *Teaching English to Speakers of other Languages.* Cambridge: Cambridge University Press.

_____. (1998). *Materials development in language teaching.* Cambridge: Cambridge University Press.

TOMLINSON, B.; Masuhara, H. (2005). *A elaboração de materiais para cursos de idiomas.* São Paulo: SBS Editora.

WILLIAMS, M. e BURDEN, R. L. (1997). *Psychology for language teachers: a social constructivist approach.* Cambridge: Cambridge University Press.

CRITÉRIOS PARA A AVALIAÇÃO DO LIVRO DIDÁTICO (LD) DE LÍNGUA ESTRANGEIRA (LE)

Reinildes Dias

Embora os CD-ROMs, os DVDs e os recursos da *Internet* (*sites, chats, blogs,* fóruns etc.) sejam altamente privilegiados na sala de aula de língua estrangeira (LE), o livro didático (LD) continua sendo a alternativa viável em muitas das nossas escolas públicas da educação básica. Para uma grande maioria de alunos e professores, o LD é o material essencial por meio do qual se estabelecem as interlocuções professor/aluno e o conteúdo disciplinar. O professor, via de regra, acaba lançando mão do LD como o único recurso disponível para a sua atuação na sala de aula, assim como para a sua própria formação acadêmico-profissional. Com isso, o LD exerce uma grande influência no que se ensina e como se ensina, tornando-se um elemento-chave nas práticas escolares com fins à aprendizagem da LE (Coracini 1995, 1999). Por assumir tal importância, o LD precisa estar incluído em políticas educacionais do Governo para que sua qualidade técnico-metodológica seja garantida, a fim de influenciar positivamente o ensino na escola pública brasileira e também contribuir para a formação acadêmico-profissional do professor de LE.

O Programa Nacional do Livro Didático (PNLD) (Brasil: MEC/SEF 2009), iniciativa do Ministério da Educação em parceria com o Fundo Nacional de Desenvolvimento da Educação (FNDE), vem, desde 1996, assumindo a função de avaliar, adquirir e distribuir gratuitamente obras didáticas para as várias disciplinas do núcleo comum do ensino fundamental. Essas obras são criteriosamente avaliadas por especialistas contratados para esse fim, de modo a criar as condições para uma educação de qualidade no primeiro e segundo ciclos da educação básica. O LD de LE, no entanto, não passa por essa avaliação criteriosa do PNLD, nem é distribuído gratuitamente aos alunos do segundo ciclo do ensino fundamental cursando a escola pública brasileira. Neste ano, porém, os critérios de análise do LD de inglês e de espanhol foram fornecidos no PNLD-2011 e estão à disposição dos professores e autores. Daqui a dois anos, o LD de LE (inglês e espanhol) estará entre aqueles que vêm sendo fornecidos para a escola pública desde 1996.

Vale salientar que guias com as análises das obras didáticas avaliadas são enviados às escolas do ensino fundamental em todo o Brasil. Com base nas resenhas feitas pelos especialistas, precedidas de considerações teórico-metodológicas atualizadas, os professores de língua portuguesa e de outras disciplinas podem fazer suas escolhas de livros didáticos, de acordo com seus contextos de atuação. A falta, até então, de uma política governamental direcionada ao processo de avaliação e distribuição do LD de LE deixava o professor do idioma estrangeiro na dependência das ofertas do mercado. Ele ficava também desprovido de diretrizes oficiais com base em avaliações criteriosas que pudessem nortear a escolha do recurso-chave das suas interlocuções com o aluno na sala de aula de LE. Não podia também contar com um material de qualidade que pudesse contribuir para sua formação acadêmico-profissional. Tal situação passa, então, a ser gradativamente revertida com a publicação do novo edital do PNLD (Brasil: MEC/SEF 2009), sinalizando mudanças nas políticas governamentais em relação ao reconhecimento da importância da LE para o crescimento social e cultural do aluno da escola pública.

Cabe enfatizar que é ainda reduzido o número de trabalhos acadêmicos que se concentram em oferecer parâmetros que possam fornecer ao professor do ensino fundamental o suporte necessário para a árdua tarefa de tomar decisões em relação à escolha do LD mais adequado ao seu contexto de atuação (Ansary e Babai 2002; Brown e Rodgers 2002; Byrd 2001). Os critérios de avaliação nesta coletânea podem ser vistos como exceção. São também em número reduzido os trabalhos acadêmicos que oferecem avaliações criteriosas sobre os livros de LE utilizados nas escolas públicas da educação básica (Arantes 2008; Araújo 2006; Edmundson 2004), embora essa preocupação tenha estado presente nas pesquisas desenvolvidas por Coracini (1995, 1999) alguns anos atrás, e por Bárbara Hemais mais recentemente, por meio do seu projeto de pesquisa "Aplicações de uma abordagem baseada em gêneros discursivos no contexto de ensino de inglês como língua estrangeira: Uma análise do livro didático" (s.d) que deu origem a dissertações sobre o tema (Bustamante 2007; Nogueira, 2007). Levando em consideração a importância que ele desempenha no processo de ensino e aprendizagem de LE, pretendo fornecer um instrumento com critérios para a avaliação desse importante recurso pedagógico utilizado no segundo ciclo do ensino fundamental no contexto brasileiro, tendo especialmente por base a Ficha de Avaliação do PNLD de língua portuguesa (Brasil: MEC 2007) e os objetivos oficiais do ensino de LE expressos nos documentos oficiais nacionais, estaduais e municipais

(Brasil PCN 1998, 1999; Dias, 2008; SEE-MG 2008; SEE-PR 2006; SME: SP 2006). Pretendo também discutir, em linhas gerais, os pressupostos teórico-metodológicos que subjazem aos critérios sugeridos com base em pesquisas recentes sobre o processo de ensino de aprendizagem de LE, incluindo a abordagem via gêneros textuais que vêm ultimamente predominando nos trabalhos teórico-práticos das pesquisas em linguística aplicada tanto em língua materna quanto em língua estrangeira (Celce-Murcia e Olshtain 2000; Costa Val e Marcuschi 2005; Cristovão *et. al.* 2006; Cristovão 2002; Dias 2004, 2006a, 2008; Dionísio e Bezerra 2001; Grabe e Stoller 2002; Hyland 2004; Nunan 1999; Schneuwly e Dolz 2004; entre outros).

Ao avaliar, com base nos critérios fornecidos, o professor pode julgar se seu livro didático incorpora princípios sólidos sobre o processo de aprendizagem em LE e se ele traduz esses princípios em atividades significativas para o desenvolvimento das capacidades dos alunos para ler, escrever, ouvir e falar de uma maneira competente em contextos reais de interações.[1] O instrumento fornecido pode também se tornar a base para suas reflexões sobre suas metas, objetivos de ensino e contextos educacionais em consonância com as necessidades dos alunos em relação à LE, influenciando ainda sua própria formação profissional. A avaliação feita pelo professor pode ainda revelar lacunas que podem ser preenchidas com material complementar de sua própria produção, ou com materiais fotocopiáveis ou ainda com os recursos da *Internet* caso isso seja possível em seu contexto de atuação.

---

1. Recomendo a leitura de todos os artigos desta coletânea, uma vez que contemplam múltiplas perspectivas sobre o LD de LE, podendo ser úteis no uso do instrumento de avaliação aqui proposto. A presente coletânea pode também contribuir para a formação acadêmico-profissional do professor de LE.

Breve descrição do instrumento

O instrumento de avaliação (em forma de um *checklist*) compõe-se de seis fichas que incorporam critérios avaliativos relativos ao LD de LE. A primeira ficha, intitulada "Aspectos gerais", consiste na análise de três componentes básicos: princípios norteadores, composição gráfico-editorial e autonomia. A segunda ficha de avaliação, intitulada "Compreensão escrita", considera os princípios subjacentes ao processo de leitura, o conhecimento sobre textos e o desenvolvimento das três capacidades de linguagem (as de ação, as discursivas e a linguístico-discursivas), assim como a diversidade das atividades de aprendizagem que são fornecidas para o desenvolvimento da capacidade leitora do aluno do ensino fundamental. A terceira, quarta e quinta fichas, intituladas respectivamente "Produção Escrita", "Compreensão oral" e "Produção Oral", levam em conta os mesmos aspectos presentes na segunda parte, porém relacionados aos três outros conteúdos: produção textual, escuta e fala em LE. A sexta e última ficha considera os aspectos de avaliação relacionados ao Manual do Professor (Anexo A).

Princípios norteadores e o uso do instrumento de avaliação

Acredito que o instrumento de avaliação fornecido possa contribuir para uma seleção qualificada pelo professor de LE do elemento-chave de suas interlocuções com seus alunos e o conteúdo a ser ensinado e aprendido (Anexo A).

Fundamento-me principalmente nas diretrizes norteadoras dos PCN-LE (Brasil: MEC/SEF 1998) (como o faze a maioria dos artigos desta coletânea) e nos documentos do PNLD de Língua Portuguesa (Brasil: MEC/SEF 2007) para montar as seis fichas de avaliação do LD de LE. Primeiro, considero os aspectos gerais da obra e seus princípios norteadores, incluindo as concepções de linguagem e de aprendizagem adotadas, assim como os aspectos relativos à composição gráfico-editorial da obra e alguns tópicos relativos ao desenvolvimento da autonomia dos alunos. Em seguida, teço comentários sobre o conhecimento textual em relação aos quatro conteúdos ou quatro habilidades básicas no ensino de uma LE (ler, escrever, ouvir e falar); focalizo também o desenvolvimento das três capacidades de linguagem (as de ação, as discursivas e as linguístico-discursivas) e ainda considero aspectos mais gerais sobre as atividades de aprendizagem do LD de LE. Por fim, discuto as características básicas do Manual do Professor que devem ser levadas em consideração em uma avaliação criteriosa.

Visão de linguagem

Tomo a concepção de linguagem como de natureza sociointeracional, visão também adotada nos documentos oficiais para LE e língua materna. Em outras palavras, é uma visão de linguagem como prática social que envolve seu uso em situações reais de interlocução, indicando que

> ... ao se engajarem no discurso, as pessoas consideram aqueles a quem se dirigem ou quem se dirigiu a elas na construção social do significado. É determinante nesse processo o posicionamento das pessoas na instituição, na cultura e na história. Para que essa natureza sociointeracional seja possível, o aprendiz utiliza conhecimentos sistêmicos, de mundo e sobre a organização textual, além de ter de aprender como usá-los na construção social do significado via Língua Estrangeira. A consciência desses conhecimentos e a de seus usos são essenciais na aprendizagem, posto que focaliza aspectos metacognitivos e desenvolve a consciência crítica do aprendiz no que se refere a como a linguagem é usada no mundo social, como reflexo de crenças, valores e projetos políticos. (Brasil 1998, p. 15)

O professor de LE deve, então, estar atento para avaliar se os princípios subjacentes à leitura, escrita, escuta e produção oral levam em conta essa visão de linguagem, enfatizando o papel ativo do aprendiz nas interlocuções do dia-a-dia, aprendendo a utilizá-la na construção social do significado. Deve também estar atento para o aspecto de autenticidade em toda a obra.

Visão de aprendizagem

Ainda tendo por base os PCN-LE (Brasil 1998), o processo de aprendizagem é visto como sociointeracional significando que "aprender é uma forma de estar no mundo social com alguém, em um contexto histórico, cultural e institucional". É, pois, "uma forma de co-participação social que é mediada pela linguagem por meio da interação ou por outros meios simbólicos" como os recursos tecnológicos, por exemplo (Brasil 1998, pp. 57-59). A aprendizagem não ocorre num vácuo social e pode ser percebida como ocorrendo na Zona de Desenvolvimento Proximal (ZDP) (Vygotsky 1996) (Fig. 1). Vale ressaltar que a ZDP é a distância entre o nível de desenvolvimento real, que se costuma determinar por meio da solução independente de problemas, e o nível de desenvolvimento potencial, determinado por meio da solução de problemas sob a orientação de um adulto [professor] ou em colaboração com colegas mais capazes. Por isso, o trabalho de mediação em pares e em grupos, ou seja, a interação com colegas feita de maneira colaborativa, é muito importante no processo de ensino/aprendizagem – os "andaimes" ou suporte (*scaffolding*), tanto do professor quanto do colega, são elementos essenciais para agir e construir conhecimento na ZDP. A colaboração *on-line* e a participação em projetos educacionais no espaço virtual podem também ser recursos essenciais para atuar nesse espaço com fins a uma aprendizagem mais significativa.

Nas palavras de Hyland (2004, p. 122), duas são as noções básicas para uma aprendizagem colaborativa em pares: a *"shared consciousness"* (conhecimento compartilhado) e *"borrowed consciousness"* (conhecimento emprestado). O primeiro refere-se à ideia de que alunos aprendendo juntos aprendem mais do que indivíduos trabalhando separadamente. O outro está associado à ideia de que alunos aprendendo com um par mais competente entendem melhor as tarefas de aprendizagem e, em consequência, aprendem de uma maneira mais eficiente (tradução minha).

FIGURA 1: A ZONA DE DESENVOLVIMENTO PROXIMAL (ZDP)

O professor de LE deve, pois, estar atento para avaliar se os princípios subjacentes à aprendizagem de LE, como preconizado pelos PCN (Brasil: MEC/SEF 1998), encontram-se contemplados no LD que está sendo avaliado, ou seja, se há incentivo a trabalhos em pares ou grupos, uso complementar de atividades além do LD, interações pela *Internet*, vivências por projetos via gêneros textuais, projetos interdisciplinares etc. Deve verificar também se os temas tratados se articulam com os temas transversais, tendo em vista a possibilidade de "usar a aprendizagem de línguas como espaço para se compreender, na escola, as várias maneiras de se viver a experiência humana" (Brasil 1998, p. 15). Deve ainda observar se as atividades de aprendizagem exploram o conhecimento de mundo, o sistêmico e o de organização textual do aluno (Brasil: MEC/SEF 1998).

Tendo por base a visão sociointeracional de linguagem e de aprendizagem, os quatro conteúdos básicos (ler, escrever, ouvir e falar) devem ser explorados em situações reais de contextualização de modo que o aluno possa construir/produzir sentidos de maneira autêntica. Os textos usados devem ser os que circulam socialmente e não os artificialmente produzidos para fins didáticos. Cada uma das quatro habilidades ou conteúdos básicos deve articular as três capacidades de linguagem (as de ação, as discursivas e as linguístico-discursivas) em atividades significativas para as interlocuções na LE. O professor deve observar ainda se as habilidades receptivas (leitura e compreensão oral) precedem as produtivas (escrita e produção oral).

Em linhas gerais, o livro como um todo deve estar organizado por unidades ou módulos que tenham aspectos em comum, num projeto gráfico adequado, apresentando também uma articulação pedagógica entre os diferentes volumes que integram a coleção. Deve contribuir para a construção de valores éticos e de respeito em relação à cultura do outro, valorizando-a e respeitando-a, assim como a sua própria (Brasil: MEC/SEF 1998).

Não há como negar a influência dos recursos tecnológicos no processo de ensino/aprendizagem de LE. Embora muitas de nossas escolas do ensino fundamental não possuam equipamento adequado, o LD deve manter uma página na *Internet* para as interlocuções entre autores(as) e professores(as) que fazem uso do livro. Atividades extra podem ser sugeridas e dúvidas solucionadas. Interações podem ainda ser estabelecidas entre os professores que fazem uso do livro. O fornecimento do material em recursos midiáticos também é importante (CD-ROMs, DVDs etc.).

Aspectos gráfico-editoriais

Em relação aos aspectos gráfico-editoriais, o LD de LE deve apresentar um projeto gráfico adequado à faixa etária à qual se dirige. O sumário deve ser funcional e facilitar a localização de informações no corpo do livro. Os personagens utilizados devem ter características com as quais o aluno se identifica: maneiras de falar, de vestir, as coisas de que gosta (esportes, filmes, *Internet* etc.), os aspectos físicos (altura, diferentes etnias) e os aspectos sociais que podem incluir diferentes profissões para os pais dos personagens, não se restringindo àquelas mais socialmente prestigiadas ou às tradicionalmente utilizadas (cozinheiro, jardineiro, policial), por exemplo. Muitos dos pais dos alunos da atual geração exercem profissões que só surgiram com o advento e desenvolvimento do meio virtual (designer, *webdesigner* etc.).

Os organizadores de texto (títulos, subtítulos, legendas, cores) devem ser utilizados adequadamente para mostrar a hierarquização utilizada nos módulos e/ou unidades e devem ser coerentes ao longo de todo o livro. Devem ser acrescidos de realces diferenciados (negrito, caixa alta etc.). Os elementos visuais devem ser de boa qualidade e corresponder aos textos escritos ou orais a que estão se referindo. Não devem evidenciar qualquer tipo de estereótipo ou preconceito.

A questão da legibilidade é essencial (tamanho de fontes adequado à faixa etária, comprimento da linha impressa – uma linha longa dificulta a leitura, sendo preferível o uso de duas colunas; a escolha da tipologia (família de fontes diferentes) concorre também para a legibilidade do documento. Há fontes mais adequadas para o texto corrido e outras para os destaques dos organizadores de textos e é indicado que elas sejam de tipos diferentes ou que os títulos e subtítulos recebam um realce diferenciado.

Os elementos gráficos (tabelas, gráficos, linhas, "boxes") devem também ser de boa qualidade e adequados ao público-alvo. Podem conter informação importante e circundar textos ou recursos gráficos. As linhas duplas ou pontilhadas podem ser utilizadas para fazer separações entre uma parte e outra da unidade, dando maior realce aos títulos e subtítulos, por exemplo (Parker 1992; Miles 1987).

Autonomia

Em relação à autonomia fomentada pelo LD de LE, concordo com os aspectos discutidos por Magno e Silva nesta coletânea ao afirmar que, para ser bem sucedido no processo de ensino e aprendizagem, o aprendiz deve ser levado a "prosseguir autonomamente no seu aprendizado, uma vez que ninguém pode perpetuar seu papel como aluno. Daí se depreende que a autonomia na aprendizagem é um objetivo desejável para todos".[2] O professor deve observar, então, se o livro propicia oportunidades para o agir autônomo dos alunos. Em linhas gerais, o termo autonomia se refere ao desenvolvimento da capacidade dos aprendizes de se engajarem no processo de aprendizagem de forma reflexiva e crítica, para monitorar e exercer controle sobre sua própria aprendizagem. Isso envolve conscientização, autoconhecimento, gerenciamento e monitoramento da aprendizagem, tomada de decisões e disposição para aprender na e pela interação com o outro. Sendo assim, o aprendiz assume um papel ativo nesse processo (Dias *et.al.* 2006c; Paiva 2005).

A utilização de textos autênticos (textos que circulam socialmente) propicia também o desenvolvimento da autonomia,

---

2. Recomendo a leitura do seu artigo nesta coletânea antes da avaliação dos tópicos relativos à autonomia.

uma vez que eles garantem o uso da LE em sala de aula como ela se realiza nos contextos reais de interações. Tal procedimento evita os textos construídos artificialmente pelos autores(as) do LD, seguindo uma progressão linear com base em aspectos linguísticos e de vocabulário. Little (1997, p. 228 *apud* Magno e Silva nesta coletânea) argumenta que "se o aprendizado da língua depende do uso que se faz dela, devemos inserir o processo de aprendizagem da língua desde o princípio em um enquadre de uso comunicativo da língua, e uma parte indispensável desse enquadre será um *córpus* de textos autênticos".

O LD de LE deve incentivar professores e alunos a criar e ir além dele, acrescentando materiais de suas próprias escolhas ou seguindo as sugestões do livro sobre *sites* interessantes, filmes apropriados aos assuntos discutidos em sala, *trailers* na *Internet*, projetos educacionais, entre outros.

Outras maneiras de fomentar a autonomia são as autoavaliações; a escrita de diários reflexivos sobre o processo de aprender, o estabelecimento de metas e objetivos de aprendizagem, listas de compromisso com as ações para aprender mais e melhor, escrita de lembretes e troca de *e-mails* com os colegas e o uso consciente e a apropriação de estratégias para uma aprendizagem mais autônoma (Dias *et. al.* 2006c).

Outro ponto importante a destacar é o uso do *scaffolding* e *feedback* nas interações que se estabelecem entre os agentes participantes do processo de aprendizagem para um aprender colaborativo (Hyland 2004; Vygotsky 1996).

O conhecimento sobre textos

Junto com o conhecimento sistêmico e o conhecimento de mundo, o conhecimento sobre a organização textual está entre os que precisam ser desenvolvidos no LD de LE. Esse conhecimento se refere a "rotinas interacionais que as pessoas usam para organizar a informação em textos orais e escritos" (Brasil: MEC/SEF 1998, p. 31). Por exemplo, a leitura de um anúncio publicitário em uma língua estrangeira (espanhol, francês ou inglês) pode ser facilitada se o aluno brasileiro ativar seu conhecimento sobre esse gênero textual (sua organização textual e suas características espaciais na página impressa, incluindo os recursos não-verbais) e estabelecer relações entre o que está lendo e o que já se apropriou sobre este gênero textual em língua materna. É possível que ele seja capaz de (re)construir o sentido do anúncio, pelo menos em um nível mais geral de compreensão, mesmo que o código linguístico ainda não lhe seja totalmente familiar. Muito do que está implícito pode ser recuperado com base nas características verbais e não-verbais que o aluno pode associar ao gênero "anúncio publicitário". Por viver numa sociedade altamente letrada, o aluno já se apropriou de muitas das características dos gêneros textuais que circulam socialmente (contas de luz, *slogans*, placas de aviso ou advertência, conversas informais, convites etc.). Este conhecimento textual já apropriado em língua materna precisa ser explorado nas atividades de aprendizagem da LE.

Cabe salientar que o aluno do ensino fundamental também possui conhecimento genérico sobre as várias interações orais do cotidiano (conversas formais e informais, entrevistas médicas, bate-papos ao telefone etc.) pelo fato de ser um falante fluente de sua própria língua e sabendo distinguir uma palestra de um documentário na TV, uma entrevista médica de uma aula expositiva. Pistas de contextualização são também utilizadas (e recuperadas) por falantes/ouvintes na interação face a face com o objetivo de garantir a compreensão como, por exemplo, os vários aspectos do assunto em foco, as alternâncias de falas (turnos) entre os participantes, os vários sentidos na entonação, nas pausas, nas hesitações, nas expressões faciais e nos gestos.

O texto se torna, então, o elemento-chave em torno do qual as diversas atividades de aprendizagem passam a ser organizadas. Os textos escolhidos, tanto para as práticas escritas quanto para as orais, devem ser de gêneros diferentes, retirados de suportes variados (jornais, revistas, *Internet*, TV, rádio, DVDs) e de diferentes esferas sociais, de modo a possibilitar que o aluno vivencie, no espaço escolar, experiências de interações sociointeracionais reais (tais como elas serão vivenciadas fora dos limites da sala de aula). Prioriza-se, pois, a utilização de textos autênticos ou "textos sociais" tais como eles se apresentam no original, evitando-se os que são artificialmente produzidos para a situação de aprendizagem e visando-se prioritariamente o estudo de aspectos léxico-gramaticais. Os textos de diferentes gêneros devem, pois, ser centrais no processo do desenvolvimento das capacidades para ler, escrever, ouvir e falar a LE.

O professor deve analisar o LD de LE criteriosamente para verificar se ele se compõe de gêneros textuais diversificados que atendam suas funções sociais e estejam dentro da esfera do conhecimento e interesse do aluno, em vista de sua faixa etária. As atividades relativas aos quatro conteúdos básicos devem garantir que o aluno (re)construa e/ou produza o sentido dos textos com base nos três tipos de conhecimento: o de mundo, o sistêmico e o de organização textual (Brasil 1998), além do conhecimento estratégico, sem se restringirem a meras localizações de informação. É preciso observar se os gêneros se constituem em objetos de estudo em sala de aula, mesmo os do cotidiano do aluno como cartões, bilhetes, *e-mails*, conversas informais, rótulos, anúncios publicitários, pois, embora os alunos os reconheçam e provavelmente já se apropriaram de suas características textuais básicas na própria língua materna, isso ainda não ocorreu na LE. O professor deve ainda observar se o livro como um todo apresenta uma amostra representativa dos textos em circulação social, colaborando para o desenvolvimento do letramento do aluno.

Capacidades de linguagem

Para compreender e produzir textos orais e escritos é necessário o desenvolvimento de capacidades de linguagem: as de ação, as discursivas e as léxico-discursivas, descritas a seguir (Cristóvão et. al. 2006, p. 48), com base na proposta de Dolz, Pasquier e Bronckart (1993) e Dolz e Schneuwly (1998).

a) as capacidades de ação, isto é, o reconhecimento do gênero e de sua relação com o contexto de produção e mobilização de conteúdos;

b) as capacidades discursivas, isto é, o reconhecimento do plano textual geral de cada gênero, os tipos de discurso e de sequência mobilizados;

c) as capacidades linguístico-discursivas, isto é, o reconhecimento e a utilização do valor das unidades linguístico-discursivas inerentes a cada gênero para a construção do significado global do texto.

As capacidades de ação possibilitam ao aluno estabelecer as condições de produção do gênero textual ao responder ao conjunto de perguntas: "Quem escreveu/falou? Sobre o quê? Para quem? Para quê? Quando? De que forma? Onde?" (PCN-LE 1998, p. 43). As respostas têm relação direta com a construção/produção do sentido geral dos gêneros orais ou escritos no processo de recepção ou produção utilizados na situação de aprendizagem, preparando os alunos para agir em suas práticas sociais do cotidiano pelo uso da LE.

As capacidades discursivas possibilitam ao aluno caracterizar os gêneros pelo seu formato e plano textual, uso do *layout* da página, pelos tipos de textos e sequências linguísticas utilizadas e pelo estilo e estrutura composicional (organização textual). Por exemplo, o gênero "cartas de pedido de conselho" tem a seguinte organização textual: saudação inicial, exposição do problema, pedido de conselho e pseudônimo (Cristovão et. al. 2006) e o *layout* é semelhante ao de uma carta informal.

As capacidades linguístico-discursivas possibilitam ao aluno fazer uso/reconhecer os mecanismos de textualização: recursos coesivos (pronomes, articuladores de ideias, marcadores do discurso, características do discurso oral), os elos lexicais (hiperônimos, sinônimos/antônimos, palavras relacionadas etc.) e as estruturas gramaticais pertinentes ao gênero. Os conhecimentos léxico-sistêmicos devem ser contextualizados, explicados e sistematizados com base nos gêneros utilizados.[3]

Capacidades de ação. O professor, ao analisar o LD de LE, deve observar se essas capacidades estão sendo devidamente exploradas por meio de atividades pertinentes de modo a preparar o aluno para agir discursivamente no mundo usando a LE. O professor deve observar se as condições de produção sob as quais o texto de leitura foi produzido são exploradas com fins à (re)construção do sentido em seus aspectos bem gerais. Pode analisar se estratégias como, por exemplo, o *skimming,* o *scanning,* o uso do contexto, do *layout* da página e seus elementos não-verbais e a exploração do conhecimento anterior do aluno foram utilizadas para esse fim. Em relação ao processo de compreensão oral, o professor deve também observar se as condições de produção sob as quais o texto oral foi produzido são exploradas com fins à (re)construção do sentido em seus aspectos bem gerais. Deve estar ciente de que compreender envolve a percepção da relação interacional entre quem fala, o quê, para quem, por quem, quando e onde. Nas diversas interações das quais participa ativamente, o

---

3. Recomendo a leitura do texto de Cristovão nesta coletânea para complementação da informações aqui fornecidas. Recomendo também a leitura do seu texto sobre "Cartas de pedido de conselho" mencionado nas referências ao final do meu artigo.

ouvinte também estabelece relações entre o que ouve e os elementos extralinguísticos como os gestos, o olhar, as expressões fisionômicas, além de fazer uso do ritmo, da entonação e das pistas contextuais, de modo a ser capaz de compreender a mensagem ouvida. O professor pode analisar ainda se as características do discurso oral autêntico (hesitações, falsos começos, repetições etc.) foram utilizadas e exploradas por meio de atividades significativas.

Em termos da produção escrita, o professor deve observar se o LD explicita as condições de produção dos vários textos, levando-se em conta o objetivo da tarefa, o gênero a ser produzido, o público-alvo, o suporte de circulação ou "publicação". Também deve observar se há o incentivo ao trabalho em pares e a visão de escrita como processo que envolve revisões e reescritas com base em *feedback* e *scaffolding* por parte do professor e dos colegas de sala (Fig. 2).

FIGURA 2: ESCRITA COMO PROCESSO[4]

---

4. Adaptado de Dias 2004.

É essencial que o aluno seja incentivado a escrever textos que pertençam a esferas sociais variadas e a gêneros diferentes, "de modo a perceber a produção textual como uma prática social de interlocução comum do dia-a-dia, distanciando-se da noção de produzir textos simplesmente para cumprir uma tarefa escolar" (Dias 2006b, p. 213).

Em relação à produção de textos orais (fala ou conversação), o professor deve observar se as atividades do LD de LE propõem as condições de engajamento dos alunos em práticas sociais de uso, sem se figurarem como simples repetições mecânicas a partir do que é ouvido pela voz do professor ou pelo que está gravado num CD. Deve estar ciente de que juntos, falante e ouvinte, participam ativamente do processo de produção do texto falado, colaborando um com o outro, negociando e coargumentando, sinalizando suas intenções comunicativas e fazendo os ajustes necessários no decorrer da interação oral.

Capacidades discursivas. Levando em conta o desenvolvimento da capacidade discursiva, o professor deve também analisar se o LD de LE apresenta atividades para o seu desenvolvimento tanto nas práticas escritas quanto nas orais com fins ao uso social da LE em situações de interlocuções semelhantes às que vivenciam fora do ambiente da sala de aula.

Em termos da leitura e da produção de textos escritos de vários gêneros, o professor deve observar se o LD explora as dimensões discursivas por meio de comparações entre gêneros diferentes em LE ou fazendo uso de estratégias diferentes como o uso de pistas textuais e contextuais, uso do conhecimento textual do aluno, uso das sequências linguísticas, ou seja, os componentes da organização discursiva do gênero sendo lido e/ou escrito. A compreensão do texto pode ser mais aprofundada por meio de atividades de integração de informações a outras atividades de outras disciplinas, por exemplo. Resumos do que foi lido no formato de esquemas ou mapas conceituais podem também ser utilizados. As etapas de escrita devem estar claras e bem definidas. Em suma, o professor deve observar se o formato do texto e seu conteúdo foram devidamente explorados para a apropriação das características dos gêneros sendo lidos e/ou escritos, capacitando o aluno para ler e escrever em LE. O professor deve observar também se práticas de leitura precedem as de produção escrita.

Em relação à parte oral, o professor deve observar se os textos para compreensão oral e fala revelam características discursivas próprias do texto autêntico (hesitações, repetições, expressões coloquiais do dia-a-dia, troca de turnos, utilização de regras de polidez para as tomadas ou alternâncias de turno etc.) ou se são utilizados de forma artificial simplesmente para apresentar um aspecto gramatical, o tema da unidade ou aspectos de vocabulário. O professor deve observar também se práticas de compreensão oral facilitam e/ou dão suporte às de produção oral por meio da LE.

Capacidades linguístico-discursivas. Tendo em vista o desenvolvimento da capacidade linguístico-discursiva, o professor deve observar se a gramática é contextualizada em termos dos gêneros utilizados em cada unidade do LD e em relação a cada uma das habilidades básicas: ler, escrever, falar e ouvir a LE. Os elementos léxico-sistêmicos a serem focalizados vão depender dos gêneros textuais trabalhados. Nas palavras de Cristovão, nesta coletânea, "o trabalho com gramática contextualizada deve explorar a função discursiva dos elementos linguístico-discursivos no gênero tratado". Usualmente, devem estar presentes atividades que trabalham com os mecanismos de textualização (conectores, elos referenciais: nominais, pronominais e verbais, características próprias do discurso oral) e mecanismos enunciativos (modalização, por exemplo) relativos aos gêneros orais ou escritos trabalhados em sala. As atividades devem estimular não só a reflexão sobre os aspectos linguístico-discursivos, mas também sua sistematização. Cabe salientar que, entre as características do discurso oral, está a sua organização em turnos, que consistem em cada uma das intervenções dos interlocutores ao longo da interação. Os interlocutores tomam ou assumem o turno nos espaços de transição, que se caracterizam por marcas como: silêncio prolongado por parte daquele que detém o turno, entonação característica, marcas de entrega de turno etc., cujas regras são culturalmente construídas. Uma outra dimensão importante a ser incorporada aos aspectos linguístico-discursivos do discurso oral é que o seu uso se relaciona à estrutura sonora da língua que está sendo falada. O aluno deve aprender a reconhecer e a utilizar os traços segmentais (diferenças entre fonemas) e os suprasegmentais (entonação, ritmo, variações da tonicidade), de modo a construir sentido com base nessas marcas sonoras.

Atividades de aprendizagem

Junto com uma diversidade de gêneros textuais em consonância com os interesses e a faixa etária dos alunos, as atividades de aprendizagem para ler, escrever, ouvir e falar são de fundamental importância, uma vez que, por meio delas, os alunos vão se apropriar das características dos vários gêneros orais e escritos para o uso socialmente relevante da LE. As atividades de aprendizagem devem ser variadas e envolver diferentes níveis de complexidade.[5] Por exemplo, as atividades de leitura/compreensão oral devem envolver localização de informação, referências nominais, pronominais e verbais, inferências etc. dando oportunidade ao aluno de (re)construir o sentido do texto, mobilizando e desenvolvendo diversas capacidades de linguagem, assim como colabo-

---

5. Recomendo a leitura do artigo de Abuêndia Pinto e Kátia Pessoa nesta coletânea. Recomendo também a leitura da Proposta Curricular de Minas Gerais (Dias 2006a; SEE-MG 2008), citados entre as referências deste artigo.

rando para a formação do leitor/ouvinte crítico. Elas devem ser organizadas, sempre que possível, do mais geral para o mais específico, envolvendo diferentes níveis de compreensão (compreensão geral, de pontos principais e compreensão detalhada). Uma organização em espiral é também desejável para que o aluno tenha oportunidade de retomar as capacidades parcialmente dominadas para, depois, seguir em frente em níveis de maior complexidade em relação à apropriação dos vários gêneros textuais como instrumentos de interlocução em suas práticas sociais pela LE.

Cabe enfatizar que as atividades de produção textual devem levar em conta o uso social da escrita, compreendida como um processo cíclico que envolve colaboração por meio de *feedback* e *scaffolding* (Fig. 2). Devem explorar a adequação entre as condições de produção e o texto que está sendo produzido pelo uso de critérios prédefinidos para facilitar não só a colaboração entre pares ou trios de alunos ou entre professor e seus alunos, mas também para garantir a coerência textual. Devem ainda propiciar experiências de escrita significativas, não se restringindo a temas como "minhas férias", "meu último final de semana", "ecologia, um problema de todos", sem que as condições de produção tenham sido especificadas.

Embora seja difícil o desenvolvimento da produção oral em salas numerosas como acontece no ensino fundamental do sistema brasileiro de educação, as atividades que visam a capacidade de falar a LE em situações sociais de interlocução devem ser também criteriosamente analisadas pelo professor, verificando se o LD as desenvolve de maneira adequada. Textos autênticos e situações reais de interlocução devem estar presentes. Por exemplo, ouvir um diálogo e praticá-lo com um colega, estudar um mapa e descrever o itinerário de um ponto especificado a outro, inventar perguntas sobre uma ilustração e depois respondê-las não preparam o aluno para construir sentido, em colaboração com seu interlocutor, quando visam um determinado propósito comunicativo. As atividades para o desenvolvimento da fala têm de garantir a capacitação do aluno para lidar com as situações que vai enfrentar ao fazer uso da LE em interações de comunicação autêntica. Os aspectos fonético-fonológicos devem ser também explorados.

Vale ressaltar que os aspectos linguístico-discursivos (conhecimentos léxico-sistêmicos) devem ser parte da etapa de pós-leitura e/ou pós-compreensão oral, assim como da etapa de pós-escrita e/ou pós-produção oral. Reflexões e sistematizações de aspectos gramaticais relativos a esses conteúdos em termos dos gêneros lidos, ouvidos, escritos e falados devem estar contemplados. A gramática deve ser contextualizada de modo a desenvolver a capacidade dos alunos para usá-la em situações espontâneas, ou seja, os aspectos linguísticos devem estar relacionados a situações de uso.

Manual do Professor

Em relação a este recurso didático indispensável, o professor de LE deve analisar se ele apresenta de maneira clara a fundamentação teórico-metodológica na qual se apoiam as atividades propostas para o processo de aprendizagem. A visão de linguagem e a de aprendizagem devem estar explicitadas com clareza, assim como os objetivos do LD como um todo e os de suas unidades e/ou módulos. O princípio organizador do LD deve estar claramente explicado, assim como os eixos articuladores das várias unidades e/ou módulos (por temas, gêneros ou projetos educacionais, por exemplo). Deve também verificar se há uma relação de coerência entre a fundamentação apresentada e as atividades de aprendizagem e os projetos educacionais propostos para o ensino.

O Manual do Professor deve também trazer sugestões de como trabalhar as várias atividades, não se limitando a ser um banco de respostas certas. Tem ainda como função sugerir referências bibliográficas, *sites* na *Internet* e outros recursos disponíveis para a formação do professor e complementação da proposta pedagógica do LD como, por exemplo, sugestões de projetos interdisciplinares ou de exploração dos temas transversais. Deve ainda fornecer subsídios teóricos e práticos para o processo de avaliação da aprendizagem de LE.

Considerações finais

Minha intenção neste capítulo foi fornecer um instrumento de avaliação do LD de LE fundamentado nos documentos do PNLD de língua portuguesa, em pressupostos teórico-metodológicos sobre o processo de ensino e aprendizagem de LE, nas referências sobre avaliação de materiais didáticos e também com base em minha experiência como formadora de professores de inglês na educação básica do Estado de Minas Gerais.

Embora o processo de avaliar o LD de LE seja uma tarefa árdua e muitas vezes difícil de ser implementado nas escolas ou pelo professor individualmente, nada justifica a ausência de uma avaliação criteriosa deste recurso-chave das interlocuções entre professor, aluno e conteúdo a ser ensinado e aprendido. Tal processo pode ainda revelar as lacunas do LD de LE que podem ser preenchidas com material complementar produzido pelo próprio professor. Este processo avaliativo pode ainda servir de subsídio para as reflexões do professor sobre sua atuação, contribuindo para a sua formação acadêmico-profissional.

Bibliografia

ANSARY, H. e BABAII, S. (2002). "Universal Characteristics of EFL/ESL textbooks: a step towards sytematic textbook evaluation". *The Internet TESL Journal*, vol. 8, n° 2, fev. Disponível em: http://iteslj.org/Articles/Ansary-Textbooks/. Acesso em: 13 de janeiro de 2009.

ARANTES, J. E. (2008). "O livro didático de língua estrangeira: atividades de compreensão e habilidades no processamento de textos na leitura." (Dissertação de Mestrado em Estudos Linguísticos) Belo Horizonte: Faculdade de Letras/UFMG. Disponível em: http://hdl.handle.net/1843/AIRR-7DHHTA Acesso em 27 de janeiro de 2009.

ARAÚJO, M. (2006). "Leitura e gêneros textuais em livros didáticos de língua inglesa do ensino médio." (Dissertação de Mestrado em Letras) Belém: Centro de Letras e Artes/UFPA.

BENSON, P. (2001). *Teaching and researching autonomy in language learning*. Harlow: Pearson.

BRASIL. (2007). Fundo Nacional de Desenvolvimento da Educação: Guias de Livros Didáticos/PNLD (Programa Nacional do Livro Didático). Disponível em: http://portal.mec.gov.br/seb/arquivos/pdf/Avalmat/pnldport07.pdf. Acesso em 1° de dezembro de 2008.

_____. (2009). BRASIL. Fundo Nacional de Desenvolvimento da Educação: Guias de Livros Didáticos/PNLD (Programa Nacional do Livro Didático). Disponível em: ftp://ftp.fnde.gov.br/web/livro_didatico/edital_pnld_20 11_consolidado.pdf. Acesso em 1° de fevereiro de 2009.

BRASIL. (1998). Ministério da Educação e do Desporto. Parâmetros Curriculares Nacionais –Língua Estrangeira. Brasília, MEC/SEF.

BROWN, J. D.; RODGERS, T. S. (2002). "Course evaluation: combining research types", *in*: BROWN, J. D. e RODGERS,

T. S. *Doing second language research.* Oxford: Oxford, pp. 227-256.

BUSTAMANTE, I. G. (2007). "O ensino da produção escrita em inglês como língua estrangeira pela abordagem dos gêneros discursivos - O estudo de um caso". (Dissertação de Mestrado em Letras) Rio de Janeiro: Pontifícia Universidade Católica do Rio de Janeiro.

BYRD, P. (2001). "Textbooks: evaluation for selection and analysis for implementation", *in*: CELCE-MURCIA, M. *Teaching English as a second or foreign language.* Boston: Heinle & Heinle, 3ª ed., pp. 415-427.

CELCE-MURCIA, M. e OLSHTAIN, E. (2000). *Discourse and context in language teaching.* Cambridge: Cambridge.

CORACINI, M. J. R. F. (Org.). (1995). *O jogo discursivo na sala de leitura.* Campinas: Pontes Editores.

_____. (Org.). (1999). *Interpretação, autoria e legitimação do livro didático.* Campinas: Pontes Editores.

COSTA VAL, M. G. e MARCUSCHI, B. (Orgs.) (2005). *Livros didáticos de língua portuguesa:* letramento e cidadania. Belo Horizonte: Ceale-Autêntica.

CRISTOVÃO, V. L. L. (2002). "O gênero quarta capa no ensino de inglês", *in*: DIONÍSIO, A. P.; MACHADO, A. R. e BEZERRA, M. A. (Orgs.). *Gêneros textuais e ensino.* Rio de Janeiro: Lucerna, 2ª ed., pp. 95-106.

CRISTOVÃO, V. L. L.; DURÃO, A. B. A. B.; NASCIMENTO, E. L. e SANTOS, S. A. M. (2006). "Cartas de pedido de conselho: da descrição de uma prática de linguagem a um objeto de ensino". *Revista Linguagem e Ensino.* Pelotas: UCPel, vol. 9, nº 1, pp. 41-76.

CUNNINGSWORTH, A. (1984). *Evaluating and selecting EFL teaching materials.* Londres: Heineman.

DIAS, R. (2004). "A produção textual como processo interativo no contexto do ensino e aprendizagem de línguas estrangeiras". *Matraga 16*. Rio de Janeiro: Caetés, pp. 201-218.

_____. (2008). "Proposta Curricular de Língua Estrangeira de Minas Gerais e a formação do professor: princípios e diretrizes." *In*: Anais do SILEL.

_____. (2006b). "Um instrumento de avaliação para as atividades de leitura no livro didático (LD) de língua estrangeira (LE) no contexto da educação básica". *Moara*. Belém: UFPA, pp. 237-251.

DIAS, R.; BAMBIRRA, M. R. A.; ARRUDA, C. F. B. (2006c). *Aprender a aprender: metodologia para estudos autônomos*. Belo Horizonte: Editora UFMG.

DIONÍSIO, A. P. e BEZERRA, M. A. (Orgs.). (2001). *O livro didático de português: múltiplos olhares*. Rio de Janeiro: Lucerna.

EDMUNDSON, M. V. S. (2004). *Leitura e compreensão de textos no livro didático de língua inglesa*. João Pessoa: Editora da UFPB.

GRABE, W. e STOLLER, F. L. (2002). *Teaching and researching reading*. Harlow: Pearson Education.

HEMAIS, B. J. W. (s.d.). Projeto de pesquisa "Aplicações de uma abordagem baseada em gêneros discursivos no contexto de ensino de inglês como língua estrangeira: Uma análise do livro didático". Programa de Pós-Graduação em Letras. Pontifícia Universidade Católica do Rio de Janeiro. Disponível em: http://lattes.cnpq.br/9295156318526035 Acesso em 30 de janeiro de 2009.

HYLAND, K. (2004). *Genre and second language writing*. Ann Arbor: The University of Michigan Press.

MILES, J. (1987). *Design for desktop publishing: a guide to layout and typography on the personal computer*. Vancouver: Raincoast Books.

NOGUEIRA, M. C. B. (2007). "O livro didático de inglês desenvolvido no Brasil para o (pré)adolescente brasileiro: roubando a sua voz ou falando a sua língua?" (Dissertação de Mestrado em Letras) Rio de Janeiro: Pontifícia Universidade Católica do Rio de Janeiro.

NUNAN, David. (1999). *Second language teaching and learning.* Boston: Heinle & Heinle.

PAIVA, V. L. M. O. (Org.). (2005). *Práticas de ensino e aprendizagem de inglês com foco na autonomia.* Belo Horizonte: Faculdade de Letras da UFMG.

PARKER, R. C. (1992). *Diagramando com qualidade no computador: um guia básico de desenho para desktop publishing.* Rio de Janeiro: Campus.

SCHNEUWLY, B. e DOLZ, J. (2004). *Gêneros orais e escritos na escola.* Campinas: Mercado de Letras.

SEE-MG. (2008). "Proposta Curricular de Língua Estrangeira para a Rede Pública de Ensino do Estado de Minas Gerais". Belo Horizonte: Secretaria de Estado da Educação. Disponível em http://www.educacao.mg.gov.br/ (Centro de Referência Virtual do Professor). Acesso em 20 de janeiro de 2009.

SEE-PR. (2006). *Diretrizes curriculares de língua estrangeira moderna para a Educação Básica.* Disponível em http://www.diaadiaeducacao.pr.gov.br. Acesso em 26 de janeiro de 2009.

SME-SP. (2006). *Referencial de expectativas para o desenvolvimento da competência leitora e escritora no Ciclo II do Ensino Fundamental.*

VYGOTSKY, L. S. (1996). *A formação social da mente: o desenvolvimento dos processos psicológicos superiores.* São Paulo: Martins Fontes, (5ª ed.).

ANEXO
INSTRUMENTO DE AVALIAÇÃO – LIVRO DIDÁTICO (LD) DE LÍNGUA ESTRANGEIRA (LE)*

FICHA 1: ASPECTOS GERAIS

Marque SIM, PARCIALMENTE ou NÃO

1.1 Princípios norteadores	SIM	Parc	NÃO
A visão de linguagem adotada leva em conta as práticas sociais de uso por meio da LE.			
A visão de aprendizagem considera a importância do trabalho colaborativo entre os alunos e alunos e professor.			
A visão de aprendizagem adotada leva o aluno a apropriar-se da importância do *scaffolding* e do *feedback*.			
Os quatro conteúdos básicos são explorados em situações contextualizadas de uso da LE tanto nas práticas orais quanto nas escritas.			
Os quatro conteúdos básicos fazem uso de textos autênticos tanto nas práticas orais quanto nas escritas por meio da LE.			
As capacidades de linguagem (as de ação, as discursivas e as linguístico-discursivas) são devidamente exploradas no livro como um todo.			
Há preocupação em fazer uso de uma gramática contextualizada em relação aos vários gêneros textuais, ou seja, a gramática é relacionada a situações de uso.			
O desenvolvimento dos processos receptivos (leitura e compreensão oral) articula-se adequadamente ao desenvolvimento dos processos produtivos (escrita e produção oral), ao longo de todo livro.			
Os assuntos explorados são adequados ao público-alvo.			
As várias unidades articulam-se entre si, levando em conta um eixo articulador adotado pela obra como um todo.			
Há articulação pedagógica entre os diferentes volumes que integram a coleção.			
Há preocupação em desenvolver e/ou expandir o conhecimento de aspectos socioculturais dos países da língua-alvo, assim como valorizar os do nosso país.			
O assunto de cada uma das unidades permite o trabalho interdisciplinar, com fins ao desenvolvimento de valores éticos e de cidadania.			
A coleção disponibiliza um *site* na *Internet* para as interlocuções entre autores(as) e professores(as) ou entre os(as) próprias(os) professores(as), usuários(as) do livro.			

1.2 Aspectos gráfico-editoriais			
A obra como um todo apresenta um projeto gráfico-editorial adequado aos seus fins didáticos.			
Cada unidade apresenta uma diagramação adequada aos seus propósitos didáticos.			
Os personagens utilizados têm características físicas com as quais os alunos se identificam, levando em conta a faixa etária de cada volume do livro.			
Os personagens utilizados têm aspectos físicos diferentes (altos, magros, gordinhos, negros claros, mulatos etc.)			
Os lugares onde as ações acontecem (sala de aula, lanchonete da escola etc.) apresentam ilustrações adequadas que ajudam os alunos a reconhecê-los.			
A hierarquia entre títulos e subtítulos é claramente realçada e foram utilizados elementos tipológicos ou gráficos para indicá-la.			
A numeração das páginas está em posição de destaque e de fácil visualização.			
Há coerência de normas gráficas (tipos e tamanhos de fontes, elementos de destaque etc.) ao longo de todo o livro.			
O tamanho das letras/fontes é adequado ao público-alvo (entre 10pt e 12pt para jovens e adultos, entre 14pt e 16pt para alunos mais novos).			
Os elementos visuais são de boa qualidade estética e servem para motivar ou aumentar o interesse do aluno.			
Os elementos visuais utilizados são adequados à faixa etária de cada volume do livro.			
Os elementos visuais estão relacionadas aos propósitos dos textos orais e/ou escritos a que se referem.			
Os elementos visuais não revelam preconceitos ou estereótipos.			
Os elementos gráficos (tabelas, gráficos, linhas, *boxes*) contribuem para uma maior clareza e precisão da informação veiculada.			
Os elementos gráficos utilizados contribuem para uma organização clara das informações nas unidades ao longo de todo o livro.			

1.3 Autonomia dos alunos			
O livro didático faz uso de texto autênticos tanto nas práticas sociais por meio da LE (tanto na modalidade oral quanto na escrita).			
O aluno é incentivado a assumir responsabilidade sobre o seu aprender por meio do estabelecimento de objetivos e/ou propósitos para a aprendizagem e a tomada de decisões.			
O aluno tem a oportunidade de refletir sobre o seu progresso em relação ao processo de compreender textos orais e escritos (autoavaliações).			
O aluno é incentivado a produzir diários reflexivos sobre sua própria aprendizagem.			
O aluno é incentivado a desenvolver projetos e/ou aprender mais a partir do que foi aprendido em sala de aula.			
O aluno é incentivado a desenvolver sua criatividade e originalidade.			
A realização de atividades em grupos é incentivada, realçando-se a importância do trabalho em grupo e a colaboração entre pares.			
A unidade incentiva o relacionamento com o meio virtual, especialmente a *Internet*, visando a complementação da aprendizagem.			
As várias unidades do livro incentivam a colaboração entre pares por meio de ferramentas do meio virtual como, por exemplo, *e-mails*, fóruns, listas de discussão, *homepages* etc.			
O aluno é incentivado a apropriar-se de diversas estratégias para aprender mais e melhor.			
O aluno é incentivado a ler / ouvir mais fora dos limites da sala de aula. Sugestões de revistas, jornais, livros, filmes ou partes de filmes, programas de TV, DVDs e *sites* são fornecidas para esse fim.			

FICHA 2: COMPREENSÃO ESCRITA

2.1 Princípios subjacentes ao processo de leitura			
Ler é um processo de interlocução entre leitor-(con)texto-autor.			
Papel ativo do leitor no processo de negociação de sentidos.			
2.2 Textos e aspectos textuais			
Textos são autênticos (não foram construídos especificamente para a situação de aprendizagem).			

Diversidade de contextos de circulação ou de diferentes suportes (*Internet*, livros, revistas, jornais etc.			
Diversidade de gêneros textuais com funções sociais variadas (pôsteres, convites, biografias, perfis, anúncios, artigos, reportagens, folhetos, receitas, contos etc.).			
O *layout* original do texto é mantido.			
Exploração dos tipos de sequências linguísticas utilizadas (narração, descrição, injunção, argumentação etc.)			
Créditos referentes à autoria dos textos, suporte, data e números de páginas são fornecidos.			
2.3 As atividades de compreensão escrita			
O processo de compreensão envolve atividades de compreensão geral, de pontos principais e de atividades de pós-leitura, seguindo uma progressão do mais geral para o mais específico.			
As atividades de leitura garantem uma progressão em espiral ao longo de todo o livro.			
Atividades de compreensão incentivam o uso do conhecimento anterior dos leitores (o de mundo, o textual e o léxico-sistêmico).			
Diversidade de atividades de compreensão (ex.: questões globais, subjetivas, inferenciais, preenchimento de tabelas, soluções de problema etc.), de modo a colaborar para a (re)construção do sentido do texto pelo leitor.			
Exploração dos aspectos das condições sob as quais o texto de leitura foi produzido (capacidades de ação) (quem escreveu, para quem, com qual propósito, como, de que ponto de vista, de que lugar social, quando, onde).			
Exploração de aspectos relacionados à organização ou plano textual (capacidade discursiva).			
Incentivo a resumos da informação lida em tabelas, esboços, mapas conceituais etc.			
Reflexão e sistematização de aspectos gramaticais (capacidade linguístico-discursiva) com base nos gêneros lidos, tendo em vista uma gramática contextualizada			
Relacionamento das atividades de compreensão escrita com outros aspectos da aprendizagem, principalmente com o processo de produção textual.			

FICHA 3: PRODUÇÃO ESCRITA

3.1 Princípios subjacentes ao processo de escrita			
Escrever é um processo interativo (relações autor-texto-contexto).			
O destinatário ou público-alvo é um elemento-chave no processo de escrita.			
Escrever é um processo colaborativo.			
Papel ativo do aluno no processo de produção textual.			
A produção textual envolve estágios de revisões para aperfeiçoamento do texto			
3.2 Textos e aspectos textuais			
Diversidade de gêneros textuais com funções sociais variadas (pôsteres, biografias, perfis, anúncios, reportagens, folhetos, receitas, contos etc.).			
Diversidade de público-alvo (as produções escritas são dirigidas a diversos públicos: professor, colegas da sala de aula e de outras salas, pais e parentes, vizinhos, comunidade escolar etc.).			
3.3 Atividades de produção textual			
As atividades propostas envolvem contextos reais e refletem situações de interlocução pela escrita para as quais os alunos escrevem no dia-a-dia.			
As atividades propostas para a produção escrita fundamentam-se em leituras prévias e/ou leituras feitas durante a produção textual.			
As atividades propostas para a produção escrita especificam as condições para a produção textual (quem está escrevendo para quem, de que forma, para qual propósito, onde o texto será circulado) (capacidades de ação).			
As atividades propostas para a produção escrita envolvem os seguintes estágios: pré-escrita, planejamento, rascunhos e versões diferentes, revisões dos colegas, reescritas, apoio do professor, versão final, "publicações" (Figura 2).			
As atividades propostas para a produção escrita especificam as condições para a produção textual (quem está escrevendo para quem, de que forma, para qual propósito, onde o texto será circulado) (capacidades de ação.			
Durante o processo de escrita, as características textuais do gênero que está sendo produzido são discutidas (capacidade discursiva). As leituras feitas na etapa de "pré-escrita" servem de apoio a essa discussão.			

As atividades propostas para a produção escrita incentivam os alunos a consider o *feedback* e o *scaffolding* como aspectos importantes no processo de aperfeiçoamento do texto			
Os textos produzidos são circulados socialmente por meio de publicações no jornalzinho da escola, em murais das salas, em portifólios, nos corretores da escola, nas *homepages* da turma etc., tendo em vista o público-alvo a que são destinados.			
As atividades propostas para a produção escrita incentivam os alunos a usarem a *Internet*, dicionários, gramáticas, notas de aula etc. como fontes de suporte, antes e durante o processo de produção textual.			
Atividades de pós-escrita incluem reflexões e sistematizações sobre os textos que acabaram de ser produzidos (capacidades linguístico-discursivas).			

FICHA 4: COMPREENSÃO ORAL

4.1 Princípios subjacentes ao processo de compreensão oral			
Ouvir é um processo de interlocução (relações ouvinte-(con)texto e autor).			
Papel ativo do ouvinte no processo de negociação de sentidos.			
4.2 Textos e aspectos textuais do texto oral			
Textos são autênticos (não foram construídos especificamente para a situação de aprendizagem).			
Diversidade de gêneros textuais com funções sociais variadas (conversas informais para propósitos diferentes, documentários curtos, desenhos animados etc.)			
Diversidade de conversas informais com objetivos diferenciados: cumprimentar, despedir-se, elogiar, reclamar, convidar, pedir esclarecimentos etc.			
Diversidade de contextos de circulação (textos de diferentes suportes: DVDs, Rádios, TV, secretárias eletrônicas, desenhos animados, partes de filmes etc.).			
Créditos referentes à autoria dos textos e às fontes de onde foram retirados são fornecidos.			
Os textos apresentam-se com boa qualidade de produção sonora, com vozes diferenciadas de acordo com a faixa etária de quem está falando (adultos, crianças, adolescentes etc.).			
4.3 Atividades de compreensão oral			
O processo de compreensão envolve atividades de pré-escuta, de compreensão geral, de pontos principais e de atividades de pós-escuta, seguindo uma progressão do mais geral para o mais específico.			

As atividades de compreensão oral garantem uma progressão em espiral ao longo de todo o livro.			
Atividades de compreensão incentivam o uso do conhecimento anterior dos ouvintes.			
Diversidade de atividades de compreensão (ex.: questões globais, objetivas, subjetivas, inferenciais, preenchimento de lacunas, solução de problemas etc.)			
Exploração dos aspectos das condições de produção sob as quais o texto oral foi produzido (capacidades de ação) (quem falou, para quem, com qual propósito, como, de que ponto de vista, de que lugar social, quando, onde).			
Exploração de aspectos relacionados à organização textual (ex.: troca de turnos, repetições, hesitações, contrações, marcadores do discurso para articular ideias etc.) (capacidade discursiva)			
Reflexão e sistematização de aspectos gramaticais (capacidade linguístico-discursiva) com base nos gêneros ouvidos, tendo em vista uma gramática contextualizada.			
Relacionamento das atividades de compreensão escrita com outros aspectos da aprendizagem, principalmente com o processo de produção oral.			

FICHA 5: PRODUÇÃO ORAL

5.1 Princípios subjacentes ao processo de produção oral			
Falar é um processo de interlocução (relações ouvinte-falante-texto-contexto).			
Papéis ativos do falante/ouvinte no processo de construção de sentidos.			
5.2 Textos e aspectos textuais			
Diversidade de gêneros textuais (conversas informais com objetivos diferentes: cumprimentar, despedir-se, elogiar, reclamar, convidar, pedir esclarecimentos etc.).			
O processo de produção textual envolve atividades de pré-produção, produção oral e pós-produção, seguindo uma progressão do mais geral para o mais específico.			
As atividades de compreensão oral garantem uma progressão em espiral ao longo de todo o livro			
5.3 Atividades de produção oral			
O processo de produção textual envolve atividades de pré-produção, produção oral e pós-produção.			

Atividades de produção incentivam o uso do conhecimento anterior dos falantes.			
As atividades de produção oral garantem uma progressão em espiral ao longo de todo o livro			
As atividades de produção oral exploram o conhecimento anterior do alunos			
Diversidade de atividades de produção para fins comunicativos diversos (conversas informais, entrevistas, relatórios orais com base em pesquisa feita, debates etc.).			
Habilidades diferentes são desenvolvidas no processo de produção oral (atender ao telefone, expressar condolências, pedir permissão para falar, expressar afeição, agradecer alguém, oferecer ajuda, aceitar / recusar um convite etc.)			
Produção das marcas do discurso oral (hesitações, repetições, sinais de interrupção, paráfrases, marcas de colaboração do falante etc.)			
Incentivo ao aluno para fazer uso das regras de polidez nas interrupções e nas trocas de turno.			
Desenvolvimento da pronúncia na língua-alvo.			
Desenvolvimento de conhecimento sobre entonação e ritmo na língua-alvo			
Reflexão e sistematização de aspectos gramaticais (capacidade linguístico-discursiva) com base nos gêneros ouvidos, tendo em vista uma gramática contextualizada.			

FICHA 6: MANUAL DO PROFESSOR

Características no manual do professor			
Especifica com clareza os princípios teórico-metodológicos da obra.			
Apresenta coerência entre os princípios norteadores e as atividades de aprendizagem e os projetos educacionais ao longo do livro do aluno.			
Explicita com clareza o princípio organizador do livro.			
Explicita com clareza como as unidades ou módulos são subdivididos de modo a formar um todo coerente e articulado.			
Apresenta-se em linguagem acessível ao professor.			
Explicita os objetivos da aprendizagem de LE e os objetivos de cada unidade ou módulo.			
Traz sugestões de como trabalhar as várias atividades e projetos educacionais propostos no livro do aluno.			

Não se limita a apenas fornecer as respostas corretas para as atividades.			
Incentiva o trabalho autônomo do professor.			
Traz sugestões de projetos para o desenvolvimento da ética, cidadania e respeito às várias culturas no processo de ensino e aprendizagem de LE.			
Traz sugestões de projetos interdisciplinares ou de exploração dos temas transversais.			
Explicita com clareza os princípios norteadores do processo de avaliação.			
Traz sugestões para o processo de avaliação.			

* Ficha produzida pela Professora Reinildes Dias como parte de seu projeto de pesquisa "Avaliando o livro didatico (LD) de lingua estrangeira (LE) no contexto do Ensino Fundamental" no Programa de Pós-Graduação em Estudos Linguísticos da Faculdade de Letras.

BUSCANDO CRITÉRIOS PARA AVALIAÇÃO DE LIVROS DIDÁTICOS: UMA EXPERIÊNCIA NO CONTEXTO DE FORMAÇÃO DE PROFESSORES DE PORTUGUÊS PARA FALANTES DE OUTRAS LÍNGUAS

Eliane Vitorino de Moura Oliveira
Viviane Bagio Furtoso

Introdução

Para iniciar nossa conversa, propomos uma reflexão sobre as inúmeras atribuições do professor que, apesar de serem muitas, não podem ser observadas separadamente na prática pedagógica, ou seja, essas atribuições se sobrepõem de tal modo que não há como delimitar as fronteiras entre uma e outra. No decorrer de nossa trajetória, temos levantado muitos questionamentos a respeito de nossa profissão, mas poucas respostas a eles. Acreditamos que isso é o que nos impulsiona a buscar, cada vez mais, pensar no processo do desenvolvimento profissional em detrimento do professor como produto acabado.

Neste sentido é que vai seguir este breve capítulo, que tem como objetivo descrever e discutir uma atividade realizada no programa "Ensinando português para falantes de outras línguas: experiência complementar na graduação" (ENPFOL), desenvolvido na Universidade Estadual de Londrina, cujo foco foi a explicitação de critérios para a seleção do livro didático a ser adotado no curso de português para estrangeiros ofertado no laboratório de línguas da instituição. O recorte para a avaliação de livros didáticos, um entre os vários recursos que constituem a materialização do objeto de conhecimento (Schneuwly 1994), justifica-se por salientarmos que ele tem uma função de extrema importância, visto que, muitas vezes, é ele o único referencial do professor em sua ação pedagógica (Cristovão 2006).

Com o intuito de cumprir nosso propósito, dividimos este texto em quatro seções, além da introdução e considerações finais, nas quais nos dedicaremos a apresentar: 1) uma compilação de discussões disponíveis na literatura sobre avaliação de material didático com vistas à formação do professor; 2) uma breve caracterização do programa ENPFOL e a abordagem adotada para a formação dos professores; 3) a fundamentação teórico-metodológica dos critérios adotados para análise dos livros didáticos; e 4) algumas considerações sobre a avaliação dos livros analisados. Nas considerações finais procuraremos fechar o texto apontando as implicações desta atividade para a formação do professor.

O professor e a seleção do material didático

Escolher o material a ser utilizado em sala de aula não é uma tarefa fácil para o professor, pelo menos para aquele que tem consciência de que por trás de todo material encontram-se implícitas as concepções teórico-metodológicas do autor. Afirma Almeida Filho (1997):

[...] As crenças, pressupostos e eventuais princípios mais estáveis de um professor podem ser rastreados por meio de pistas que indicam no seu trabalho as suas concepções (mais implícitas ou mais formais dependendo de cada história de vida) sobre língua/linguagem/língua estrangeira, aprender línguas e ensinar uma nova língua. (pp. 22-23)

Sendo assim, o professor precisa estar preparado para lidar com as divergências entre as suas concepções e a dos autores de livros didáticos e de outros materiais direcionados ou não ao ensino, sem esquecer que é o professor quem está diretamente em contato com os alunos, e, por isso, precisará selecionar o que é mais apropriado para cada contexto de ensino. No processo de formação, é importante que o professor tenha oportunidades de questionar sua própria concepção de materiais didáticos, que é respaldada, consequentemente, pelas concepções de língua/linguagem/língua estrangeira. Caso isso não aconteça, corremos um sério risco de reforçar uma visão de material como produto pronto, conforme aponta Sternfeld (1997):

Há uma visão corrente de materiais como produtos prontos, feitos por especialistas, que determinam o começo, meio e fim de um processo. Ela antevê um professor técnico, aplicador de decisões conteudísticas e metodológicas tomadas previamente sobre um ensino generalizado para todos os contextos. Há, outrossim, a ilusão do material didático ser fonte única de insumo a ser explorado, no sentido de condensar um saber conteudístico e metodológico consagrado. No entanto, essa questão vem sendo repensada, pois colide com as reais necessidades de professores e alunos de gerar língua em uso dentro de contextos específicos. (p. 53)

Morita (1998) assegura que nenhum material didático se adapta 100% aos interesses e necessidades dos alunos e, portanto, não satisfaz totalmente o professor. Por esta razão, considera que "o ideal, na realidade, seria o professor preparar seu próprio material para cada grupo" (p. 60). Entretanto, reconhece que alguns problemas impedem, na maioria das vezes, que o professor realize tal tarefa, tais como: é preciso ter habilidade específica para criação (Gomes de Matos 1997); demanda muito tempo (Prabhu 1988); quase sempre o material elaborado pelo professor não atinge a boa apresentação do livro didático (O'Neill 1990); entre outros.

Por outro lado, O'Neill (1990) defende o uso do livro didático em sala de aula e assegura que nenhum livro é tão hermético que não permita que o professor faça suas adaptações e crie ou acrescente outras atividades que sejam necessárias.

Furtoso (2001a) afirma que o contexto de ensino e o objetivo dos alunos para a aprendizagem da língua são fatores fundamentais que interferem na escolha do material a ser utilizado, seja ele o livro didático, o material elaborado pelo próprio professor e/ou o material autêntico. Essas opções não são excludentes, isto é, num curso de PFOL é possível que o professor adote um livro didático, elabore algumas atividades extras e faça uso de material autêntico complementar. Outras alternativas são possíveis, levando-se em conta a necessidade de acrescentar atividades às do livro didático ou utilizá-lo, como um todo, para complementar um material elaborado pelo próprio professor, etc.

Nesse sentido, Santos (1993) e Consolo (1992) ressaltam que se concentrar no livro didático em demasia limita e empobrece a construção do processo de ensino e aprendizagem de língua estrangeira. "Assim sendo, tem-se incentivado, recentemente, sua complementação com outras fontes de insumo, apontadas como necessárias e desejáveis em sala de [sic.] aula-relatos, artigos, programações visuais e outras provendo uma larga gama de vozes, incluindo-se a dos participantes do contexto" (Sternfeld 1997, p.

50). Alwright (*apud* Barbim; Cristovão 2003) "destaca, ainda, que os materiais não deveriam ser [...] a única fonte de conteúdo e de disponibilidade linguística na sala de aula" (p. 24).

Embora Fontes (2002) ainda afirme que "há no meio acadêmico um certo sentimento de insatisfação com os livros didáticos disponíveis para o ensino de Português para Estrangeiros" (p. 175), acreditamos que as publicações tenham crescido consideravelmente e o mercado já ofereça bons livros didáticos para este contexto de ensino. Além da crescente demanda do ensino de português para estrangeiros no Brasil devido à avizinhação de pessoas em razão da grande abertura cultural e comercial no mundo, o aumento da produção científica por pesquisadores que se têm debruçado sobre a área apresenta-se como justificativa para tal crescimento. Quanto ao conteúdo linguístico dos livros didáticos, por exemplo, Gomes de Matos (1993) já destacava a contribuição dos documentos elaborados por pesquisadores do NURC-Brasil,[1] que vem pondo à disposição dos estudiosos da variabilidade dos usos do português falado no Brasil, a possibilidade de apresentarem-se diálogos mais autênticos, cultura e linguisticamente, bem maiores e mais atraentes. Isso pode refletir em melhor qualidade dos livros didáticos de PFOL, pois até meados dos anos 80, a seleção de amostras conversacionais realistas do português culto informal brasileiro era um desafio aos autores de livros didáticos.

O uso do material autêntico também tem-se constituído uma rica fonte de recursos utilizados para promover a aprendizagem do português por falantes de outras línguas. É importante salientar o uso desse tipo de material no CELPE-Bras, visto que se acredita no seu efeito retroativo. Scaramucci (1999) revela as características do exame entre as quais está a de apresentar conteúdos autênticos e contextualizados, isto é, "nunca se usam

---

1. Projeto de Estudo de Norma Linguística Urbana Culta de cinco capitais brasileiras (São Paulo, Rio de Janeiro, Porto alegre, Salvador e Recife).

orações isoladas, mas sempre textos dentro de um contexto maior de comunicação, para que o candidato possa ajustar o registro de acordo com as necessidades dessa situação" (p. 111).

Acreditamos que este mercado esteja em plena expansão, e, no contexto atual, o mais importante é preparar os professores para a tarefa de avaliar e selecionar o material para o uso em sala de aula, e, por que não, conforme aponta Gottheim (2007), incentivar a tomada de risco para novas produções. Vale ressaltar que novas publicações são sempre desejáveis.

A formação de professores no programa ENPFOL

O programa "Ensinando Português para Falantes de Outras Línguas: experiência complementar na graduação (ENPFOL)", viabilizado por meio de resolução do programa de formação complementar na graduação vinculada à Pró-Reitoria de Graduação da UEL, conta com o apoio do Departamento de Letras Estrangeiras Modernas ao qual pertence a docente coordenadora. Este programa, com início em novembro de 2004, tem como objetivo preparar alunos da graduação para atuar como professores de PFOL, bem como para atender à demanda de estrangeiros da instituição, além de Londrina e região.

Para participação discente no programa é necessário que o aluno-professor esteja matriculado numa das habilitações duplas (língua materna e uma íngua estrangeira) do curso de Letras da UEL. Tal exigência justifica-se pelo reconhecimento de que os conhecimentos que servem como base para a prática pedagógica do professor de PFOL são oriundos tanto da área de língua materna quanto do ensino de língua estrangeira (Furtoso 2001). Além disso, o aluno-professor tem que ter cursado, no mínimo, o 2º ano do curso no qual é ministrada a disciplina de Linguística

Aplicada. Sendo assim, o aluno-professor, ao engajar-se no programa, já traz consigo reflexões de cunho mais generalista sobre o ensino de língua estrangeira/segunda língua que servem como ponto de partida para o aprofundamento nas questões específicas do ensino de PFOL, promovido pelas atividades propostas para intervenção no processo formativo.

As atividades contempladas no programa procuram promover experiências formativas num contexto de prática reflexiva e investigativa que, segundo Fiorentini (2004), permite interligar leituras, ação, reflexão compartilhada, investigação e produção de narrativas escritas. Embora a variedade de usos do termo reflexão tenha sido grande nos estudos da área (Pennington 1992; Calderhead 1989; Beyer 1991), a acepção do termo neste trabalho, corrobora muitos outros estudos que o utilizam a partir da proposta de Schön (1983; 1987), que tem estimulado o interesse da reflexão na ação na formação de professores. Nos programas de formação de professores que se têm concentrado no modelo profissional reflexivo, há uma tendência em aceitar que o centro da base de conhecimento tenha como foco o ensino por si mesmo – quem o faz, onde ele é feito (Richards 1998; Freeman; Johnson 1998). Nesse sentido, a relação teoria/prática precisa ser abordada levando-se em conta que nos períodos iniciais de observação e prática de sala de aula, os alunos-professores têm dificuldade com os processos que envolvem a sala de aula (Copeland 1981; Calderhead 1984; 1988) e consequentemente, de analisar e autoavaliar suas próprias aulas.

> Essas dificuldades reforçam a necessidade de cursos de treinamento de professores proporcionarem tarefas de natureza e nível onde os alunos-professores sejam capazes de realizá-las, bem como de aprender a partir delas. Isto enfatiza a importância de uma organização cuidadosa dos cursos de treinamento de professores, e também indica

a necessidade de pesquisas sobre a influência de práticas alternativas de formação de professores na "aprendizagem profissional" do aluno-professor (Calderhead 1989, p. 49).

Nesse sentido, as atividades desenvolvidas pelos alunos-professores no programa ENPFOL não seguem uma ordem estática. Leitura e discussão de textos teóricos e a prática de sala de aula, com seus desdobramentos – planejamento, execução[2] e escrita de diários após cada aula dada[3] – acontecem simultaneamente, proporcionando que teoria e prática se informem no contexto de formação desses alunos-professores.

A descrição da atividade e dos critérios adotados para análise dos livros didáticos

Nesta seção, vamos abordar os princípios que fundamentaram os critérios adotados para avaliar os 9 (nove) livros didáticos de PFOL disponíveis para uso dos alunos-professores que assumiriam as aulas de português para estrangeiros a serem atendidos pelo programa ENPFOL. Além disso, destacaremos questões de ordem metodológica que facilitarão a compreensão do processo de análise percorrido. Quando utilizamos o termo aluno-professor nos referimos ao aluno de um curso de licenciatura, que, no nosso caso, é o de Letras.

Os alunos-professores do programa se reuniram em duplas e seguiram um roteiro[4] para a realização da tarefa de análise dos

---

2. Adam, Massuci e Furtoso (2006) apresentam uma descrição e como são encaminhadas as regências de classe.
3. Ver Furtoso (2006) para detalhes sobre uso de diários como instrumento para reflexão crítica.
4. Indicamos a leitura de Costa (1987) para discussão sobre roteiros e guias de avaliação.

livros didáticos disponíveis no acervo do programa, critério este que delimitou quais livros seriam analisados. Este roteiro (Anexo 1), adaptado de Ortenzi et. al. (no prelo), inclui os seguintes aspectos: objetivo(s), público-alvo, lista de conteúdos, interação, natureza das atividades, disposição dos diferentes componentes linguísticos, aspectos culturais e contexto. Uma discussão sobre o roteiro foi feita antes da realização da análise para que o grupo tivesse a oportunidade de entender o instrumento e ao mesmo tempo explicitar suas concepções sobre o que é língua, língua estrangeira, ensino/aprendizagem de LE, dentre outros temas. É importante mencionar que o objetivo da atividade era escolher o livro didático que os alunos-professores adotariam no curso de extensão a ser ofertado no laboratório de línguas da instituição. Sendo assim, podemos considerar que este foi um estágio inicial do processo de avaliação do livro-texto, que viria a ser complementado, pelos estágios detalhado e em uso (Neville 1987), posteriormente.

Objetivo(s) e público-alvo

O primeiro critério foi verificar se o livro-texto apresentava objetivo(s) para o ensino de PFOL e quais seriam eles, pois a escolha final do livro deveria contemplar a proximidade entre os objetivos dos alunos para aprender a língua portuguesa, previamente conhecidos pelo grupo, e os do livro-texto a ser adotado. Essa relação é essencial, pois os materiais não deveriam ser os únicos determinantes dos objetivos, conforme aponta Alwright (apud Barbim; Cristovão 2003). Segundo Cunningsworth (1995), o material deve vir ao encontro dos objetivos e finalidades do curso. Segundo Miyamura (2007), o mais importante é que o planejamento de curso e suas partes sejam orientados pelos objetivos da aprendizagem que, consequentemente, devem subsidiar também a escolha do material didático.

Para Barbim e Cristovão (2003), a análise do material deveria ser feita a partir do contexto e dos objetivos. Este contexto pode ser composto por características físicas e sociais; considerando-lo físico, ao falarmos de necessidades, e social, ao falarmos de objetivos (Cristovão 2001).

Se entendemos que as necessidades e os objetivos dos nossos alunos devem ser priorizados no processo de seleção de material didático, é importante considerarmos alguns aspectos que dizem respeito ao público-alvo, entre eles o nível linguístico para o qual o livro didático foi direcionado pelo autor. Dentre os critérios utilizados destacamos a própria classificação dos autores, os projetos gráficos, a linguagem, as atividades e as temáticas.

Lista de conteúdos ("syllabus")

A palavra "syllabus", em inglês, tem sido usada com frequência mesmo em português. Acreditamos que tal uso justifica-se pela dificuldade de encontrar um equivalente na língua portuguesa que contemple as diferentes acepções do termo. Segundo Reilly (1988), o "syllabus" envolve a integração do que ensinar e do como ensinar, contemplando assim partes de um planejamento de curso (Sant'Anna *et. al.* 1995). Já no Glossário de Linguística Aplicada (Almeida Filho e Schmitz 1998), o termo "syllabus" tem como equivalente "plano de curso, planejamento" e aí já vemos não como partes, mas como o todo. No entanto, entendemos que "syllabus" é apenas uma parte do plano de curso e por isso é usado neste trabalho conforme definido por Ur (1996), um documento que consiste essencialmente de uma lista que especifica tudo que é ensinado em um curso. Sendo assim, este trabalho adota, para traduzir "syllabus", o termo lista de conteúdos.

Para que os alunos analisassem os livros didáticos, o repertório oferecido foi baseado nas classificações de Richards (1995) e Reilly (1988), dentre os quais se destacam os seguintes tipos de lista de conteúdos: estrutural (gramatical), nocional/funcional, situacional, baseado em habilidades, temático, baseado em tarefas e baseado em conteúdos (Anexo 2).

Além das listas mais comuns apresentadas anteriormente, vale a pena ressaltar os estudos que se têm dedicado a descrever e analisar os mais variados gêneros com o objetivo de subsidiar propostas de ensino organizadas em torno de gêneros textuais (Meurer 2000; Motta-Roth 2000; Cristóvão, no prelo).

Ur (1996) ainda destaca a lista de conteúdos mista, ou seja, que combina aspectos diferentes conforme a necessidade. Há especificações de temas, tarefas, funções, gramática e vocabulário.

Dessa forma, os alunos-professores utilizaram estas lentes para analisar os livros didáticos a eles apresentados.

Interação

Para abordarmos a interação, consideramos que a prática de sala de aula é constituída pelo sistema didático,[5] que, consequentemente, é formado pelo professor, alunos e objeto do conhecimento (Schneuwly *apud* Barbim; Cristóvão 2003). O objeto do conhecimento, conforme já mencionado, se materializa por meio de diferentes recursos, sendo um deles o livro didático. Por essa razão, os alunos-professores deveriam analisar que tipo de interação(ões) era(m) promovida(s) no processo de ensino/aprendizagem com base nesta tríade didática (Cristovão 2006): professor/aluno (P → A), aluno/aluno (A → A) e aluno/livro (A → livro).

Natureza das atividades

Neste item os alunos-professores deveriam observar que tipos de atividade, termo considerado mais abrangente e de rápido

---

5. Um dos três níveis nos quais os conhecimentos estão alocados e/ou para os quais os mesmos são deslocados (Cristóvão 2001).

entendimento pelo grupo, o livro priorizava, juntando, assim, com as demais informações que revelavam as concepções subjacentes ao processo de ensino/aprendizagem de línguas estrangeiras. Foi sugerido que os alunos-professores classificassem as atividades como: exercícios, dentro de um paradigma mais estruturalista, de repetição de estruturas, de substituição etc.; jogos (Tardin 1996), numa perspectiva mais cognitivista, e tarefas (Scaramucci 1999), numa perspectiva mais sociointeracionista.

Disposição dos diferentes componentes linguísticos

Ao analisar a disposição dos diferentes componentes linguísticos, os alunos-professores poderiam verificar se o livro didático dava ênfase a alguma(s) habilidade(s) linguística(s) em particular (compreensão oral, produção oral, compreensão escrita e/ou produção escrita), além de observar o papel da gramática e do vocabulário. Esta análise, avaliação, além de contribuir para a escolha do livro didático, levou a uma discussão sobre métodos de ensino de língua estrangeira e toda a problemática que a relação entre método e professor tem provocado nos últimos anos (Furtoso 2001b).

Aspectos culturais

A relação entre língua e cultura tem sido interpretada de diversas maneiras na aula de língua estrangeira. Gimenez (2002) aponta que tais interpretações contrastam com visões alternativas de cultura, as quais, segundo a autora, se enquadrariam em três abordagens sobre ensino de cultura: a tradicional, a cultura como prática social e a intercultural. Dentro da abordagem tradicional, cultura são os produtos culturais, como, por exemplo, literatura, artes e música em que a língua é entendida como algo desvinculado de cultura e o ensino é baseado simplesmente na aprendizagem dos fatos. Cultura como prática social é vista como modo de agir coletivo através da linguagem, sendo a língua estreitamente ligada à cultura e o ensino sobre modos de pensar e agir do Outro. Finalmente, na abordagem intercultural, cultura é entendida como modo de ver o mundo, a língua é necessariamente cultura e o ensino norteia-se pela exploração de um espaço intermediário que nos permite ir além do contraste entre a língua/cultura própria e a língua/cultura-alvo. Nesse sentido, os objetivos do ensino intercultural envolvem a aprendizagem sobre a cultura, a comparação entre culturas e a exploração do significado de cultura, o que representa um acréscimo às abordagens tradicional e de cultura como prática social para além da comparação, fazendo-se necessário, além de constatar diferenças e entendê-las, levar o aluno a pensar em sua própria visão de mundo e a partir daí enxergar nessas diferenças e contrastes a tolerância.

A classificação anteriormente descrita nos permite estabelecer um paralelo com o modelo de Moran adaptado por Fontes (2002) ao ensino de PFOL, que se baseia em quatro categorias de cultura: 1) cultura como saber sobre; 2) cultura como saber como; 3) cultura como saber por quê; e 4) cultura como conhecer a si mesmo, exemplificado no quadro de Zanatta (2004), reproduzido no Anexo 3.

Devido ao escopo deste artigo, não nos aprofundamos nos conceitos de cultura, apenas na relação entre língua e cultura com vistas ao ensino de uma língua estrangeira. Segundo Ferreira (2002), a língua é, primeiramente, um meio de comunicação e dentro do contexto de ensino de LE, "a língua deve permitir e facilitar nossa expressão, assim como possibilitar nossa compreensão da diferença e da diversidade" (p. 163).

Contexto

Neste último item, não menos importante que os demais critérios, os alunos-professores já se posicionavam com um certo parecer avaliativo, pois, ao classificarem os livros como curso geral ou para um fim específico, os mesmos utilizavam todas as informações previamente observadas no decorrer da análise. As opções de curso geral e específico surgiram no momento da análise e foram sugeridas pelo grupo com base em experiências de aprendizagem de línguas estrangeiras. Além desta característica, os alunos-professores acharam relevante destacar o registro da língua portuguesa, coloquial ou formal, priorizado no livro.

A avaliação dos livros didáticos

Como já foi colocado anteriormente, o foco da atividade de análise dos livros didáticos de PFOL não foi na avaliação minuciosa dos mesmos, mas sim na preparação dos professores para mais uma de suas atribuições na prática pedagógica. No entanto, acreditamos que o quadro de análise (Anexo 4) deveria fazer parte deste trabalho, pois, embora ele possa ser questionável, já que a análise parte sempre das concepções do avaliador, entendemos que o mesmo ofereça contribuições para professores e formadores de professores de PFOL, já que pode ser visto como um panorama, mesmo que parcial, dos livros disponíveis no mercado. Para contemplar a inclusão deste quadro, vamos apresentar, nesta seção, uma breve avaliação do produto final da análise dos livros didáticos, segundo a perspectiva das autoras deste texto, pois o grupo de alunos-professores do programa ENPFOL, na época da realização da atividade, fizeram uma avaliação superficial, do ponto de vista teórico, com o intuito de selecionar o livro didático mais apropriado para atender aos grupos linguísticos que tínhamos no momento. Vale ressaltar que, para esta avaliação, os livros didáticos apresentam-se no quadro em ordem cronológica de publicação das edições analisadas e, dos nove livros, apenas um foi publicado no exterior, os demais foram publicados no Brasil.

De acordo com a ordem no quadro, os livros didáticos analisados foram: *Fala Brasil* (Coudry e Fontão 1994); *Aprendendo português do Brasil* (Laroca, Bara e Pereira 1998); *Falar... ler... escrever... português* (Lima e Lunes 1999), *Bem-vindo* (Ponce, Burim e Florissi 2000); *Interagindo em português* (Henriques e Grannier 2001); *Diálogo Brasil* (Lima, Lunes e Leite 2003); *Tiago fala português* (Silva et. al. 2004); *Via Brasil* (Lima e Lunes 2005); e *estação brasil* (Bizon e Fontão 2005).

Se tomarmos as descrições dos critérios apresentadas na seção 3 deste trabalho, podemos observar que a maioria dos livros analisados apresenta como objetivos e público-alvo, de acordo com a definição dos próprios autores, ênfase nas modalidades escrita e oral para um público jovem e adulto em nível básico, refletindo, assim, a indicação destes livros para uso em contextos de ensino geral da língua portuguesa. Tal classificação, a nosso ver, sugere o mesmo *status* tanto às habilidades linguísticas de recepção (compreensão oral e escrita) quanto às de produção (oral e escrita). No entanto, ao analisarmos a disposição dos diferentes componentes linguísticos, observamos uma maior predominância de atividades que promovem compreensão escrita e produção oral, mesmo assim, sem superar o grande foco dado à gramática descontextualizada. Não estamos dizendo que não devemos ensinar gramática, apenas defendemos um ensino com foco no uso da língua e não na estrutura por si só. Também reconhecemos que este quadro reflete o caminho percorrido na história do ensino de língua estrangeira quanto ao surgimento dos métodos e sua aplicabilidade.

Para atingir os objetivos anteriormente estabelecidos, verificamos que as listas de conteúdos se apresentam, de modo geral, num formato misto, que varia entre as combinações de conteúdos com foco em situações e funções ou estrutura e temas. Tais conteúdos são trabalhados por meio de exercícios que, segundo definição aqui apresentada, revela uma forte crença da aprendizagem como reprodução do conhecimento transmitido pelo professor. Nesse sentido, apontamos também as interações entre professor/aluno e aluno/livro como típicas desta visão de aprendizagem, reforçada também pela ênfase na apresentação de fatos e informações da cultura brasileira, com raras oportunidades de discussão ou comparação dos aspectos culturais do Brasil com os do país de origem do aluno, e de uma expansão desta comparação para a compreensão da diferença e diversidade.

Além disso, podemos destacar as iniciativas observadas nos livros avaliados de apresentar propostas mais voltadas para comunicação e interação social, o que pode ser constatado pela ênfase nas tarefas e pela preocupação de abordar o ensino de cultura numa perspectiva intercultural. É nesse sentido que justificamos nossa avaliação, em relação à produção de livros didáticos, como positiva, reconhecendo, assim, o efeito retroativo do investimento de professores e pesquisadores da área de PFOL, bem como do exame Celpe-Bras.

Considerações finais

Para finalizar nossa conversa, vamos apresentar algumas implicações do processo da análise aqui explorado para formação dos professores envolvidos.

Num primeiro momento, gostaríamos de destacar a surpresa e admiração que os alunos-professores demonstraram ao manusear os livros didáticos de PFOL, pois não imaginavam que esse tipo de livro existisse e, muito menos, naquela quantidade. Olharam inicialmente mais para o projeto gráfico de cada um, revelando algumas crenças sobre livros de língua estrangeira.

Ao término da atividade de análise dos livros, constatamos que o contexto de ensino, as necessidades dos alunos, as concepções do professor e do autor do livro didático sobre língua/linguagem/ ensino de línguas e os recursos disponíveis devem ser levados em conta pelo professor ao decidir sobre qual material utilizar. Dependendo desses fatores, o livro didático, o material elaborado pelo próprio professor e material autêntico podem ser adotados, paralela ou isoladamente. No entanto, nem sempre necessidades dos alunos e concepções do professor convergem, e por isso, na hora de selecionar o material, o professor vai ter que ser capaz de lidar com essas divergências. Por exemplo, durante estes anos de atuação no programa ENPFOL, detectamos uma forte crença dos alunos estrangeiros na aprendizagem da gramática como garantia do bom falar e escrever, por isso temos adotado livros que trazem a gramática de forma mais explícita e deixamos para complementar com tarefas que promovam mais interação entre os alunos e o contexto de uso da língua portuguesa.

Um outro aspecto que merece destaque é a relação entre língua e cultura no ensino de PFOL. A análise dos livros didáticos nos fez refletir sobre a diferença de ensinar português como língua materna e olhar nossa língua e cultura sob a perspectiva do Outro. No contexto de ensino de língua materna, por exemplo, acreditamos que não seja necessária uma intervenção pedagógica muito sistemática acerca do ensino de cultura, uma vez que o aluno já está nela inserido. No entanto, em se tratando do ensino de língua estrangeira, esta intervenção não é só relevante como também imprescindível.

Acreditamos que tudo teria sido muito diferente, não refletindo a abordagem de formação de professores no contexto estudado, se a coordenadora do programa tivesse selecionado e apresentado aos alunos-professores o livro didático que o programa adotaria, mesmo justificando sua escolha. Nesse sentido, reforçamos mais uma vez a necessidade de investir no desenvolvimento profissional como processo e não como produto. Além disso, deveríamos olhar para os livros didáticos como propostas de trabalho que refletem perspectivas no ensino de línguas num determinado momento da história e que, por isso, podem não atender às expectativas num período posterior. No entanto, isso não invalida a adoção do livro didático, o trabalho dos autores e, muito menos, suas concepções e crenças. Analisar e refletir sobre esse percurso são etapas essenciais na prática do profissional que vai atuar como professor na sala de aula.

Bibliografia

ADAM, A. R. S.; MASSUCI, C. F. e FURTOSO, V. B. (2006). "Contribuições para formação do professor de PFOL: experiência na graduação." *In*: Encontro de Professores de Línguas Estrangeiras, 13, 2005, Maringá. *Anais...* (CD-ROM).

ALMEIDA FILHO, J. C. P. (1997). "A abordagem orientadora da ação do professor", *in*: ALMEIDA FILHO, J. C. P. (org.). *Parâmetros atuais para o ensino de português língua estrangeira*. Campinas: Pontes Editores, pp.13-28.

ALMEIDA FILHO, J. C. P. e SCHMITZ, J. R. (1998). *Glossário de Linguística Aplicada*. Campinas: Pontes Editores, pp. 260.

BARBIM, I. e CRISTOVÃO, V. L. L. (2003). "A relação entre teoria e prática em avaliação de material didático no desenvolvimento do professor". *Signum: Estud. Ling.* Londrina, n° 6/2, pp. 19-54, dez..

BEYER, L. E. (1991). "Teacher education, reflective inquiry and moral action", *in*: TABACHNICK, R.; ZEICHNER, K. (Eds.). *Issues and practices in inquiry-oriented teacher education*. Londres: The Falmer Press, pp. 113-129.

BIZON, A. C. e FONTÃO, E. (2005). *Estação Brasil: português para estrangeiros*. Campinas: Editora Átomo.

CALDERHEAD, J. (1989). "Reflective teaching and teacher education". *Teaching and Teacher Education*, vol. 5, n° 1, pp. 43-51.

_____. (1984). *Teachers' classroom decision-making*. Londres: Cassell.

_____. (1988). "Learning from introductory school experience." *Journal of Education for Teaching*, n° 14, pp.75-83.

CONSOLO, D. A. (1992). "O livro didático e a geração de insumo na aula de língua estrangeira". *Trabalhos em Linguística Aplicada*, vol. 20, pp. 37-47, jul./dez.

COPELAND, W. D. (1981). "Clinical experiences in the education of teachers". *Journal of Education for Teaching*, n° 7, pp. 3-17.

COSTA, D. N. M. (1987). "Critérios para análise de livro de texto", *in*: COSTA, D. N. M. *Por que ensinar língua estrangeira na escola de 1° grau*. São Paulo: Educ, pp. 53-73.

COUDRY, P.; FONTÃO, E. (1994). *Fala Brasil: português para estrangeiros*. Campinas: Pontes Editores (5ª ed.).

CRISTOVÃO, V. L. L. (2006). "Gêneros textuais e práticas de formação de professores." *In*: Encontro Nacional de Didática e Prática de Ensino, 13, Recife. Anais... (CD-ROM).

_____. (2001). *Gêneros e ensino de leitura em LE: os modelos didáticos de gêneros na construção e avaliação de material didático*. (Tese de Doutorado) São Paulo: PUC/SP.

CRISTÓVÃO, V. L. L. (Org.). *Modelos didáticos de gêneros: uma abordagem para o ensino de língua estrangeira*. Londrina, ARTGRAF, no prelo.

CUNNINGSWORTH, A. (1995). *Choosing your coursebook*. Oxford: Heinemann, pp. 1-24.

FERREIRA, C. C. (2001). "Livros didáticos de LE numa perspectiva intercultural". *In*: Encontro de Professores de Línguas Estrangeiras, 9. Londrina. *Anais...* Londrina, Betel, 2002, pp. 163-166.

FIORENTINI, D. (2004). "A didática e a prática de ensino mediadas pela investigação sobre a prática", *in*: ROMANOWSKI, J; MARTINS, R. L. O. e JUNQUEIRA, S. R. A. (Orgs.). *Conhecimento local e conhecimento universal: pesquisa, didática e ação docente.* Curitiba: Champagnat, pp. 243-257.

FONTES, S. M. (2002). "Um lugar para a cultura", *in*: CAVALCANTI, M. J. e SANTOS, P. *Tópicos em português língua estrangeira.* Brasília: Editora UnB, pp. 175-183.

FREEMAN, D. e JOHNSON, K. E. (1998). "Reconceptualizing the knowledge-base of language teacher education." *Tesol Quarterly*, vol. 32, n° 3.

FURTOSO, V. B. (2006). "Atividades de intervenção na formação de professores de PFOL: uso de diários como instrumento para reflexão crítica". *In*: Encontro Nacional de Didática e Prática de Ensino, 13, 2006, Recife. *Anais...* Recife, (CD-ROM).

_____. (2001a). *Português para falantes de outras línguas: aspectos da formação do professor.* (Dissertação de Mestrado em Letras) Londrina: Universidade Estadual de Londrina.

_____. (2001b). "O ensino de língua estrangeira: o foco no professor". *Unopar Cient.*, Ciênc. Hum. Educ., Londrina, vol. 2, n° 1, pp. 67-82, jun.

GIMENEZ, T. (2002). "Eles comem cornflakes, nós comemos pão com manteiga: espaços para reflexão sobre cultura na aula de língua estrangeira". *In*: Encontro de Professores de Línguas Estrangeiras, 9, 2001, Londrina. *Anais...* Londrina, Betel, pp. 107-114.

GOMES DE MATOS, F. O NURC- (1993). "Brasil e o ensino de português a estrangeiros". *Revista Internacional de Língua Portuguesa*, Lisboa, n° 10, pp. 128-131, dez.

_____. (1997). "Quando a prática precede a teoria: a criação do PBE", in: ALMEIDA FILHO, J. C. P. e LOMBELLO, L. (Orgs.). *O ensino de português para estrangeiros: pressupostos para o planejamento de cursos e elaboração de materiais*. Campinas: Pontes Editores, 2ª ed., pp.11-17.

GOTTHEIM, L. (2007). *A gênese da composição de um material didático para ensino-aprendizagem de português como segunda língua.* (Tese de Doutorado) Campinas: Unicamp.

HENRIQUES, E. R.; GRANNIER, D. M. (2001). *Interagindo em português: textos e visões do Brasil.* Brasília: Thesaurus.

LAROCA, M. N. C.; BARA, N.; PEREIRA, S. M. C. (1998). *Aprendendo português do Brasil: um curso para estrangeiros.* Campinas: Pontes Editores (3ª ed.).

LIMA, E. E. O. F.; LUNES, S. A. (1999). *Falar... ler... escrever... português: um curso para estrangeiros.* São Paulo: EPU.

_____. (2005). *Português via Brasil: um curso avançado para estrangeiros.* São Paulo: EPU.

LIMA, E. E. O. F.; LUNES, S. A. e LEITE, M. R. (2003). *Diálogo Brasil: curso intensivo de português para estrangeiros.* São Paulo: EPU.

MEURER, J. L. (2000). "O conhecimento de gêneros textuais e a formação do profissional da linguagem", in: FORTKAMP, M. B. M. e TOMITCH, L. M. (Orgs.) *Aspectos da linguística aplicada: estudos em homenagem a Hilário Inácio Bohn.* Florianópolis: Insular, pp. 149-166.

MIYAMURA, A. (2007). *Planejamento de curso intensivo de português para falantes de outras línguas: alguns desdobramentos,* 2007, 61 f. Monografia (Especialização em Ensino de

Línguas Estrangeiras) – Universidade Estadual de Londrina, Londrina.

MORITA, M. K. (1998). "(Re)Pensando sobre o material didático de PLE", in: SILVEIRA, R. C. (Org.) *Português língua estrangeira: perspectivas.* São Paulo: Cortez, pp. 59-72.

MOTTA-ROTH, D. (2000). "Gêneros discursivos no ensino de línguas para fins acadêmicos", in: FORTKAMP, M. B. M. e TOMITCH, L. M. (Orgs.) *Aspectos da linguística aplicada: estudos em homenagem a Hilário Inácio Bohn.* Florianópolis: Insular, pp. 167-184.

NEVILLE, G. (1987). "Choosing and eveluating textbooks", in: NEVILLE, G *Making the most of your textbook.* Nova York: Longman.

O' NEILL, R. (1990). "Why use textbooks?", in: ROSSNER, R. e BOLITHO, R. *Currents of change in English language teaching.* Oxford: OUP.

ORTENZI, D. I. B. G. et. al. *Roteiros pedagógicos para a prática de ensino de inglês.* Londrina: EDUEL, no prelo.

Pennington, M. C. (1992). "Reflecting on teaching and learning: A developmental focus for the second language classroom", in: J. FLOWERDEW, M. Brock, e HSIA, S. (Eds.) *Perspectives on Second Language Teacher Education*, pp. 47-65. Hong Kong: City Polytechnic of Hong Kong.

PONCE, M. H. O.; BURIM, S. R. B. A. e FLORISSI, S. (2000). *Bem-Vindo! A língua portuguesa no mundo da comunicação.* São Paulo: SBS.

PRABHU, N. S. (1988). *Materials as support; materials as constrant.* [s.l.]: [s.n.], (mimeo).

REILLY, T. "Approaches to foreign language syllabus design". *ERIC Clearinghouse on languages and linguistics.* Washington DC, 1988. Disponível em . Acesso em 31 jul. 2006.

RICHARDS, J. C. (1995). *The language teaching matrix*. Cambridge: CUP.

_____. (1998). *Beyond training*. Cambridge: Cambridge University Press.

SANT'ANNA, F. M. *et. al.* (1995). *Planejamento de ensino e avaliação*. Porto Alegre: Sagra-DC Luzzatto (11ª ed.).

SANTOS, J. B. C. (1993). *A aula de língua estrangeira (inglês) mediada pelo livro didático*, 1993. (Dissertação de Mestrado em Linguística Aplicada) Campinas: Unicamp.

SCARAMUCCI, M. V. R. (1999). "CELPE-Bras: um exame comunicativo", *in*: CUNHA, M. J. e SANTOS, P. (Orgs.). *Ensino e pesquisa em português para estrangeiros*. Brasília: Ednub, pp. 105-112.

SCHÖN, D. A. (1983). *The reflective practitioner*. Nova York: Basic Books.

_____. (1987). *Educating the reflective practitioner*. Jossey: Bass Publishers.

SILVA, C. *et. al. Thiago fala português: texto para o ensino de português básico*. Montevidéu, Ediciones de la Plaza, 3ª ed., 2004.

STERNFELD, L. (1997). "Materiais didáticos para o ensino de português língua estrangeira", *in*: ALMEIDA FILHO, J. C. P. (Org.) *Parâmetros atuais para o ensino de português língua estrangeira*. Campinas: Pontes Editores, pp. 49-58.

TARDIN, C. R. C. (1996). *Jogar para aprender língua estrangeira na escola*. (Dissertação de Mestrado) Campinas: Unicamp.

UR, P. (1996). *A course in language teaching: theory and practice*. Cambridge: CUP.

ZANATTA, R. T. (2004). *Abordagens de ensino de cultura na aula de Português para Falantes de Outras Línguas*. Monografia (Especialização em Ensino de Línguas Estrangeiras) Londrina: Universidade Estadual de Londrina.

ANEXO 1
ENPFOL – Programa de formação complementar na graduação
Viviane Bagio Furtoso

Análise de livro didático

Em grupos, os alunos analisarão os livros didáticos de acordo com os seguintes aspectos:

1. Objetivos.
2. Público-alvo (adultos, adolescentes, crianças etc.).
3. Lista de conteúdos:
   Diferentes tipos of listas podem ser implementados. Os principais tipos são:
   - *Estrutural* (gramática e modelos de sentenças, por exemplo, tempos verbais, como presente, passado etc.);
   - *Funcional* (comunicativo, funções, por exemplo, perguntando sobre preferências, perguntar e responder sobre profissões);
   - *Situacional* (no banco, no restaurante, no escritório etc.);
   - *Temático* (temas ou tópicos, tais como saúde, alimentação, vestuário etc.);
   - *Baseada em tarefas* (desenhar mapas, seguir direções e instruções etc.);
   - *Baseada em gêneros* (gêneros apropriados para funções sociais esperadas, por exemplo, leitura – editorial de um jornal, história em quadrinhos etc.).
4. Interação (professor/aluno, aluno/aluno, aluno/livro).
5. Natureza das atividades (exercícios, tarefas, jogos etc.).
6. Disposição dos diferentes componentes (compreensão escrita, produção escrita, compreensão oral, produção oral, gramática, vocabulário etc.).
7. Aspectos culturais (apresentação de fatos/informações, comparação entre os aspectos culturais da língua materna do aluno e da língua portuguesa, proposta de entendimento das diferenças culturais entre os povos).
8. Contexto apropriado para o uso do livro didático (turistas, executivos, curso geral de português, etc.).

ANEXO 2
Tipos de lista de conteúdos mais comuns (Richards 1995; Reilly 1988)

Tipo de lista de conteúdos	Descrição
Estrutural (gramatical)	Organizada em torno da gramática e de modelos de sentenças. Exemplos incluem substantivos, tempos verbais, adjetivos etc.
Nocional / funcional	Organizada em torno das funções comunicativas da língua, como
Situacional	Organizada em torno de discursos contextualizados da vida real, como
Baseada em habilidades	Organizada em torno de uma habilidade privilegiada ou escolhida. Por exemplo: compreensão oral para informação específica, compreensão oral para idéias principais, etc. O objetivo primário é aprender uma habilidade específica da língua. Outro objetivo (secundário) seria desenvolver competências gerais, embora tais competências sejam aprendidas incidentalmente durante a aprendizagem da habilidade em questão.
Temática	Organizada em torno de temas e tópicos, como saúde, educação, compras, família etc.
Baseada em tarefas	Organizada em torno de tarefas que os aprendizes precisam realizar na vida real. Este "syllabus" difere do situacional porque
Baseada em conteúdos	Organizada em torno de conteúdos; a aprendizagem da língua ocorre incidentalmente durante a aprendizagem do conteúdo. Enquanto o foco do "syllabus" baseado em tarefas está nos processos comunicativo e cognitivo, o do "syllabus" baseado em conteúdos recai sobre a informação. Um exemplo deste ensino é uma aula de ciências dada na língua que os alunos precisam ou querem aprender, possivelmente com ajuste para tornar o conteúdo mais compreensível.

ANEXO 3
Paralelo entre as classificações de abordagem de ensino de cultura
de Gimenez (2002) e Moran (*apud* Fontes 2002).

Gimenez (2002)	Abordagem Tradicional	Cultura como prática social	Intercultural
Moran (1990)	1) Cultura, como saber sobre: inclui todos os aspectos culturais que se constituem informações – atos, dados, fatos, conhecimentos.	2) Cultura, como saber como: inclui os aspectos culturais que se constituem habilidades – ações, participações, comportamentos.	3) Cultura, como saber por quê: compreensão dos valores básicos, das atitudes e suposições da cultura; as razões que fundamentam e permeiam todos os aspectos da cultura baseados em uma dimensão crítica de sua aprendizagem. 4) Cultura, como conhecer a si mesmo: auto-conhecimento e compreensão de seus próprios valores culturais.

ANEXO 4
Compilação dos dados coletados durante a análise de
livros didáticos na área de PFOL

Livro texto	*Fala Brasil* (1994)	*Aprendendo português do Brasil* (1998)	*Falar, ler e escrever em português* (1999)	*Bem-vindo* (2000)
Objetivos	Conciliar o aprendizado da escrita com a prática oral	Dominar as estruturas do português nas modalidades oral e escrita.	Desenvolver a capacidade de compreensão e expressão oral e escrita.	Aprender o português falado. Comunicar-se na língua.

Público-alvo	Adolescentes e adultos. Nível básico.	Jovens e Adultos. Nível básico.	Adolescentes e Adultos. Nível básico.	Jovens e adultos. Nível básico a intermediário.
Lista de conteúdos	Situacional e funcional.	Situacional e Estrutural	Situacional, Temática e Funcional.	Estrutural, Temática. Menos ênfase na situacional.
Interação	Ênfase em A → livro	Ênfase em A → livro	P → A Ênfase maior em A → livro Pouco A → A	P → A A → livro Com mais ênfase em A → A
Atividades	Bastantes exercícios	Bastantes exercícios. Poucas tarefas.	Exercícios	Exercícios e Algumas tarefas.
Componentes	Ênfase na gramática e vocabulário	Gramática, Vocabulário, Compreensão escrita e oral Produção escrita	Ênfase na compreensão escrita e produção oral.	Gramática, Compreensão escrita e oral, Produção oral.
Aspectos culturais	Apenas apresentação de fatos, informações por meio de diálogos	Apenas apresentação de fatos e informações por meio de textos escritos	Apresentação de fatos e informações por meio de textos narrativos.	Há iniciativas de comparar os fatos entre o país de origem e o Brasil.
Contexto	Curso para viagem (com ênfase em frases prontas)	Curso geral de Português	Curso geral de português com ênfase na linguagem coloquial.	Curso com ênfase no Português falado, sem deixar de lado a gramática normativa.

Compilação dos dados coletados durante a análise de
livros didáticos na área de PFOL (*continuação*)

Livro texto	Interagindo em Português (2001)	Diálogo Brasil (2003)	Tiago fala português (2004)	Via Brasil (2005)	Estação Brasil (2005)
Objetivos	Promover a interação entre os participantes do processo de ensino – aprendizagem.	Desenvolver a capacidade de compreensão oral e escrita, bem como a produção oral.	Comunicar-se na língua estrangeira.	Levar o aluno pré-avançado a um alto nível de proficiência linguística.	Visam à compreensão e produção oral e escrita, bem como a integração e respeito às diferenças interculturais.
Público-alvo	Jovens e adultos. Níveis básico e intermediário.	Profissionais e executivos. Nível básico.	Crianças e pré-adolescentes. Nível básico.	Jovens e Adultos. Nível avançado.	Jovens e adultos. Nível Intermediário a avançado.
Lista de conteúdos	Temática e funcional.	Ênfase na Situacional.	Temática, Estrutural e Funcional.	Estrutural	Temática.
Interação	P → A A → livro Ênfase maior em A → A	Ênfase em P → A A → livro	P → A A → A Ênfase maior em A → livro	P → A A → A Ênfase maior em A → livro	P → A Ênfase maior em A → A
Atividades	Exercícios e tarefas.	Exercícios e algumas tarefas.	Exercícios, Jogos e Tarefas	Exercícios	Tarefas

Compo-nentes	Ênfase na compreensão e produção oral.	Gramática e compreensão escrita	Compreensão e produção oral Compreensão e produção escrita.	Ênfase na compreensão escrita e produção oral.	Compreensão e produção oral Compreensão e produção escrita.
Aspectos culturais	Há espaço para ir além da apresentação e comparação de informações.	Discussão partindo da opinião do estrangeiro sobre o Brasil e fatos universais, que pode levar a comparação.	Apresentação de fatos por meio de diferentes gêneros textuais.	Apresentação de fatos, com poucas oportunidades de levar o aluno à comparação.	Comparação entre a cultura da língua-alvo e a língua do estrangeiro, oportunizando a compreensão da diferença e da diversidade.
Contexto	Curso geral de Português com ênfase na linguagem coloquial.	Curso de Português para Executivos.	Curso de Português para filhos de imigrantes.	Curso geral de português com ênfase na estrutura da língua.	Curso preparatório para exame de proficiência (Celpe-Bras)

UMA ANÁLISE PANORÂMICA DE LIVROS DIDÁTICOS DE PORTUGUÊS DO BRASIL PARA FALANTES DE OUTRAS LÍNGUAS

Leandro Rodrigues Alves Diniz
Lúcia Mantovani Stradiotti
Matilde Virginia Ricardi Scaramucci

Introdução

O processo de ensino/aprendizagem de línguas – materna e estrangeira – tem sido, de uma maneira ou de outra, fortemente influenciado pelo livro didático (doravante LD). Em alguns casos – para não dizer na sua maioria – ele é o elemento central do curso, sendo raras as vezes em que o professor o subverte. Em outros casos, embora não seja seguido "fielmente", serve como principal referencial do curso, tanto para o docente quanto para seus alunos. O LD acaba, assim, afetando – ou mesmo determinando – o planejamento, os objetivos da aprendizagem, as competências a serem priorizadas, os conteúdos a serem trabalhados e os tipos de atividades a serem propostas.

É bem verdade que, em alguns casos – sobretudo em contextos de língua estrangeira – não se adota nenhum LD específico. Nessas situações, o professor se serve de vários livros, bem como de outros materiais, para selecionar o que lhe parece mais adequado aos seus objetivos. Alternativamente, há alguns professores que produzem seus próprios materiais, elaborando atividades e exercícios a partir de textos de jornais, revistas, filmes, músicas, gravações do rádio ou de televisão, dentre outros.[1] Entretanto, mesmo nesses casos, frequentemente é possível perceber a influência do LD: embora acredite estar inovando, o professor acaba repetindo as abordagens e metodologias mais recorrentes nos LDs, que já foram, nas palavras de Coracini (1999 p. 24), por ele "internalizadas".

A adoção de um LD, na nossa perspectiva, não é, por princípio, nem vantajosa nem prejudicial. O grande problema reside no fato de que o LD, muitas vezes, acaba por substituir o professor. Nesse sentido, concordamos com Xavier e Urio (2006 p. 31), quando afirmam:

> Embora considerados instrumentos importantes no auxílio do trabalho docente, os livros didáticos devem ser repensados e reavaliados, pois, por melhor que possam parecer, não atendem às demandas que emergem das necessidades de aprendizagem de cada contexto de ensino. Além disso, a elaboração desses materiais nem sempre é feita por profissional experientes na área, que dominam questões linguísticas e culturais, ou, ainda, que buscam oferecer uma metodologia voltada para a aprendizagem significativa, autônoma e potencializada.

Os estudos dedicados à análise de LDs nos cursos de língua assumem um papel de extrema importância. No caso específico do ensino de Português para Falantes de Outras Línguas (PFOL)

---

1. Para que tal opção tenha um bom resultado – no limite, para que ela chegue a ser escolhida pelo professor –, esse precisa ser bem formado.

– que inclui o Português como Língua Estrangeira (PLE) e o Português como Segunda Língua (PL2) [2] –, eles adquirem uma posição ainda de maior destaque. Isso se deve às sérias deficiências nos cursos de PFOL, tanto no Brasil quanto no exterior (Cunha e Santos 2002), que persistem apesar do significativo desenvolvimento pelo qual passou a área nos últimos anos [3]. Muitos deles são desenvolvidos e ministrados por pessoas com pouca ou nenhuma formação específica na área. Em diversos casos, falantes de português com nível universitário – especialmente aqueles que têm essa língua como materna, ou que a aprenderam em contexto de imersão – são considerados aptos para as aulas, independentemente de sua formação. Também atuam na área profissionais que, embora tenham formação e experiência no ensino de português como língua materna, não são conscientes das especificidades do ensino de PLE / PL2. Assim, o LD pode funcionar como principal, ou mesmo único guia para muitos professores, que, por falta de formação, poderiam, sem o livro, se ver ainda mais desorientados em relação ao ensino.

Tendo em vista essa especificidade, propomos, neste capítulo, apresentar uma análise panorâmica dos LDs de PFOL. Para tanto, faremos, em primeiro lugar, uma breve revisão da literatura pertinente, abordando alguns artigos que tematizaram o LD –

---

2. A distinção entre "ensino de língua estrangeira" (LE) e "ensino de segunda língua" (L2), amplamente difundida na Linguística Aplicada, revela dois contextos distintos de ensino. LE é o termo empregado para situações de ensino em que o aluno se encontra no meio de uma comunidade na qual a língua-alvo é falada como língua materna e/ou nacional/oficial; L2 refere-se ao ensino de língua estrangeira em locais onde essa língua não é materna e/ou nacional/oficial (Viana 1997).
3. Tal desenvolvimento é evidenciado pelo aumento no número de pesquisas sobre PLE/ PL2 em diferentes programas de pós-graduação do Brasil; pela realização de congressos, encontros e seminários centrados nessa temática; pela implementação de cursos de PFOL em diferentes universidades brasileiras; e pela criação e expansão do Certificado de Proficiência em Língua Portuguesa para Estrangeiros (Celpe-Bras).

particularmente aqueles que apresentam critérios para avaliá-lo. Na seção seguinte, a partir de um levantamento dos principais livros publicados para ensino de português do Brasil para falantes de outras línguas – especialmente daqueles produzidos no país –, discutiremos o que consideramos algumas importantes lacunas nesse mercado. Analisaremos, então, algumas características recorrentes nessas publicações, relativas ao desenvolvimento das chamadas quatro competências/habilidades e da chamada competência intercultural. Ao longo desta discussão, teremos como contraponto o exame para a obtenção do *Certificado de Proficiência em Língua Portuguesa para Estrangeiros* (Celpe-Bras),[4] cujas visões de linguagem e de cultura nos parecem interessantes para orientar o ensino de línguas estrangeiras de uma maneira geral. Por fim, mostraremos que muitas das características que destacamos em nossa análise panorâmica dos LDs de PFOL podem ser explicadas pela visão de linguagem subjacente aos materiais, critério que não tem sido levado em consideração na literatura da área.

Análise de Livros didáticos: o que diz a literatura

O LD tem sido amplamente investigado nos últimos anos sob perspectivas diversas. Alguns desses estudos, desenvolvidos, em sua maioria, no contexto de ensino/aprendizagem de inglês como língua estrangeira, propõem taxonomias para a análise desses livros.

Ur (1995) aponta algumas vantagens do uso do LD no ensino de línguas, argumentando que esse 1) dá ao professor e

---

4. Desenvolvido e outorgado pelo Ministério da Educação do Brasil e aplicado duas vezes por ano em mais de 20 centros no Brasil e 30 no exterior, o Celpe-Bras é obrigatório para os alunos de graduação e de pós-graduação dos convênios do MEC (PEC-G e PEC-PG) que desejam ingressar em universidades brasileiras, bem como para médicos estrangeiros que objetivam efetivar seus registros nos Conselhos Regionais de Medicina.

aluno uma visão do processo de ensino/aprendizagem, para que possam saber de onde estão partindo, o que vem em seguida e aonde podem chegar; 2) é planejado de forma a desenvolver, de forma gradativa, diferentes competências; 3) apresenta textos e tarefas em geral apropriados para o nível da maior parte dos alunos; 4) é o modo mais barato de proporcionar material para o aluno; 5) é prático e conveniente, por ser compacto, organizado, e de fácil transporte; 6) pode funcionar como um guia para professores com pouca experiência ou conhecimento; 7) dá autonomia ao aluno, o qual pode aprender, revisar e adiantar pontos, conforme sua necessidade ou interesse.

Por outro lado, Ur também levanta argumentos contrários ou desvantagens do uso de LDs. Eles dizem respeito, por um lado, à inadequação inerente a qualquer livro: cada aluno tem um nível de proficiência específico, necessidades, estratégias de aprendizagem e interesses próprios, de forma que é impossível que um livro dê conta dessa heterogeneidade. Por outro lado, o livro também pode limitar o professor, inibindo sua iniciativa e criatividade, o que pode interferir negativamente sobre a motivação, considerada, por muitos, uma condição *sine qua non* para a aprendizagem.

A autora também lista alguns critérios para avaliação de LDs: a explicitação dos objetivos de aprendizagem numa introdução, assim como sua operacionalização no material; a adequação educacional e social da abordagem em relação ao público-alvo; a qualidade do *layout* e da impressão; a presença de materiais visuais apropriados, assim como de tópicos e tarefas interessantes; a variedade de tópicos e tarefas, de forma a atender alunos de diferentes interesses, níveis de proficiência e estilos de aprendizagem; a clareza das instruções, da organização do conteúdo e de sua gradação, conforme o nível de dificuldade; a abrangência do conteúdo de ensino; a existência de revisões periódicas e de seções de testes; a autenticidade dos materiais; a explicação e a prática da pronúncia, do vocabulário e da gramática; a prática nas quatro habilidades; o desenvolvimento de estratégias a fim de tornar os aprendizes mais autônomos; a adequação da orientação dada ao professor, de maneira a não sobrecarregá-lo na preparação das aulas; a existência de materiais de áudio acompanhando o livro; e a facilidade de adquirir o livro. Para Ur (*ibidem*), cabe ao professor julgar o grau de relevância de cada um desses critérios.

No Brasil, Bohn (1988) apresenta um guia de avaliação de materiais didáticos que compreende diversas categorias. A primeira delas, de caráter mais geral, abrange itens como nível de proficiência e faixa etária do público-alvo do material, forma de organização do conteúdo e competências priorizadas. A segunda diz respeito a aspectos técnicos do material, tais como apresentação, durabilidade e preço. As categorias seguintes contêm critérios específicos para a avaliação da maneira como a compreensão oral, a leitura, a expressão oral, a expressão escrita, o vocabulário e a gramática são trabalhados nos livros. O autor enfatiza que a escolha do LD não pode ser dissociada das necessidades e dos objetivos dos alunos:

> Os critérios utilizados para avaliar materiais somente farão sentido quando examinados à luz destes objetivos. Da mesma maneira os pontos fortes e fracos em materiais somente podem ser explicitados em relação aos objetivos do ensino. A avaliação e seleção dos materiais sempre deve ser precedida pelo levantamento, ou pelo menos por uma discussão ampla, das necessidades linguísticas próprias de uma comunidade. (*ibidem* pp. 296-297)

Xavier e Urio (2006), por sua vez, discutem a relação que os professores de inglês de escolas básicas e de idiomas estabelecem com o LD e o livro do professor, bem como seus critérios de seleção e avaliação. O estudo contou com a participação de trinta professores da cidade de Caçador, SC, que responderam a um questionário, possibilitando investigar o nível de influência desses recursos em seu ensino. As autoras concluíram que, em geral, o LD representa um subsídio para a ação dos professores investigados, embora, em alguns casos, sua influência na prática docente seja restrita. Em determinados contextos educacionais, a relação do professor com o material se revelou bastante rígida, de forma que mesmo atividades consideradas "antipáticas" são mantidas, através de ajustes metodológicos ou procedimentais; em outros, essa relação se mostrou mais flexível. Constatou-se, ainda, que os principais critérios de seleção e avaliação dos LDs levados em consideração pelos professores são os textos, a organização do conteúdo, os tipos de exercício e a apresentação da gramática.

Apesar da importância dessas taxonomias de análise e dos inúmeros aspectos relevantes nelas salientados, o que nos chama a atenção é a consideração desses critérios como uma lista de aspectos isolados e independentes, o que, na nossa opinião, ocorre pela falta de uma reflexão relativa à concepção de língua(gem) que fundamenta os LDs.

Discussões sobre "concepções ou visões de linguagem" e, mais recentemente, de "visões de uso de linguagem" geralmente têm sido tratadas como parte da "abordagem de ensinar do professor", que também envolve visões de ensinar, aprender e avaliar. No caso do LD, entretanto, essas considerações têm estado ausentes e, como resultado, temos observado taxonomias como as acima apresentadas, em que aspectos como conteúdo, exercícios, textos, gramática e até mesmo *layout* têm sido discutidos isoladamente, quando uma abordagem mais interessante seria avaliá-los como aspectos diretamente relacionados à visão de linguagem norteadora dos materiais.

Não podemos nos esquecer de que o elaborador do LD, assim como o professor, também tem suas visões, crenças, valores, que se concretizam na elaboração dos materiais, na determinação de seus conteúdos e atividades. Embora Ur mencione, como um de seus critérios, o conceito de abordagem ("a adequação educacional e social da abordagem"), apenas a considera em relação ao público-alvo, e não em relação ao professor. Em outras palavras, as concepções orientadoras dos LDs, ainda que não claramente explicitadas, deveriam ser o critério fundamental de escolha do livro pelo professor, dada sua importância, juntamente com o público-alvo, na definição dos objetivos, conteúdos e atividades de sua prática.

Na próxima seção, apresentaremos um panorama da produção de LDs de PFOL, chamando atenção para lacunas importantes no mercado editorial. Em seguida, analisaremos algumas características recorrentes desses materiais, no que tange os desenvolvimentos das chamadas quatro competências/habilidades e ao tratamento de questões culturais. Isso nos permitirá, em um momento posterior, perceber que a visão de linguagem está diretamente relacionada às lacunas e características observadas.

A produção de livros didáticos de PFOL:
avanços e perspectivas

A produção de LDs para ensino de português do Brasil como língua estrangeira/segunda língua é bastante recente, especialmente quando comparada à de outras línguas. Gomes de Matos (1989) lembra que – excetuando-se a PUC-RS, onde se utilizava "Português para Estrangeiros", de Mercedes Marchant –, os raros cursos de português para estrangeiros oferecidos no Brasil na década de 1950 dependiam de materiais escritos unicamente por estrangeiros. A esse respeito, é significativo o fato de que o primeiro livro nessa área, conforme lembra o autor, tenha sido "*Spoken Portuguese*", de autoria de um ítalo-americano, Vicenzo Ciofarri.

A produção desses materiais permaneceu bastante reduzida até fins da década de 1970, passando a aumentar, gradativamente, ao longo da década de 1980. É, porém, a partir da década de 1990 que ela cresce de maneira expressiva, seja no Brasil, seja no exterior. Aparecem então publicações para alguns públicos específicos, como adolescentes (entre elas, o livro "Tudo bem? Português para a nova geração") e funcionários de empresa (cf. "Diálogo Brasil: curso intensivo de português para estrangeiros" e "Panorama Brasil: ensino do português no mundo dos negócios").[5]

Com a finalidade de fazer um mapeamento dos materiais de português do Brasil para falantes de outras línguas – mais de cinquenta anos após a publicação do primeiro título na área –, apresentamos, em anexo, uma tabela em que constam os principais livros disponíveis no mercado. Foram compilados, sobretudo, materiais brasileiros, embora alguns publicados no exterior também tenham sido includos.[6] Ainda que não exaustivo, nosso levantamento permite concluir que, apesar do significativo impulso na produção dos materiais e de uma relativa diversificação nos públicos-alvos, ainda há várias lacunas nesse mercado.

Entre essas, a carência de materiais brasileiros específicos para o ensino de português para falantes de espanhol é a que mais nos chama a atenção. É principalmente no exterior que esses livros são publicados, sendo alguns deles – como "Conhecendo o Brasil: curso de português para falantes de espanhol" e "Um português bem brasileiro", ambos publicados pela Funceb (Fundação Centro de Estudos Brasileiros)[7] de Buenos Aires – para uso

---

5. Para uma análise das mudanças na produção editorial brasileira de LDs de PFOL, ver Diniz (2008)
6. Não incluímos em nosso levantamento os materiais produzidos em escolas particulares de idioma.
7. Os Centros de Estudos Brasileiros são instituições que integram a Rede Brasileira de Ensino no Exterior, subordinada ao Itamaraty. Suas atividades estão relacionadas ao "ensino sistemático da Língua Portuguesa falada no Brasil; à difusão da Literatura Brasileira; à distribuição de material informativo sobre o Brasil; à organização de exposições de artes visuais e espetáculos teatrais; à coedição e distribuição de textos de autores nacionais; à difusão de nossa música erudita e popular; à divulgação da cinematografia brasileira; além de outras formas de expressão cultural brasileira, como palestras, seminários e outros". Alguns, como o de Buenos Aires, se tornaram fundações, contando com recursos

local. Outros – a exemplo de "Português para crianças de fala hispânica", "Português para jovens de fala hispânica" e "Português do Brasil para hispano-americanos" – são de circulação bastante restrita no Brasil, não sendo encontrados facilmente em editoras ou livrarias. Alguns LDs abordam separadamente pontos relacionados ao ensino de português a hispano-falantes. Esse é o caso de "Sempre amigos: fala Brasil para jovens", dividido em seis módulos, dos quais apenas o último é dedicado especificamente a falantes de espanhol.

Tal realidade demonstra uma grande defasagem em relação aos estudos desenvolvidos no âmbito da Linguística Aplicada. Já no início da década de 1980, Lombello *et al.*, apesar de, ainda com base em estudos centrados essencialmente em aspectos gramaticais, afirmarem que "um curso de português para falantes de espanhol deve realmente ser diferente dos cursos para outros estrangeiros" (1983 p. 127). As especificidades de ensinar português para falantes de espanhol passaram a ser cada vez mais discutidas, principalmente pelas seguintes razões: "(1) o alto grau de compreensão da L2 mesmo no início do aprendizado, 2) a fossilização prematura de uma interlíngua por causa de seu alto poder comunicativo, 3) o processo de aprendizado muito mais rápido quando comparado ao daqueles falantes de outras línguas, 4) a necessidade de desenvolver a consciência metalinguística dos estudantes em relação às diferenças entre a sua L1 e a L2" (Simões *et al.*, 2004, p. 20).

Hoje, a distinção entre *ensino de português para hispanofalantes* e *ensino de português para falantes de outras línguas* já se consolidou na Linguística Aplicada. Muitas pesquisas nessa área se concentram no risco de fossilização de uma "interlíngua"[8]

---

provenientes também de outras fontes. Ver http://www.dc.mre.gov.br/lingua-e-literatura/centro-de-estudos-brasileiros. Acesso em 10 jan. 2009.

8. Segundo Selinker (1972, p. 229) fenômenos linguísticos fossilizáveis são itens

– maior no caso de línguas tipologicamente próximas –, que impede o aprendiz de progredir em direção à língua-alvo (Ferreira 1995, 1997, 2002; Santos 1998). Outras se dedicam a análises de dificuldades específicas na aquisição do português advindas de diferenças entre os sistemas do português e do espanhol (Lombello 1983).

Entretanto, comparativamente, são poucos os estudos que visam ao desenvolvimento de metodologias específicas para o ensino de português para hispano-falantes. Dentre eles destacamos a proposta de Grannier (2002, 2004), cujo ponto central consiste em postergar para uma segunda fase a produção oral livre, a partir do argumento de que essa acaba por acarretar o recurso à transferência direta de propriedades do espanhol. Em uma fase inicial do ensino, a autora propõe estabelecer uma conscientização das semelhanças e diferenças entre o português e o espanhol, evitando o risco de uma fossilização precoce. O enfoque da oralidade, nesse primeiro período, incide sobre (i) a percepção auditiva; (ii) a aprendizagem da relação grafia/pronúncia; (iii) o desenvolvimento do automonitoramento da produção oral. As atividades de produção escrita são priorizadas nesse momento, permitindo, assim, uma maior interação entre o aluno e o professor – através de práticas de correção que estimulam o conhecimento das particularidades do português –, e abrindo uma possibilidade de comunicação que compensa o controle inicial da produção oral. Também são propostas atividades que partem do uso significativo da língua para chamar a atenção para a forma e para o significado dos enunciados. Após essa fase inicial, passa-se para o desenvolvimento progressivo da fluência oral.

---

linguísticos, regras e subsistemas que falantes nativos de uma língua tenderão a manter na sua interlíngua quando aprendem a língua-alvo, não importando a idade do aprendiz ou a quantidade de explicação ou instrução recebida na língua-alvo.

Se há um certo descompasso entre a extensa literatura que reconhece a especificidade do ensino de português para falantes de espanhol e o desenvolvimento de metodologias diferenciadas para esse público, há um verdadeiro abismo entre essa literatura e a produção de LDs apropriados. Tais materiais se tornam cada vez mais necessários, não só na América do Sul – onde a demanda pelo português foi impulsionada pelo Mercosul –, mas também nos EUA – onde a procura pelo português entre os falantes de espanhol vem crescendo substancialmente, a ponto de se caracterizar como área de pesquisa específica, denominada *Português como terceira língua*.

É importante destacar, ainda, que os livros para esse público-alvo – tais como os da Funceb de Buenos Aires – focalizam, muito frequentemente, o nível fonético-fonológico, abordando, por exemplo, as diferenças entre o sistema vocálico do português e do espanhol; ou ainda as dificuldades de comunicação advindas de falsos cognatos. Mesmo diferenças estruturais importantes entre o português e o espanhol – inclusive no que diz respeito ao nível sintático – são frequentemente deixadas de lado. Dessa forma, a lacuna de LDs de português específicos para hispano-falantes deveria incluir, também, materiais baseados não apenas numa análise contrastiva entre os sistemas do português e do espanhol, mas também em comparações de ordem funcional, pragmática, discursiva e cultural. Sem dúvida, a falta de descrições detalhadas em relação a tais aspectos dificulta a elaboração de materiais didáticos dessa natureza. Destacamos, nesse sentido, as contribuições dos trabalhos de Moura Neves (2000), Fanjul (2002, 2004a, 2004b), Celada e Zoppi-Fontana (2005) e Viana (2003).

Uma outra lacuna no mercado editorial que tem passado despercebida diz respeito aos livros de ensino de PL2. Sem dúvida, trata-se de uma área a ser explorada, dado o crescente número de estudantes e profissionais que aprendem português no Brasil.

Nessas situações, o que se observa em sala de aula é o uso dos mesmos livros de PLE, quando as necessidades específicas no ensino de PL2 justificariam materiais distintos.[9] Na nossa opinião, as aulas formais em contexto de imersão deveriam ter funções distintas daquelas em situações de LE (Scaramucci 1996). Se, neste último caso, se criam em sala de aula – ao menos naquelas que se fundamentam em abordagens ditas comunicativas – situações de comunicação que se *assemelham* às da vida real, não vemos razões para simulá-las no ensino de PL2, uma vez que o aluno está, a todo momento, rodeado por elas, em contextos reais. Cabe ao professor, em tal situação, indicar ao aprendiz diferentes maneiras de atentar para essa linguagem, trabalhando estratégias que permitam sua observação e sistematização. Inclui-se aí a possibilidade de observação *in loco* de questões de ordem funcional, pragmática, discursiva e cultural, que não podem ser desvinculadas do uso e aprendizagem da língua (*ibidem*).

Destacamos, ainda, a falta de livros adequados para universitários, que representam uma grande parcela dos interessados em aprender português – como podemos observar pelo crescente número de alunos estrangeiros que fazem sua graduação ou pós-graduação parcial ou integralmente no Brasil, encorajados por convênios e programas de intercâmbio. Nesse caso, o foco dos LDs poderia estar no desenvolvimento de habilidades de estudo, tais como tomar notas, ser capaz de fazer referências, assistir a palestras, redigir textos acadêmicos (aí inclusos os

---

9. O mesmo fenômeno também pode ser observado no mercado editorial de inglês. O movimento parece, entretanto, ocorrer em direção contrária nesse caso: materiais produzidos em situação de segunda língua são exportados para situações de língua estrangeira. Não é difícil entender a razão disso: dados os inúmeros contextos de ensino da língua no mundo, não se mostra possível, para os elaboradores de material de inglês, considerar as especificidades de cada um deles.

diferentes gêneros que fazem parte da esfera universitária, como resumos, resenhas, artigos, entre outros). Esses materiais poderiam ser elaborados a partir de textos autênticos correspondentes às necessidades, interesses e perfis desse público-alvo.

Por fim, chamamos a atenção para o aumento na demanda por livros apropriados para crianças e jovens em fase de escolarização, dado que o português passa, pouco a pouco, a ser oferecido como disciplina obrigatória nos currículos de algumas escolas de países do Mercosul. Seria interessante que tais livros se baseassem em uma abordagem interdisciplinar, de forma que, ao interagir com a língua-alvo, o aluno fosse levado a interagir, simultaneamente, com os saberes ligados às diferentes disciplinas escolares.

Posto isso, passamos, a seguir, à análise de algumas características presentes em diferentes LDs de PFOL, que nos permitem ter uma visão panorâmica desses materiais.

Alguns aspectos recorrentes nos livros didáticos em questão

Os aspectos recorrentes que aqui abordaremos levam em conta três pontos principais: desenvolvimento das quatro competências/habilidades, integração das habilidades e tratamento de questões culturais.

O desenvolvimento das "quatro habilidades"

Os livros didáticos de PFOL se dedicam, em geral, ao desenvolvimento das quatro habilidades, ou seja, da produção e compreensão orais, assim como da produção e compreensão escritas. Trataremos, num primeiro momento, cada uma delas separadamente e, num segundo momento, de maneira integrada.

Produção oral – Na esteira das tendências contemporâneas no ensino de línguas estrangeiras, os LDs mais recentes de PFOL têm dado um maior enfoque ao desenvolvimento da competência oral. É possível, assim, notar avanços em relação aos materiais mais antigos, nos quais a produção oral se restringe a frases descontextualizadas, cujo objetivo principal é a sistematização gramatical. Em tais materiais, no limite, possibilita-se que, a partir de estruturas gramaticais e de elementos lexicais previamente trabalhados, o aluno produza pequenos diálogos dirigidos. Apesar desses avanços, ainda observamos que a produção oral carece de um trabalho mais apropriado.

Em muitos livros de PFOL, a fala é utilizada como meio para alcançar diversos objetivos, tais como trabalhar aspectos gramaticais e lexicais, desenvolver a compreensão escrita ou oral. Em outros materiais, observam-se propostas gerais para o desenvolvimento dessa habilidade, em especial, temas e perguntas que incitam discussões. Ainda que tais atividades sejam de extrema importância, sentimos falta de momentos que focalizem de maneira mais analítica os diferentes aspectos da oralidade, avaliados, por exemplo, no exame Celpe-Bras através dos seguintes critérios: competência interacional, fluência, pronúncia, adequação lexical, adequação gramatical e compreensão oral.

Em geral, os poucos momentos destinados a um trabalho mais específico com a oralidade concernem à pronúncia, particularmente, ao quadro fonético do português. Praticamente inexistentes são as atividades que objetivam desenvolver uma competência fonético-fonológica para além do nível da palavra, o que compreende o domínio de padrões prosódicos (acentuação, ritmo e entoação da frase, processos de elisão, assimilação e redução, entre outros).

Além disso, é essencial desenvolver o que, no exame Celpe-Bras, é avaliado sob o nome de "competência interativa", ou seja, a capacidade: de ajustar o que à mudança de tópico; de adequar a fala ao interlocutor, ao assunto e ao contexto; de usar estratégias (a exemplo de paráfrases, correções e reformulações) para suprir eventuais lacunas lexicais ou gramaticais. Nesse sentido, é importante que os LDs focalizem aspectos característicos da interação oral, como hesitações, tomadas de turnos e marcadores conversacionais.

A competência interacional envolve, ainda, o domínio do gênero em questão. A esse respeito, ressaltamos que não é possível observar nos LDs um trabalho com diferentes gêneros orais, uma vez que a produção oral limita-se, na maioria das vezes, a discussões a partir de determinados tópicos. É necessário, então, ampliar essa diversidade de gêneros, conforme o público-alvo. Em livros dedicados a universitários, seria importante, por exemplo, trabalhar gêneros como palestras, exposições, seminários, debates, conferências etc.

O foco em aspectos gramaticais e lexicais durante a produção oral – por exemplo, através de atividades em que o aluno deve utilizar em sua fala estruturas gramaticais anteriormente trabalhadas – pode comprometer a fluência. Dessa forma, se tais atividades têm sua devida importância, também o têm aquelas que priorizam a fluência.

Concentremo-nos, agora, na maneira como os LDs têm trabalhado uma outra competência envolvida na fala: a compreensão oral.

Compreensão oral – Diferentemente dos primeiros materiais, muitos dos LDs de PFOL publicados nos últimos anos são acompanhados por fitas cassetes e/ou CDs, o que revela um avanço no que diz respeito à compreensão oral. Entretanto, essa ainda é, na maioria das vezes, uma competência relegada a um segundo plano, funcionando como habilidade auxiliar. Esse é o caso das gravações dos textos e diálogos presentes no livro do aluno, que, em geral, não visam ao desenvolvimento da compreensão oral em si, mas à fixação de estruturas gramaticais ou ao reconhecimento de sons para a produção oral. Tal procedimento é, por exemplo, explicitado no prefácio do livro de exercícios que acompanha a obra "Falar... ler... escrever... – Um curso para estrangeiros" (p. 7): "O texto gravado encontra-se no final de cada unidade. Após a audição, seguem-se exercícios de compreensão, alguns dos quais contam com o auxílio do livro. *Os textos foram inteiramente criados, a fim de conter os elementos principais do Livro-texto.*" [grifo nosso]

Nos casos em que atividades de compreensão oral aparecem de maneira autônoma, observamos que elas visam antes à avaliação dessa competência do que ao seu desenvolvimento. De maneira semelhante ao que ocorre na escrita, a compreensão oral se restringe à decodificação de informações explícitas nos textos, não havendo uma preocupação em levar o aluno a perceber implícitos ou fazer inferências e interpretações. Lembramos, nesse sentido, que, conforme destacam Anderson e Lynch (1988), a compreensão depende não apenas do processamento *bottom-up*, responsável pelos conhecimentos estruturais da língua (fonético-fonológicos, sintáticos, semânticos etc.), mas também do processamento *top-down*, que envolve o conhecimento do gênero em questão, sua estrutura e organização, assim como conhecimentos prévios do ouvinte em relação ao assunto abordado e em relação ao contexto. Trata-se, então, de um processo ativo e interativo de construção de sentidos.

Torna-se necessário, então, o trabalho com a compreensão de textos orais de diferentes gêneros, muitos dos quais se encontram elencados nas especificações do exame Celpe-Bras (Ministério da Educação, 2006, p. 22): "entrevistas, depoimentos, noticiários, debates, reportagens, documentários, anúncios de produtos ou endereços úteis, programa musical, programa de auditório ou de variedades, previsão do tempo, receita, palestra, aula, instruções, informes de trânsito e de situação nas estradas, mensagens na secretária eletrônica, conversas ao telefone, filmes, seriados, novelas, peças de teatro". Além disso, atividades que visem à preparação do aluno para o material que vai escutar – mobilizando, por exemplo, seus conhecimentos prévios em relação ao assunto – são essenciais para o desenvolvimento dessa habilidade. Mesmo em relação ao processamento *bottom-up*, parece-nos que os LDs têm dado pouca ou nenhuma atenção a aspectos supra segmentais – tais como prosódia e entoação –, que desempenham um papel fundamental na constituição do sentido.

Por fim, destacamos que a falta de insumos autênticos é bastante problemática, na medida em que, entre a fala em situações reais de comunicação (por exemplo, na linguagem coloquial, marcada por assimilações e elisões) e os textos artificiais, gravados especialmente para o ensino da língua, há uma distância incomensurável.

Produção escrita – A produção escrita tem sido frequentemente negligenciada nos LDs, o que se deve, por vezes, a uma má compreensão do que seja ter como meta o desenvolvimento de competência comunicativa, vista, em geral, apenas em relação à oralidade. Raríssimas são as propostas de textos escritos, de forma que a escrita se limita à elaboração de frases descontextualizadas – no limite, de diálogos –, com o objetivo de trabalhar aspectos lexicais e/ou gramaticais estudados na unidade.

Nos raros casos em que há – ao menos aparentemente – uma proposta de produção escrita, ela funciona, frequentemente, como pretexto para o trabalho com questões lexicais ou gramaticais. Esse é o caso da seguinte atividade – proposta na página 57 do livro "Um português bem brasileiro" (nível 3) –, que faz parte de uma unidade introduzida pelo texto "Livre", de Luís F. Veríssimo, cujo narrador-personagem toma a decisão de "renunciar à civilização e seus descontentamentos":

> Terminar o seguinte fax com que a empresa respondeu ao pedido de ajuda, indicando, pelo menos, cinco procedimentos que o cliente devia seguir:
>
> *Acabo de passar 10 dias no meio da selva e estou sem o meu cartão, preciso de um banho e uma cama de verdade. Você pode me ajudar?*
>
> *Rio de Janeiro, 21 de janeiro de 1996.*
> *Prezado Senhor,*
> *Seria conveniente que o senhor...*

Observamos que o objetivo principal do fax é avaliar se aspectos gramaticais – especificamente, o uso do pretérito imperfeito do subjuntivo, trabalhado ao longo da unidade – estão sendo utilizados corretamente. Parece-nos que a expectativa não é a de um texto bem estruturado, mas sim a de uma mera justaposição de cinco frases minimamente coerentes com a situação hipotética, que evidenciem o domínio desse tempo verbal.

É necessário, portanto, que os LDs de PFOL considerem a escrita como uma habilidade a ser desenvolvida (Souza 2002). Urge um trabalho com uma ampla gama de gêneros textuais, conforme o público-alvo do material. Em um livro dedicado a empresários, por exemplo, poder-se-iam priorizar gêneros como cartas, *e-mails*, fax e telegramas, atas, relatórios, currículos, formulários, entre outros. É essencial, ainda, trabalhar os diferentes parâmetros necessariamente envolvidos em uma produção escrita em situações reais de comunicação. Uma forma interessante para desenvolver esse tipo de trabalho é ter em vista os critérios de avaliação de produções escritas do exame Celpe-Bras: a) a adequação contextual, isto é, se o texto atinge seus objetivos; b) a adequação discursiva, que compreende aspectos relacionados à coesão e coerência e c) adequação linguística (adequação lexical e gramatical).

Compreensão escrita – A partir das inúmeras pesquisas e estudos desenvolvidos sobre a leitura nos últimos anos, não mais podemos concebê-la como um processo de decodificação, mas como um processo ativo de construção de sentidos. Para que isso seja possível, é necessário rever as concepções tradicionais de texto e desenvolver entre os alunos diferentes estratégias de leitura, o que compreende inferir o sentido de palavras desconhecidas, identificar informações principais e secundárias, mobilizar conhecimentos prévios, relacionar informações dadas no texto com aquelas pressupostas no contexto, analisar a relação entre a linguagem verbal e não-verbal no processo de construção do sentido, identificar implícitos e pressupostos etc. O processo de construção de sentidos na leitura, entretanto, não se resume a um conjunto de estratégias, muitas vezes vistas de forma independente, mas também envolve a compreensão do funcionamento do gênero, a análise de mecanismos de coesão, a percepção de relações intertextuais, a identificação de marcas reveladoras da posição do autor, a avaliação do registro utilizado, o exame das condições de produção do texto, entre outros.

Frequentemente, nas aulas de língua estrangeira, não há um trabalho adequado em relação ao desenvolvimento de tais sub-habilidades, o que se deve, parcialmente, ao mito de que o aluno já é um leitor em língua materna. Trata-se de um grande equívoco, uma vez que essas competências e habilidades geralmente não são desenvolvidas na leitura de textos em língua materna. Também é importante ter em vista que, quando o aluno também não tem um nível básico de vocabulário e de estruturas em LE, a tarefa de ler torna-se extremamente frustrante (Scaramucci 1995a).

Podemos perceber que a maioria dos LDs de PFOL concebe a leitura, da mesma forma como a compreensão oral, não como uma habilidade a ser trabalhada e ensinada, mas simplesmente avaliada. Inúmeras atividades se limitam à apresentação de um texto – autêntico ou não – que contém perguntas cujas respostas, frequentemente, exigem, por exemplo, mera localização de informações. Tais perguntas se apresentam, em geral, sob o formato de respostas abertas ou de verdadeiro/falso, ou, menos frequentemente, de múltipla escolha, sendo este último método totalmente inapropriado para a avaliação que ocorre em contextos de sala de aula. Vejamos, por exemplo, a seguinte atividade do livro "Português via Brasil" (pp. 99-101):

CENA BRASILIENSE
Brasília
No pau-de-arara

Governador planeja devolver nordestinos ao sertão

O governador do Distrito Federal anunciou na semana passada uma solução drástica para livrar-se da população de 100.000 pessoas, em sua maioria migrantes nordestinos, que encarnam os números mais negros do perfil social da capital: enviá-los de volta para seus Estados de origem. "Brasília tem que cumprir sua missão institucional de abrigar os poderes constituídos e as delegações estrangeiras", explica o secretário de Serviços Sociais, autor do projeto, que batizou o nome de Retorno com Dignidade.

O plano do secretário é promover, em etapas, a retirada dos nordestinos das favelas onde se encontram. "Já estamos fazendo contatos com várias prefeituras dos Estados do Nordeste", anuncia o secretário.

Divulgado, o projeto Retorno com Dignidade provocou reações contrárias entre as partes diretamente interessadas. Os prefeitos, ameaçados de receber de volta uma inesperada carga dos chamados paus-de-arara, estão horrorizados. "Eles não se conformarão em retornas. As condições de vida em Brasília são bem melhores do que as da aqui. O que haverá aqui é um grande aumento da tensão social", diz a prefeita de São Luís do Maranhão.

Na última quinta-feira, repetindo uma trajetória que seus conterrâneos realizaram há mais de 30 anos, um pernambucano de 23 anos chegou a Brasília com a mulher e cinco filhos e com planos de morar na capital. "Eu não vou voltar para a roça", afirma ele, que, no primeiro dia em Brasília, deu um passeio para conhecer os principais edifícios da cidade e ficou deslumbrado. "Na minha terra, a vida está sem esperança".

Bem-vindos até o final dos anos 60, quando as autoridades necessitavam de seus braços para colocar de pé conjuntos de vidro fume e ar refrigerado, os migrantes agora enfrentam um quadro oposto, numa cidade prevista para abrigar meio milhão de pessoas no ano 2.000 – mas que, anos antes, já conta com 2 milhões de habitantes. *Veja*, (adaptação)

Responda de acordo com o texto:

1. Na tentativa de resolver os problemas sociais locais, há prefeitos que tratam os nordestinos como petecas. Explique.

2. Por que os nordestinos preferem Brasília (onde para eles a vida é difícil) à vida em seus locais de origem?
3. Por que as autoridades de Brasília não querem mais acolher os nordestinos?
4. O que você faria se fosse
   a) prefeito de Brasília
   b) prefeito de uma cidadezinha do Nordeste?

As perguntas que seguem a atividade se limitam à compreensão geral do texto (1) e à localização de informações (2 e 3). Na questão 4 – que abre espaço para uma tomada de posição em relação ao tema –, o que está em jogo não é exatamente a leitura, mas a produção. Dessa forma, não há questões que permitam ao aluno mobilizar eventuais conhecimentos prévios referentes à construção de Brasília – ou que o levem a inferir informações sobre tal acontecimento, a partir do último parágrafo –, o que seria importante para uma leitura mais crítica do texto.

Para uma atividade de leitura dessa natureza, seriam interessantes perguntas que chamassem a atenção do aluno para os efeitos de sentido produzidos através do uso de determinadas expressões ("governador planeja *devolver* nordestinos ao sertão", "*solução* drástica para *livrar-se* de uma população...", "... *encarnam* os números *mais negros* do perfil social da capital", "uma inesperada *carga* dos chamados paus-de-arara") e que o levassem a refletir sobre as posições das diferentes partes envolvidas. Poder-se-ia, por exemplo, perguntar as razões pelas quais os prefeitos estão "horrorizados", segundo a reportagem. Conforme podemos concluir pela declaração da prefeita de São Luís do Maranhão, isso se deve à possibilidade de "aumento da tensão social" – e não a uma posição de apoio aos nordestinos, que tiveram um papel fundamental na construção de Brasília.

Além disso, essa seria uma boa oportunidade para integrar a compreensão e produção escritas. Poderia se propor, por exemplo, que o aluno argumentasse a favor ou contra o projeto "Retorno com dignidade", a partir da perspectiva (a) de um prefeito de uma cidade do Nordeste, que escreve uma carta para o secretário de Serviços Sociais, b) de um nordestino que vive em Brasília desde sua construção, da qual seu pai participou, e que escreve para o autor do projeto, ou c) de um leitor da Revista Veja, que decide expressar sua opinião na Coluna do Leitor. Na próxima seção, discutiremos essa questão.

Integração de habilidades

Uma das tendências nas abordagens mais contemporâneas – tanto no ensino como na avaliação – diz respeito à integração entre as competências/habilidades. Procura-se, dessa forma, reproduzir o que ocorre em situações reais de comunicação, em que diferentes habilidades são usadas de forma integrada: assistimos a uma palestra e discutimos seu conteúdo com colegas, lemos uma notícia e comentamos com conhecidos, lemos um *e-mail* e escrevemos uma resposta. É, portanto, na esteira dessas tendências, que o exame Celpe-Bras foi desenvolvido, avaliando-se as habilidades de forma integrada, diferentemente da grande maioria de exames de proficiência.[10] Para tanto, estrutura-se a partir de tarefas, que, na parte coletiva (realizada conjuntamente pelos candidatos), integram compreensão (oral e escrita) e produção escrita, e, na parte individual (interação face a face), compreensão (oral e escrita) e produção oral.

Embora as questões envolvidas na integração de habilidades sejam complexas e por vezes controvertidas (Araújo 2007) – sendo necessário, muitas vezes, principalmente em situações de ensino e de avaliação diagnóstica em sala de aula, considerá-las

---

10. O TOEFL (*Test of English as a Foreign Language*), em suas versões mais recentes, passou a incluir a avaliação da leitura e da escrita de forma integrada. O IELTS (*International English Language Testing System*), por outro lado, eliminou essa integração, alegando dificuldades na correção.

separadamente –, trabalhar as habilidades de forma integrada permite ao professor uma aproximação maior no trabalho da língua como uma prática social, e não apenas como um pretexto para exercício de estruturas.

Podemos observar, em alguns dos livros analisados, a tentativa de um tratamento integrado de algumas habilidades, mas não outras. Essa tentativa ocorre, sobretudo, entre a leitura e a produção oral, embora, em muitos casos, uma análise mais detalhada revela que não há, de fato, uma integração, já que a leitura funciona como habilidade auxiliar, aparecendo como elemento motivador para uma discussão oral. Tarefas que integram compreensão e produção orais são mais raras, o que seria bastante comum em situações reais de comunicação; por exemplo, quando ouvimos uma notícia no telejornal e comentamos a respeito, ou quando assistimos a uma aula e integramos os conteúdos aos nossos trabalhos de final de curso.

As tarefas de produção escrita – nas raras vezes em que aparecem – são, na maioria dos casos, desvinculadas da leitura. Entre os vários benefícios que essa integração poderia proporcionar, está o fato de que o insumo escrito não apenas serve de material inspirador da escrita, mas também permite nivelar o conhecimento prévio sobre o assunto solicitado na produção do texto escrito. É possível, assim, avaliar os alunos não pela sua capacidade ou pelo seu conhecimento prévio, mas pela sua capacidade de expressão escrita (Scaramucci 2005).

Em algumas publicações mais recentes – tais como "Estação Brasil" –, encontramos diferentes atividades que procuram integrar habilidades. Nas páginas 45-46 e na página 50 desse livro, por exemplo, encontramos atividades que integram, respectivamente, compreensão e produção escritas, e compreensão oral e produção escrita.

Agora leia a seguinte queixa de uma cliente do estacionamento *Pare Bem*:

MANOBRA

Há muito tempo sou cliente do Estacionamento Pare bem e há pouco deixei o veículo no local, como de costume. Recebi um comunicado da empresa segundo o qual o meu carro não engatava as marchas e solicitei um especialista para ir ao local verificar o problema. Após a perícia, foi constatado que a pessoa que manobrou o carro usou as marchas indevidamente, causando o defeito. O conserto ficou muito caro e o diretor da empresa disse que não iria me reembolsar pelo que gastei. Gostaria de uma solução (Cleonice de Andrade, São Paulo – SP).

Continue a justificativa abaixo como se você fosse o diretor do estacionamento *Pare Bem*. Responda à reclamação, decidindo-se pelo reembolso ou não à cliente.

A Pare Bem estacionamento esclarece aos leitores que nosso manobrista presta serviços para a cliente há 3 anos. Ao verificar o defeito da marcha, informou o responsável, que comunicou o fato à cliente.

FIAT TEMPO

No Brasil, é muito comum haver distribuição de panfletos publicitários nos sinais fechados de ruas e avenidas. Elabore um folheto de promoção da Fiat Tempo depois de ouvir sua propaganda em áudio.

Conforme afirmamos anteriormente, a integração de habilidades pressupõe momentos em que elas teriam de ser trabalhadas de forma separada, para que deficiências em uma habilidade não interfiram na outra. Uma pessoa que tivesse problemas sérios de leitura, por exemplo, poderia ter sua escrita subestimada, quando precisasse compreender o texto do qual dependeria sua produção. Isso justifica a importância de um trabalho específico em relação ao desenvolvimento de cada habilidade, separadamente; por exemplo, quando é necessário fazer um diagnóstico.

Aspectos culturais

Como sabemos, a maior parte dos professores e estudantes de uma determinada língua estrangeira não tem a oportunidade de vivenciar a cultura do outro, mas constrói suas imagens a partir de filmes, matérias televisivas e notícias jornalísticas, o que resulta, muitas vezes, na produção de estereótipos culturais. Nesse sentido, o LD desempenha um papel extremamente importante na constituição do imaginário da cultura do outro, reforçando ou desconstruindo estereótipos e favorecendo uma maior ou menor identificação com outras culturas. Além disso, ele pode sensibilizar o aprendiz para outros pontos de vista sobre o mundo e, assim, auxiliá-lo a interagir de maneira mais apropriada em situações reais de uso da língua-alvo (Coracini 1999).

A cultura tem sido, entretanto, sistematicamente, relegada a um segundo plano no ensino de língua estrangeira. Em geral, é concebida como um componente que, eventualmente, deve ser acrescentado a esse ensino. Nas palavras de Alvarez (2002 p. 159):

> Existem casos em que até se sugere a distinção entre o conhecimento linguístico e o conhecimento cultural; assim, a aquisição desses aspectos da língua estrangeira seria de forma separada. Nesses casos, o componente cultural da metodologia refere-se ao tipo de informação sobre o modo de vida, a organização social, os valores e as tradições da comunidade dos falantes nativos da língua. Em outras palavras, ele é visto simplesmente como opcional, usado para estimular o interesse para melhorar ou ampliar o leque do conhecimento do estudante sobre a civilização dos falantes da língua-alvo.

Afastando-nos dessas perspectivas, pensamos que a cultura é um fator constituinte da linguagem, ou seja, que lhe é inerente. Uma concepção particularmente interessante, a nosso ver, é aquela em que se baseia o exame Celpe-Bras:

> No que se refere à questão cultural, entende-se por cultura as experiências de mundo e as práticas compartilhadas pelos membros de uma

> comunidade. Os indivíduos agem em contexto e, como tal, são influenciados por sua própria biografia e pelo contexto social e histórico no qual estão inseridos. Cultura não é vista aqui como uma lista de fatos, autores ou datas importantes, mas como vários processos culturais inter-relacionados, tais como formas de interagir em diversas situações e contextos, atribuição de valores, representações de si próprio e do outro, modos de relacionar a interação e a organização cotidiana com sistemas e processos cultuais mais amplos. Cultura não é algo acabado, mas co-construído nas práticas cotidianas de uma comunidade. Levar em conta a cultura brasileira no exame Celpe-Bras significa, portanto, estar sensibilizado para outros pontos de vista sobre o mundo e para atribuir sentidos, considerando a situação da interação oral e/ou escrita. (Ministério da Educação, 2006, p. 4)

Tendo isso em vista, pareceu-nos essencial – em um artigo que visa apresentar um panorama dos LDs de PFOL – discutir aspectos recorrentes na maneira como esses materiais trabalham a cultura. Nossas análises indicam que esses materiais se baseiam em diferentes concepções.

Uma delas é a que concebe a cultura como informação turística: como num cartão postal, mostram-se belezas naturais, obras arquitetônicas e outras atrações turísticas, apagando-se os aspectos que poderiam causar uma imagem negativa sobre determinados aspectos da realidade brasileira. Como exemplo, podemos citar a seguinte pesquisa proposta na página 37 do livro "Português para jovens de fala hispânica" (volume III):

> Pesquisar sobre o **Rio de Janeiro**. Sua paisagem, montanhas e praias famosas, verão, igrejas, asa delta, futebol, clubes, TV, teatro, shows, carnaval e outros aspectos dessa grande cidade que foi a segunda capital do Brasil.
> Escreva uma reportagem para a seção de "Turismo" do jornalzinho da escola, convidando leitores a conhecer o Rio de Janeiro, a "Cidade Maravilhosa".

"**Dica**": Consulte os guias de viagens que costumam ser vendidos em bancas de revista.

Escreva, em média, duas páginas.

Trata-se de uma tarefa que permite uma integração entre as habilidades (compreensão e produção escritas). Entretanto, gostaríamos de chamar atenção para o fato de que, embora a primeira frase da proposta delimite um campo bastante vasto de pesquisa (pesquisar sobre o Rio de Janeiro), a continuação das instruções acaba por restringir a pesquisa aos aspectos positivos da "Cidade Maravilhosa". Isso vale mesmo em relação à última formulação dos exemplos de objetos de pesquisa ("outros aspectos dessa grande cidade que foi a segunda capital do Brasil"), que, diferentemente de um simples "etc.", evita uma deriva em relação a aspectos negativos do Rio de Janeiro. Afinal, não se trata de uma cidade qualquer, mas de uma *grande* cidade que foi *a segunda capital do Brasil*. A própria "dica" leva os alunos a consultar materiais nos quais sentidos que poderiam constituir uma imagem negativa do Rio de Janeiro são, em geral, excluídos.

Também pudemos observar LDs perpassados pela noção de cultura como conhecimento adquirido tipicamente na escola. O livro "Português para crianças de fala hispânica", por exemplo, é repleto de "curiosidades" como "O Brasil recebeu este nome por causa de uma madeira vermelha, da cor de brasa, que se chama pau-brasil e era abundante nas costas do Atlântico na época do descobrimento do Brasil em 1500". Também são numerosas as informações biográficas de pessoas como Carlos Drummond de Andrade, Luís Fernando Veríssimo, Castro Alves, Juscelino Kubitschek, Aleijadinho e Santos Dummont. O conhecimento histórico-geográfico aparece, assim, como um "patrimônio cultural dos brasileiros" , como o saber legítimo, que deve ser aprendido por aqueles que se interessam em aprender português do Brasil. Esse também é o caso de "Tudo bem: português para a nova geração", que apresenta em suas unidades seções como "Geografia do Brasil" e "História do Brasil".

Por vezes, podemos observar elementos que constroem estereótipos negativos sobre o brasileiro. É o caso do livro "Português via Brasil", que, na página 99, por exemplo, apresenta o conto "Inferno Nacional", de Stanislaw Ponte Preta. Trata-se de um texto que reforça a imagem do brasileiro malandro, que gosta de levar vantagem em tudo. Destacamos que as únicas atividades relacionadas ao conto propostas no livro são: (a) "reproduza a história acima em seus detalhes"; (b) "passe as falas do texto para o discurso indireto" e (c) um exercício com expressões idiomáticas. Não se abre, assim, espaço para rupturas com os efeitos de sentido produzidos no texto; ao contrário, as atividades apenas contribuem para a repetição formal/técnica, isto é, falar o mesmo com outras palavras. Dessa forma, apaga-se o fato de que, se, para alguns, ludibriar outras pessoas parece algo legitimado socialmente, para outros, a "Lei de Gerson" resume o que deve ser combatido e condenado como modo de pensar e agir tidos como típicos do brasileiro.

Uma maior preocupação em relação aos "riscos de generalizações, simplificações, receituário e estereótipos" (p. 5) se observa no livro "Estação Brasil". Trata-se de um material influenciado pelo exame Celpe-Bras, sua visão de linguagem e cultura. Na primeira de suas seções, intitulada "Questões Culturais", trabalha-se com temas como pontualidade, convenções sociais, uso de expressões não diretivas na fala do brasileiro (como o caso de se evitar o "não") e sua possível relação com a suposta cordialidade do brasileiro, diferenças culturais e preconceito.

Um livro que também se baseia em uma visão de cultura diferente das abordagens tradicionais é o "Interagindo em português. Textos e visões do Brasil". Isso pode ser percebido já pelo título e pela capa do livro – na qual se encontram pessoas em uma feira-livre –, que apontam para o fato de que a interação está na base do livro e que os "textos e visões" do Brasil não dizem respeito aos que retratam o "Brasil do turismo" ou aos tradicionalmente presentes na escola. Toda unidade conta com uma seção denominada "Imagens do Brasil", na qual temos fotos de pessoas, animais e/ou paisagens pouco conhecidos do Brasil, por exemplo, de um eletricista fazendo manutenção das torres de transmissão de TV e de uma mulher trabalhando na colheita de laranja. O objetivo dessa seção é definido pelas autoras do livro: "ler/interpretar fotos, falar e discutir sobre a realidade brasileira, posicionar-se em relação a questões sociais e ambientais" (p. x). Uma seção do livro que consideramos particularmente interessante é a "Tanto faz?", em que são apresentadas "listas de frases em vários graus de formalidade (do mais informal – com gírias, ao mais ou menos formal – com questões de próclise e ênclise) com sentido igual ou semelhante" (p. xi). Trabalham-se, assim, as diferentes formas de interagir em português, de acordo com o contexto, a função comunicativa e os participantes.

Dessa forma, podemos afirmar que a maioria dos LDs de PFOL necessita ser revista a fim de possibilitar aos alunos desenvolver uma competência intercultural,[11] que, na nossa perspectiva, está pressuposta em uma competência comunicativa.

Considerações finais

Propusemo-nos, neste capítulo, a apresentar um panorama dos LDs de PFOL. Para tanto, apresentamos um levantamento dos materiais disponíveis no mercado, através do qual identificamos que, apesar dos avanços, muitas lacunas necessitam ser preenchidas. Analisamos, em seguida, alguns aspectos gerais relacionados ao trabalho com as quatro habilidades e com as diferentes visões de cultura em jogo. Para concluir este texto, entretanto, resta mostrar que a carência de livros para o ensino de português em contextos específicos e para determinados públicos-alvos –

---

11. Utilizamos o termo "intercultural" para chamar atenção para o fato de que, na nossa perspectiva, não apenas a cultura da língua-alvo deve ser levada em consideração, mas também a cultura do sujeito aprendiz.

assim como as deficiências analisadas no desenvolvimento das diferentes competências –, está diretamente relacionada a um critério que, como discutimos no início deste trabalho, não tem sido levado em consideração nas propostas de análises de LDs: a visão de linguagem que os fundamenta.

Muitos dos LDs de PFOL – sobretudo aqueles publicados na década de 1980 – são marcados por uma visão de linguagem de natureza estruturalista, com foco na forma. A linguagem, nessa concepção, é um código geralmente descontextualizado, formado de elementos que se combinam, dando origem a sentenças gramaticalmente corretas. Partindo dessa perspectiva, o ensino focaliza as regras referentes ao modo como se combinam as formas gramaticais e os itens de vocabulário. Não há, portanto, espaço para o contexto, conhecimentos prévios ou interpretação. A cultura tampouco faz parte desse construto, sendo vista como algo à parte, um conteúdo composto de dados, fatos, datas.

Tendo como referência esses quesitos teóricos fragmentados, é papel dos alunos juntar as partes e organizar o que aprendem, através de exercícios mecânicos que envolvam a prática de padrões, cujo domínio levaria a um bom nível de proficiência. O professor, por sua vez, se limita a cumprir os procedimentos das práticas formuladas pelos autores, e pouco espaço sobra para que ele mostre sua criatividade ou sensibilidade. O roteiro das aulas é simples, fácil de ser seguido por um professor com pouco ou nenhum conhecimento da língua ou formação específica. O ensino torna-se, assim, generalizado, mesmo para grupos de alunos diferentes. É essa tradição que explica, em certa medida, a falta de materiais para públicos específicos, já que, em uma visão segundo a qual ensinar a gramática significa ensinar a língua, não se levam em consideração as diferentes situações de comunicação e suas especificidades, e, tampouco, os diferentes públicos-alvos.

Nossa experiência como usuários e observadores da linguagem, confirmada pelas inúmeras pesquisas, tem mostrado, entretanto, as limitações dessa visão de linguagem, deslocando o foco da forma para o uso. A linguagem é vista como uma prática social, de forma que seu uso requer não apenas a manipulação de formas e regras linguísticas, mas também o conhecimento de regras de comunicação para que o desempenho não seja apenas gramaticalmente correto, mas também socialmente adequado. O aprendiz, nesse caso, necessita saber o que dizer, para quem, quando e de que maneira (Scaramucci 1997). A cultura passa, dessa forma, a ser inerente à língua. Uso, interação e comunicação pressupõem, portanto, contexto, conhecimento prévio, interpretação. A aprendizagem da língua estrangeira se dá antes pelo envolvimento do aluno com diferentes situações de interação do que pelo estudo pormenorizado de regras gramaticais da língua. Ao professor, não basta o conhecimento da gramática e vocabulário da língua-alvo. É necessário que ele saiba usar a língua de forma efetiva em diferentes situações comunicativas, o que implica competências sócio culturais, pragmáticas, funcionais e discursivas. Ser proficiente, portanto, pressupõe ser capaz de agir adequadamente no mundo através da linguagem (Clark 1996).

Mesmo em publicações mais contemporâneas que fazem parte dos livros analisados, e se autodenominam "comunicativas", podemos observar, como reflexo de uma longa tradição formalista, deficiências no desenvolvimento das quatro habilidades e de uma "competência intercultural". Muitos desses materiais incluem, por exemplo, textos – autênticos ou não –, mas não deixam de revelar sua base estruturalista quando propõem atividades que, ao invés de focalizarem a construção do sentido, servem como pretexto para o ensino de aspectos gramaticais ou lexicais.

Para concluir, gostaríamos de destacar que os LDs baseados em visões "mais comunicativas" enfrentam uma grande dificuldade: juntar tarefas comunicativas a momentos de sistematização da gramática. Se, nos materiais com foco na forma, a coesão entre as diferentes seções de uma unidade se dá pela competência a ser desenvolvida – a gramatical –, é preciso repensar, nos livros alinhados às tendências contemporâneas de uso de linguagem, o lugar da gramática, e maneiras de integrá-la às unidades.

Referências bibliográficas

ALVAREZ, M. L. O (2002). "Os fraseologismos como expressão cultural: aspectos de seu ensino em PLE", *in*: CUNHA, M. J. C.; SANTOS, P. (Org.). *Tópicos em português língua estrangeira*. Brasília, pp. 157-172, Universidade de Brasília.

ANDERSON, A.; LYNCH, T (1988). *Listening*. Oxford, Oxford University Press.

ARAÚJO, K. S (2007). *Perspectiva do examinando sobre a autenticidade de avaliações em leituras em língua estrangeira*. Dissertação (Mestrado em Linguística Aplicada). Campinas, Universidade Estadual de Campinas.

BOHN, H. I (1988). "Avaliação de materiais", *in*: BOHN, H. I.; VANDRESEN, P (Org.). *Tópicos de Linguística Aplicada: o ensino de línguas estrangeiras*. Florianópolis, Universidade Federal de Santa Catarina.

CELADA, M. T.; ZOPPI-FONTANA, M. G (2005). "Sujetos desplazados, lenguas en movimiento: identificación y resistencia en procesos de integración regional", *in: Estudios en Linguística Aplicada*. México D.F., v. 42, pp. 54-78.

CLARK, H. (1996). "Language use", *in*: _____. *Using language*. Cambridge, pp. 3-25, Cambridge University Press.

CORACINI, M. J. R. F (1999). "O livro didático nos discursos da Linguística Aplicada e da sala de aula", *in*: _____. (org.) *Interpretação, autoria e legitimação do livro didático*. Campinas, pp. 17-26, Pontes.

CUNHA, M. J. C.; SANTOS, P (2002). "Perspectivas contemporâneas na formação de professores de português língua estrangeira", *in*: _____ (org). *Tópicos em português língua estrangeira*. Brasília, pp. 12-19, Universidade de Brasília.

DINIZ, L. R. A (2008). *Mercado de línguas: a instrumentalização brasileira do português como língua estrangeira*. Campinas, Dissertação (Mestrado em Linguística), Instituto de Estudos da Linguagem, Universidade Estadual de Campinas.

FANJUL, A. P (2002). *Português e Espanhol: línguas próximas sob o olhar discursivo*. São Carlos, Clara Luz.

_____ (2004a). El contacto portugués brasileño español desde la discursividad. Focalizando procesos enunciativos. Madri, v. 14, pp. 13-36, Linguística.

_____ (2004b). "Perspectivas endocéntrica y exocéntrica para la escenificación de la persona en la enunciación. Estudio comparativo entre brasileños y argentinos", *in*: FANJUL, A. P.; OLMOS, A. C.; GONZÁLEZ, M. M. (Org.), *Hispanismo 2002*. São Paulo, pp. 76-85, Humanitas.

FERREIRA, I. A (1995). "A interlíngua do falante de espanhol e o papel do professor: aceitação tácita ou ajuda para superá-la?", *in*: ALMEIDA FILHO, J. C. P. de. (Org.) *Português para estrangeiros: interface com o espanhol.* Campinas, pp. 39-58, Pontes.

_____ (1997). "Interface português/Espanola", *in*: ALMEIDA FILHO, J. C. P. de (Org.). *Parâmetros atuais para o ensino de português língua estrangeira*. Campinas, pp. 141-151, Pontes.

_____ (2002). "Português/espanhol – fronteiras linguísticas que devem ser delimitadas", *in*: CUNHA, M. J. C.; SANTOS, P. (Org.). *Tópicos em português língua estrangeira.* Brasília, Universidade de Brasília.

GOMES DE MATOS, F (1989). "Quando a prática precede a teoria: a criação do PBE", *in*: ALMEIDA FILHO, J. C. P. de; LOMBELLO, L. C. *O ensino de português para estrangeiros: pressupostos para o planejamento de cursos e elaboração de materiais.* Campinas, pp. 11-18, Pontes.

GRANNIER, D. M (2002). "Uma proposta heterodoxa para o ensino de português a falantes de Espanola", *in*: JÚDICE, N. (Org.) *Português para estrangeiros. Perspectivas de quem ensina*. Niterói, pp. 57-80, Intertexto.

_____ (2004). "Grandes dificuldades de comunicação devidas a falhas de pronúncia", *in*: SIMÕES, A. R. M.; CARVALHO, A. M.; WIEDEMANN, L., *Português para falantes de espanhol: artigos selecionados escritos em português e inglês*. Campinas, pp. 175-182, Pontes.

LOMBELLO, L. C.; EL-DASH, L. G.; BALEEIRO, M. A (1983). "Subsídios para a elaboração de material didático para falantes de Espanola" in: *Trabalhos em Linguística Aplicada*. Vol. 1, pp. 117-132.

MAIA, A. M. B. da et al (2000). *Análise comparativa/contrastiva das abordagens gramatical e comunicativa*. Brasília, Universidade de Brasília.

MINISTÉRIO DA EDUCAÇÃO (2006). *Certificado de Proficiência em Língua Portuguesa para Estrangeiros. Manual do Candidato*. Brasília.

MOURA NEVES, M. H. de (2000). *Gramática de usos do Português*. São Paulo, UNESP.

SANTOS, P (1998). "O ensino de português como segunda língua para falantes de espanhol: teoria e prática", in: SANTOS, P.; CUNHA, M. J. *Ensino e pesquisa em português para estrangeiros*. Brasília: Editora da Universidade de Brasília, pp. 49-57.

SCARAMUCCI, M. V. R (1995a). *O papel do léxico na compreensão em leitura em língua estrangeira: foco no produto e no processo*. Tese (Doutorado em Linguística Aplicada), Campinas, Instituto de Estudos da Linguagem, Universidade Estadual de Campinas.

_____ (1995b). "O Projeto Celpe-Bras no âmbito do Mercosul: contribuições para uma definição de proficiência comunicativa", in: ALMEIDA FILHO, J. C. P. (Org.). *Português para Estrangeiros: interface com o Espanhol*. Campinas, pp. 77-90, Pontes.

_____ (1996). "O ensino de português para hispanofalantes em situação de imersão: relato de uma experiência", in: *Anais do Seminário da Sociedade Internacional de Português-Língua Estrangeira (SIPLE)*. Niterói, RJ, 1996.

_____ (1997). "Avaliação de rendimento no ensino de português língua estrangeira", in: ALMEIDA FILHO, J. C. P. (org), *Parâmetros atuais para o ensino de português língua estrangeira*. Campinas, pp. 75-88, Pontes.

_____ (1999). "CELPE-BRAS: um exame comunicativo", *in*: CUNHA, M. J.; SANTOS, P. (Orgs.). *Ensino e Pesquisa em Português para Estrangeiros*. Brasília, pp. 75-81, Universidade de Brasília.

_____ (2005). "Prova de redação nos vestibulares: educacionalmente benéfica para o ensino/aprendizagem da escrita?", *in*: FLORES, V. do N. *et al.* (Org.), *A redação no contexto do Vestibular 2005 – a avaliação em perspectiva*. Porto Alegre, pp. 37-57, UFRGS.

SELINKER, L (1972). *Interlanguage. International Review of Applied Linguistics* 10 (3), pp. 209-231.

SIMÕES, A. R. M.; CARVALHO, A. M.; WIEDERMANN, L (2004). Prefácio, *in*: _____. *Português para falantes de espanhol: artigos selecionados escritos em português e inglês*. Campinas, pp. 19-26, Pontes.

SOUZA, L. G (2002). *Ensino da produção escrita em língua estrangeira (inglês) em um curso de línguas: influência da avaliação ou da concepção de escrita do professor?* Dissertação (Mestrado em Linguística Aplicada). Campinas, Universidade Estadual de Campinas.

UR, P (1995). *A Course in Language Teaching: practice and theory*. Cambridge, Cambridge University Press.

VIANA, N (1997). "Planejamento de cursos de língua – pressupostos e percurso", *in*: ALMEIDA FILHO, J. C. P. de (org). *Parâmetros Atuais para o Ensino de Português Língua Estrangeira*. Campinas, pp. 29-48, Pontes.

_____ (2003). *Sotaque Cultural:* uma proposta para compreensão de traços culturais (re)velados na interação em língua estrangeira. Tese (Doutorado em Estudos Linguísticos). Belo Horizonte, Universidade Federal de Minas Gerais.

XAVIER, R. P.; URIO, E. D. W (2006). "O Professor de Inglês e o livro didático: que relação é essa?", *in*: *Trabalhos em Linguística Aplicada*, Campinas, v. 45, n. 1, pp. 29-54.

ANEXO – MATERIAIS DIDÁTICOS DE ENSINO DE PORTUGUÊS DO BRASIL PARA FALANTES DE OUTRAS LÍNGUAS[1]

Título	Autor(es)[2]	Editora e ISBN	Componentes[3]	Público-alvo e nível[4]
Aprendendo português do Brasil: um curso para estrangeiros	LAROCA, Maria Nazaré de C.; BARA, Nadime; PEREIRA, Sonia Maria da Cunha	Campinas: Pontes 85-7113-065-5	LA, LE, LP, CD/K7 (1)	"O livro tem como objetivo dar condições ao aluno estrangeiro de dominar, em pouco tempo, as estruturas fundamentais da Língua Portuguesa, nas modalidades oral e escrita".
Avenida Brasil: curso básico de português para estrangeiros (volumes 1 e 2)	LIMA, Emma Eberlein Oliveira F.; ROHRMANN, Lutz; ISHIHARA, Tokiko; BERGWEILER, Cristián González; IUNES, Samira Abirad	São Paulo: EPU 85-12-54700-6 (volume 1) 85-12-54750-2 (volume 2)	LA, LE, LP, CD/K7 (2), G (al, esp, ing, fr)[5]	"Destina-se a estrangeiros de qualquer nacionalidade, adolescentes e adultos que queiram aprender Português para poderem comunicar-se com brasileiros e participar de sua vida cotidiana".
Bem-vindo: a língua portuguesa no mundo da comunicação	PONCE, Maria Harumi Otuki de; BURIM, Silvia R. B. Andrade; FLORISSI, Susanna	São Paulo: SBS 85-7583-063-5	LA, LE, LP, LR, CD/K7 (4)[6]	"Público de jovens e adultos de qualquer nacionalidade que queira aprender português, com sotaque brasileiro, como língua estrangeira". Nível iniciante até o pós-intermediário
Colloquial Portuguese of Brazil: the complete course for beginners	OSBORNE, Esmenia Simões; SAMPAIO, João; MCINTYRE, Barbara	Londres: Routledge 0-415-16137-1	LA, K7 (2), CD	Iniciantes
Com licença. Brazilian Portuguese for Spanish speakers	SIMÕES, Antônio R. M.	Austin, Texas: University of Texas Press 0-292-71142-5	LA, K7 (3)	"Estudantes que têm espanhol como língua materna ou com alto grau de proficiência nesta língua". "Criado especialmente para atender às necessidades do primeiro ano de ensino de português nos colegiais dos EUA".
Conhecendo o Brasil: curso de Português para falantes de espanhol	Fundação Centro de Estudos Brasileiros (FUNCEB)	Buenos Aires: Akian Gráfica Editora 987-96351-5-9	Livro, K7 (2), vídeo (3)	"Preparado especialmente para falantes de espanhol". Nível básico
Diálogo Brasil: curso intensivo de português para estrangeiros	LIMA, Emma Eberlein Oliveira F.; IUNES, Samira Abirad; LEITE, Marina Ribeiro	São Paulo: EPU 85-12-54220-9	LA, LP, CD/K7 (2), G (al, fr, ing, esp)	"Destinado a um público adulto, a profissionais de todas as áreas que necessitam de um aprendizado seguro e relativamente rápido, aplicando-se também a um público jovem". "Abrange o ensino da língua desde suas primeiras noções, chegando ao final do nível intermediário".
Estação Brasil: português para estrangeiros	BIZON, Ana Cecilia; FONTÃO DO PATROCÍNIO, Elizabeth	Campinas: Átomo 85-7670-015-8	LA, CD (1)	"Alunos aprendizes que já alcançaram uma proficiência média em PLE; alunos que desejam se preparar para o exame de proficiência Celpe-Bras"

Título	Autor(es)	Editora / ISBN	Material	Público
Fala Brasil	COUDRY, Pierre; FONTÃO DO PATROCÍNIO, Elizabeth	Campinas: Pontes 85-7113-082-5	LA, LE, CD/K7 (2)	Falantes de qualquer idioma
Falar... ler... escrever... Português: um curso para estrangeiros[7]	LIMA, Emma Eberlein Oliveira F.; IUNES, Samira Abirad	São Paulo: EPU 85-12-54310-8	LA, LE, LP, LR, LT, G (al, fr, ing), CD/K7 para LA (3), CD/K7 para LE (4)	"Adultos e adolescentes a partir dos 13 anos, de qualquer nacionalidade. Leva o aluno totalmente principiante até o nível intermediário".
Interagindo em português: textos e visões do Brasil (volumes 1 e 2)	HENRIQUES, Eunice Ribeiro; GRANNIER, Daniele Marcelle	Brasília, DF: Thesaurus 85-7062-254-6 (volume 1) 85-7062-253-8 (volume 2)	LA, K7	Iniciante (vol. I) Intermediário (vol. II) Avançado (vol. III, no prelo)
Panorama Brasil: ensino do português no mundo dos negócios	PONCE, Harumi de; BURIM, Silvia; FLORISSI, Susanna	São Paulo: Galpão 8599311042	LA[8]	"Livro voltado para o mundo dos negócios". "Ideal para alunos de nível intermediário e avançado, é uma importante ferramenta para educadores que trabalham com diretores, executivos e demais funcionários de empresas que vêm trabalhar no Brasil".
Passagens português do Brasil para estrangeiros	CELLI, Rosine	Campinas: Pontes 8571131643	LA, LR, CD, CD-ROM	"Adolescentes e adultos"
Português básico para estrangeiros	MONTEIRO, Sylvio	São Paulo: Ibrasa 8534801169	LA, K7 (1)	Básico
Português básico para estrangeiros	SLADE, Rejane de Oliveira	Londres: Yale University Press 0963879030	LA, LE, LP, CD (12)[9]	Iniciante, intermediário e avançado
Um Português bem brasileiro (níveis 1 a 4)	Fundação Centro de Estudos Brasileiros (FUNCEB)	Buenos Aires, Argentina: Loyola 987-96351-0-8 (nível 1) 987-96351-2-4 (nível 2) 987-96351-0-8 (nível 3) 987-96351-6-7 (nível 4)	LA	Falantes de Espanhol
Português como segunda língua	ALMEIDA, arilú Miranda M.; GUIMARÃES, Lucia Angelina C.L.	Rio de Janeiro: Ao Livro Técnico 85-215-0534-5	LA	"O livro tem como objetivo suprir as necessidades encontradas no estudo do Português". "Destina-se a alunos que já tenham noções da língua".
Português contemporâneo (volumes 1 e 2)	ABREU, Maria Isabel; RAMEH, Cléa	Washington, D.C.: Georgetown University Press 0-87840-026-5 (volume 1) 0-87840-025-7 (volume 2)	LA, K7 (2)	Falantes de inglês Nível básico

Título	Autor(es)	Editora / ISBN	Público
Português: conversação e gramática	MAGRO, Haydée S; PAULA, Paulo de	São Paulo: Pioneira / Brazilian American Cultural Institute 8522101094	LA, K7	Básico e intermediário
Português dinâmico	MARIA, Maria Marta Santo; ANDRÉ, Santinha	Buenos Aires: El autor 9874391960	LA, CD-rom	Hispano-falantes
Português do Brasil para hispano-americanos (volumes 1 e 2)	SILVEIRA, Lúcia Velloso da	Lima, Peru: Editorial Hozlo S.R.L. 9972-753-72-7 (volume 1)	LA, LP [10]	Falantes de espanhol
Português para crianças de fala hispânica (volumes 1 e 2)	ORTIZ, Zilda Volpe; OLIVEIRA, Jorge Fernandes de	Assunção, Paraguai: Imprenta Salesiana Informação não disponível	LA, LE, LP, K7	Crianças falantes de espanhol Vol. 1 (8 a 10 anos) Vol. 2 (11-12 anos)
Português para jovens de fala hispânica (volumes 3 e 4)				Jovens com mais de 13 anos "Direcionado para o eventual exame de ingresso nas Universidades Brasileiras, por meio do PEC (Programa Estudante-convênio)".
Português para estrangeiros (volumes 1 e 2)	MARCHANT, Mercedes	Porto Alegre: Age 858562721 2	LA	Estrangeiros de qualquer nacionalidade
Português para estrangeiros infanto-juvenil Português para estrangeiros (nível avançado)	MARCHANT, Mercedes	Porto Alegre: Age 8574970301 (infanto-juvenil); 858562728X (avançado)	LA, K7 para nível básico (1), K7 para nível avançado (1)	Níveis básico e avançado "Crianças e adolescentes cuja língua materna é o espanhol"
Português para falantes de espanhol	LOMBELLO, Leonor Cantareiro; BALEIRO, Marisa de Andrade	Campinas: Unicamp/Funcamp/MEC Edição experimental	LA	Falantes de espanhol
Português via Brasil. Um curso avançado para estrangeiros	LIMA, Emm Eberlein Oliveira F; IUNES, Samira Abirad	São Paulo: EPU 85-12-54380-2	LP, LA, K7	"Pessoas que tenham terminado o curso básico de Português como língua estrangeira e desejam prosseguir seus estudos em nível intermediário e avançado".
Sempre amigos: Fala Brasil para jovens	FONTÃO DO PATROCÍNIO, Elizabeth	Campinas: Pontes 85-7113-140-8	LA, LP	Público jovem Falantes de espanhol
Tudo bem? Português para a nova geração (volumes 1 e 2)	PONCE, Maria Harumi Otuki; BURIM, Silvia; FLORISSI, Susanna	São Paulo: SBS 8587343270 (volume1) 858734384X (volume 2)	LA, CD (2)	"Voltado às necessidades do público jovem"

1. O levantamento destes materiais fez parte da pesquisa de mestrado de Diniz (2008), desenvolvida na Universidade Estadual de Campinas, sob orientação da Profª. Drª. Mónica Graciela Zoppi-Fontana. Tal pesquisa contou com o apoio da FAPESP (processo 05/57362-0).
2. Elencamos nesta coluna apenas os autores dos livros do aluno.
3. Adotamos as seguintes siglas: LA (livro do aluno), LE (livro de exercícios), LP (livro do professor), LR (livro de respostas), LT (livro de testes), G (glossário), al (alemão), esp (espanhol), fr (francês), ing (inglês). Os números entre parênteses indicam a quantidade de CDs ou fitas K7s que fazem parte da coleção.
4. As informações que constam nesta coluna foram retiradas dos prefácios e/ou quarta-capas dos livros do aluno.
5. Cada nível do livro "Avenida Brasil" conta com todos esses materiais.
6. A coleção conta com três cadernos de exercícios, destinados, respectivamente, ao público de origem oriental, anglo-saxônica e latina.
7. Primeiramente editado com o título de "Falando, lendo, escrevendo português: um curso para estrangeiros"
8. As respostas aos exercícios, assim como dicas e sugestões, encontram-se disponíveis no *site* da Editora Galpão.
9. A coleção contém três conjuntos com 3 CDs cada (iniciante, intermediário e avançado).
10. O LP é uma guia para a utilização dos dois volumes do livro do aluno.

SEQUÊNCIAS DIDÁTICAS PARA O ENSINO DE LÍNGUAS

Vera Lúcia Lopes Cristovão

A mediação do nosso trabalho de professores de línguas em sala de aula tem sido comumente feita por materiais didáticos. Muitos, em especial, no formato de livro didático, são continuamente postos à disposição dos profissionais da educação representando uma importante ferramenta para o ensino. Sua forma de organização, os conteúdos veiculados, o tipo de atividade disponibilizada e as formas de avaliação dependem muito da perspectiva teórico-metodológica subjacente à proposta.

Diante disso, tenho como propósito esclarecer os pressupostos referentes à construção/produção de sequências didáticas (SDs) para o ensino de línguas com base no interacionismo sociodiscursivo (Dolz, Noverraz e Schneuwly 2004) e em experiências de elaboração de SDs para o ensino de inglês na educação básica.

O conceito de sequência didática e seu princípios de produção

A definição de sequência didática, específica para o ensino/aprendizagem de produção de textos, dada por Dolz e Schneuwly (1998, p. 93), é a seguinte: "um conjunto de módulos escolares organizados sistematicamente em torno de uma atividade de linguagem dentro de um projeto de classe".[1] Conforme defendido por esses autores, a sequência didática é considerada um conjunto de atividades progressivas, planificadas, guiadas ou por um tema, ou por um objetivo geral, ou por uma produção dentro de um projeto de classe. Ela seria constituída de uma produção inicial, feita sobre uma situação de comunicação que orientaria a sequência didática, e de módulos que levam os alunos a se confrontarem com os problemas do gênero tratados de forma mais particular. Como fechamento, haveria uma produção final. Esses três passos constituiriam o projeto de classe. As sequências, cujo objetivo central é a produção escrita de textos, são comumente organizadas em torno de gêneros. Os gêneros se constituem como artefatos simbólicos que se encontram à nossa disposição na sociedade, constituindo como práticas sociais de referência para nosso agir. Entretanto, só poderiam ser considerados como verdadeiros instrumentos, quando nos apropriamos deles, considerando-os úteis para nosso agir com a linguagem. Portanto, podemos pensar que, no ensino de gêneros, se os aprendizes não sentirem necessidade de um determinado gênero para seu agir verbal, haverá muito maior dificuldade para sua apropriação.

Podemos citar como exemplo os alunos do ensino fundamental que podem manifestar dificuldade tanto por não se colo-

---

1. *"un ensemble de périodes scolaires organisées de manière systématique autour d'une activité langagière (...) dans le cadre d'un projet de classe."*

carem na situação de produção de um texto quanto por não tomarem a escrita como um processo e não considerarem as características constitutivas do gênero enfocado. Enquanto os gêneros mais informais vão sendo apropriados no decorrer das atividades cotidianas, sem necessidade de ensino formal, os gêneros mais formais, orais ou escritos, necessitam ser aprendidos mais sistematicamente, sendo seu ensino uma responsabilidade da escola cujas funções englobam a atividade de propiciar o contato, o estudo e o domínio de diferentes gêneros usados na sociedade. Por isso, o gênero, forma de articulação das práticas de linguagem, pode ser o eixo organizador das sequências didáticas, consideradas instrumentos de mediação. Esse(s) instrumento(s), objeto(s) socialmente elaborado(s), media(m) a atividade de ensino/aprendizagem. Se o instrumento se transforma, a própria atividade que está relacionada ao seu uso pode ser modificada.

O projeto de sequências didáticas como ferramenta de mediação para o trabalho com gêneros textuais na sala de aula já foi abordado por vários trabalhos de investigação, quais sejam: Rosenblat (2000); Cristovão (2001); Guimarães (2007); Canato (2007); Petreche (2007). O papel da sequência didática nessa linha de raciocínio é consiste em proporcionar um conjunto de atividades que propicie a transposição didática adequada de conhecimentos sobre os gêneros ao mesmo tempo que explora a esfera de circulação dos textos produzidos. Dando continuidade a essa reflexão, este texto traz à tona alguns conceitos subjacentes às orientações metodológicas, bem como princípios norteadores.

A primeira concepção a ser ressaltada é a de *construção*. O trabalho didático prevê a proposta de aprendizagem como um *processo espiralado* de apreensão em que o novo se edifica transformando o que já existe. O indivíduo toma por base conhecimentos já dominados para expandi-los e transformá-los. Nesse sentido, as tarefas de produção escrita partem do que a pessoa já

consegue produzir (em termos do gênero solicitado) e se voltam para o que pode ser aprendido para a melhora do texto.

Uma segunda noção importante é a de uso de *textos autênticos* que sejam uma referência do gênero que está sendo trabalho. Textos de circulação social podem revelar traços característicos que devem ser respeitados para a adequação da produção à situação de comunicação em foco. Um exemplo que pode ser retomado é a escrita de artigo de opinião com a finalidade de disseminar a opinião de alguém sobre algo polêmico anteriormente noticiado. A função é essencial para orientar a exploração de aspectos discursivos e linguísticos de forma contextualizada. No caso do artigo de opinião, o professor empreende atividades voltadas para a expressão de posição sobre uma questão sustentada por argumentação.

Outro fundamento básico é a indissociabilidade entre compreensão e produção, por exemplo, leitura e escrita. A leitura provê informações e, possivelmente, referências de escrita. Portanto, além de conteúdo que pode ser fomento para a construção de novos textos, as referências consultadas podem ilustrar modelos para as produções originais.

Para escrever, a refacção é parte constitutiva do processo. As diversas atividades de uma sequência didática podem dar conta das características que devem ser respeitadas, bem como das dificuldades dos alunos que vão sendo superadas na reescrita.

A adequação de sequências didáticas que possam ser um guia
para os professores depende de alguns princípios[2] norteadores para a sua construção. Como guia, o material deve explicitar as características do gênero que seriam ensinadas para um determinado grupo de alunos, a natureza do trabalho, a lógica da progressão das atividades e as propostas de avaliação. Como instrumento de trabalho, o material deve conter atividades e instruções acompanhados de textos. Para garantir um trabalho de colaboração entre professor e alunos, a sequência didática deve contemplar: a) uma esfera de atividade em que o gênero circule; b) a definição de uma situação de comunicação na qual a produção se insere; c) conteúdos apropriados; d) a disponibilização de textos sociais (de circulação real) como referência para os alunos; e) uma organização geral de ensino que vá ao encontro das transformações desejadas; f) atividades que contribuam para que os objetivos sejam alcançados; g) propostas de percursos e situações que levem o aluno a atingir os objetivos desejados.

Segundo pressupostos que fundamentam o conceito, a sequência didática: a) permite um trabalho integrado; b) pode articular conteúdos e objetivos sugeridos por orientações oficiais

---

2. Dolz e Schneuwly. "Os gêneros escolares: das práticas de linguagem aos objetos de ensino". *Revista Brasileira de Educação*, no. 11, pp. 5-16, mai/jul/ago, 1999.

(Diretrizes Curriculares, por exemplo) com aqueles do contexto específico (Projeto Político-pedagógico ou planejamento anual); c) contempla atividades e suportes (livro, *internet* etc.) variados; d) permite progressão a partir de trabalho individual e coletivo; e) possibilita a integração de diferentes ações de linguagem (leitura, produção escrita etc.) e de conhecimento diversos; f) adapta-se em razão da diversidade das situações de comunicação e das classes.

Nessa mesma linha de raciocínio, em relação ao uso de gêneros como instrumentos para o ensino e eixo organizador de sequências didáticas, é necessário que o conjunto de atividades propicie a transposição didática adequada dos conhecimentos científicos sobre os gêneros para o nível dos conhecimentos a serem efetivamente ensinados, de acordo com as capacidades dos alunos, suas necessidades, interesses e objetivos.

Especificamente para a produção escrita, ela pode ser constituída de oficinas que possibilitem a produção como processo e não como produto. Uma produção inicial, feita a partir de uma situação de comunicação que demandaria a produção de textos do gênero enfocado. O papel da produção inicial é ser instrumento de diagnóstico e a primeira ocasião de aprendizagem, construindo-se as representações da situação de comunicação. Por meio da produção inicial, conhecem-se as capacidades de linguagem já existentes e as potencialidades dos alunos, definindo-se o conteúdo a ser explorado pela sequência didática e motivando-se os alunos.

Em seguida, módulos que levem os alunos a se confrontarem com as características de textos pertencentes ao gênero tratado. Os módulos da sequência didática seriam elaborados a partir da descrição e definição dos problemas e dificuldades dos alunos e em relação às características que devem ser ensinadas do gênero em questão. A escolha desses módulos depende, assim, das capacidades dos alunos, do nível escolar, do currículo e do gênero trabalhado. Outra influência sobre a construção dos módulos seriam as características histórico-culturais particulares de cada classe, que também determinaria intervenções didáticas diferenciadas.

Cada etapa pode apresentar atividades obrigatórias e outras facultativas. O estatuto de facultativo dependerá da produção inicial dos alunos. Outra possibilidade é a elaboração de exercícios complementares, criando-se múltiplas possibilidades de adaptação da sequência às necessidades da classe.

Como fechamento, haveria uma produção final. Esta se caracteriza como o lugar de integração dos saberes construídos e de instrumentos apropriados. Esses três passos constituiriam o projeto de classe.

Dolz e Schneuwly (1999, pp. 122-123) defendem ainda que

> a realização concreta de sequências didáticas exige uma avaliação fina das capacidades de linguagem dos alunos na aula, antes e durante o curso do ensino. Assim, os professores que praticam tais sequências devem adaptá-las aos problemas particulares de escrita e oralidade de seus alunos.

Para essa adaptação, o professor precisa intervir em diversos níveis de sua prática. No nível geral, precisa adaptar a escolha de gêneros e de situações de comunicação, de acordo com as capacidades de seus alunos. Os objetivos devem ser claramente delimitados no projeto de aprendizagem, bem como os módulos e atividades devem ser propostos com base nas observações da produção inicial. A aprendizagem pode ser ainda facilitada com a adaptação da sequência didática ao tempo de ensino que permita autorregulação e autoavaliação.

Em síntese, o quadro teórico em que nos baseamos para o ensino/aprendizagem de línguas no contexto escolar envolve: a) uma concepção de linguagem considerada em sua dimensão discursiva e sócio-histórica; b) uma concepção de ensino/aprendizagem que se realiza em atividades sociais mediadas pela linguagem com a participação do sujeito como agente; c) uma concepção de produção escrita como um processo interativo de construção de sentido.

Considerando que essa proposta pode ser adequada para o ensino de outras ações de linguagem, apresento alguns princípios para ensino de leitura em LE.

Princípios para ensino de leitura

Muitas pesquisas vêm abordando várias falhas ou problemas existentes na prática da leitura na escola. A literatura consultada nos aponta algumas destas questões, tais como: uma visão falha de compreensão subjacente aos materiais; as próprias características dos materiais, em especial, o tipo de atividade e o tipo de pergunta; a ausência de uma perspectiva crítica voltada para a construção do conhecimento; a falta de objetivos na aula de leitura; o tipo de aula que se privilegia com o tipo de material usado; o papel do professor e dos alunos em razão do material; a questão do nível de conhecimento de vocabulário; a seleção de textos e o tipo de avaliação proposta.

Assim, essas críticas revelam a insatisfação com relação às propostas dos livros didáticos, e/ou do professor, nas quais as atividades levam o aluno a ser cerceado por limites de interpretação estabelecidos ora pelo autor ora pelo professor. Por exemplo, as pesquisas coordenadas por Coracini (1995 e 1999) mostram que comumente a escola e, em especial, as aulas de línguas privilegiam a leitura com sentido produzido a partir do texto. Em aulas de LE, é constante o uso de tradução linear, principalmente das palavras consideradas difíceis por uma avaliação do professor, fazendo com que a leitura seja trabalhada como decodificação de palavras para que o texto seja construído ao decodificarem mais e mais palavras e partes do texto. O movimento de leitura parte do fragmento para o texto, numa tarefa linear (Grigoletto 1999b), pressupondo-se um trabalho do fragmento para o todo e não se considerando a influência das condições de produção na construção do sentido.

Kleiman e Moraes (1999), por sua vez, mostram que o livro didático ainda se apresenta com uma concepção de trabalho pedagógico linear e sequencial. Na mesma perspectiva, Grigoletto (1999a) também critica o livro didático por este ser homogeneizador em relação à criação dos sentidos, buscando uma uniformização de interpretações como se o *sentido verdadeiro* pudesse ser extraído do texto. Critica-se ainda o uso frequente de perguntas de compreensão que dependem apenas do reconhecimento ou localização de ideias no texto. Além disso, o texto é também, muitas vezes, usado como simples pretexto para o ensino de gramática, de vocabulário ou de outra estrutura linguística.

Em relação às aulas de leitura, Coracini (1995) mostra que o objetivo do professor nem sempre é compartilhado com o aluno, permanecendo nos materiais tanto o papel do professor como o daquele que detém o poder outorgado pela instituição escolar e o papel do aluno como passivo, como mero receptor de um saber e de determinados sentidos inquestionáveis. De forma alguma considera-se que, em condições de produção de leitura diferentes, outros sentidos podem ser construídos para a mesma leitura. (Grigoletto 1995a, b).

Em relação aos perfis dos diferentes leitores, Nunes (1998, p. 45) apresenta três tipos: (a) o perfil do leitor moldado pela instituição, que não considera as experiências do sujeito, (b) o de acumulador de leituras, independentemente das condições de produção dessas leituras e (c) o do leitor estrategista, que tem sucesso na leitura ao lidar com ela a partir de orientações dadas. Como vemos, nenhum desses perfis contempla o leitor como agente na construção de sentidos, implicado em um contexto sócio-histórico.

O autor ainda aponta três instâncias ideológicas que determinam a construção de sentido: a instância do espaço jurídico, do econômico e do político. A primeira diz respeito às regras que regem uma formação social qualquer e a aplicação e a interpretação dessas regras. A instância do econômico envolve os setores econômicos, como as editoras e os interesses institucionais. Já a política envolve a produção de sujeitos para outros sujeitos.

Ao tratar especificamente da progressão de tipos de textos em livros didáticos sejam eles usados na íntegra ou como orientador da sequência e do conteúdo das aulas, Pfeiffer (1998) verifica que os livros tratam a *narrativa* como o tipo de leitura mais simples, seguida da *descrição* e, finalmente, o tipo mais complexo, a *dissertação*. Além de questionar essa complexidade, a autora verifica que o sujeito-leitor não tem espaço para reflexão, independente do tipo de texto disponibilizado, ou seja, o procedimento é sempre voltado para o reconhecimento de algum(ns) tipo(s) de informação.

Em relação à seleção de textos, Carmagnani (1995) critica o uso de textos de imprensa somente como pretexto para o ensino de língua. Tais textos não seriam simples, fáceis e/ou próprios para o desenvolvimento desse tipo de atividade. Ao contrário, eles oferecem a possibilidade de se discutir os sentidos possíveis e as prováveis 'omissões, distorções e recursos argumentativos' do discurso. Nessa insatisfação com o livro didático, a tão almejada criticidade e participação do leitor seriam possibilitadas por práticas que procurem proporcionar ao aluno instrumentos para que eles possam vencer a alienação e deixar emergir um agente responsável por sua formação, com opinião, argumentação e consciência.

Nessa perspectiva, Figueiredo (2000) também enfatiza o objetivo de conscientizar o sujeito-leitor, para sua libertação da alienação. Para isso, é necessário superarmos a carência da relação entre leitura e contexto social com o uso de textos sociais e levando a uma interpretação de texto que revele os aspectos da ideologia, da historicidade que envolvem os textos e o sujeito-leitor.

Também em relação à leitura crítica, Scott *et. al.* (1988) acreditam que ela deva ser ensinada por meio de técnicas que levem o leitor a reagir a todo tipo de texto e a atingir os diferentes níveis de compreensão (do geral ao mais detalhado). Por outro lado, Souza (2000) censura a concepção de leitura crítica como complemento às atividades de compreensão, pelo fato delas se deterem apenas no sujeito-leitor, carecendo ainda o questionamento sobre a autoria do texto. Para reverter isso, o autor propõe a utilização da Análise Crítica do Discurso, que investiga a linguagem reconhecendo que é na língua e, por meio dela, que podemos reconhecer a ideologia e a historicidade.

Além desses tipos de reflexão, outra preocupação dos pesquisadores é com o tipo de instrumento disponibilizado para os alunos e o tipo de articulação proporcionado. Para isso, Kleiman e Moraes (1999) enfatizam a importância de o professor trabalhar com diferentes fontes de textos, especialmente aquelas às quais têm acesso mais facilmente, como as revistas semanais, por exemplo. Uma vez feita a escolha da fonte de textos, o próximo passo seria a seleção dos temas, que poderia ser guiada por eles tratarem: de um problema local da escola; de uma questão da atualidade; de um tema transversal ou de um tópico recorrente no conteúdo dos programas.

Já para o trabalho com o texto, Braga (1997) sugere um movimento de pré-leitura, cuja ênfase se centraria na ativação do conhecimento prévio do leitor, englobando conteúdos e tipo de texto. Posteriormente, a leitura visaria a uma compreensão mais detalhada, na qual o item linguístico abordado seria o verbo (considerado como uma parte fundamental para a compreensão). Com as perguntas de compreensão, também se lançaria mão de questões que associariam leitura e língua, tendo-se em vista a solução de problemas verificados nos alunos.

A ideia básica subentendida me parece ser a de que se deve proporcionar uma possibilidade de leitura com sucesso, isto é, de viabilizar o envolvimento do aluno com o texto, com seus interlocutores e consigo mesmo. A proposta de sequências didáticas em torno de gêneros vai além dessas sugestões propondo que o trabalho com itens linguísticos se dê de acordo com os que serão selecionados a partir da construção do modelo didático do gênero. Portanto, não necessariamente esse item seria o verbo.

Em relação ao tipo de pergunta, Leffa (2000) sugere que o professor pode facilitar a compreensão com o uso de determinados tipos de perguntas em determinados momentos para levar o aluno a questionar sua leitura; assim, o material didático pode ser caracterizado pelo tipo de perguntas de compreensão que apresenta.

Além de perguntas, a aula de leitura e o material didático podem se valer de outros tipos de atividade. Nunan (1999), por exemplo, afirma que uma atividade de leitura positiva teria como características: a autenticidade do texto; o fornecimento de instrumentos para os alunos poderem analisar um texto; a leitura em voz alta seguida de leitura silenciosa; interação com o texto e com colegas; análise direta do texto e representação da interpretação do texto. Com isso, os alunos poderiam verbalizar suas hipóteses sobre o que vão ler; fazer comparações e confirmação ou refutação das hipóteses junto aos colegas e ao texto, priorizar a compreensão sobre pontos relevantes, contar com a cooperação do professor com informações e intervenções necessárias, e, finalmente, ter seu senso crítico incentivado.

Ainda sobre os tipos de atividade, Nunan (1999) reforça a ideia de dois tipos de atividade que servem como alternativa aos procedimentos tradicionais de leitura. Um deles é a atividade de reconstrução, como a colocação de partes de um texto em ordem e o outro tipo seria alguma atividade de análise, como a produção de um resumo. A escolha do tipo de atividade deve se pautar pelo objetivo geral e pelos objetivos específicos de cada atividade.

Em relação aos objetivos na aula de leitura, Nunan (1999, p. 251) propõe a existência de sete finalidades principais para a leitura: obter informações, receber instruções, entender o funcionamento de um jogo, aparelho etc., se corresponder (por prazer ou negócio), informar-se sobre eventos, saber dos acontecimentos passados e futuros, se divertir ou passar o tempo. Além dessas finalidades, Nunan (1999) considera que há quatro tipos de leitura: a receptiva (rápida e automática); a reflexiva (envolvendo a reflexão sobre o que se está lendo); a leitura rápida (conhecida como *skimming*, ler para ter uma ideia geral do texto) e a leitura em busca de informações específicas (conhecida como *scanning*). O autor reconhece que esses tipos de leitura não são tipos fixos e limitados, mas sim que, pelo contrário, podemos realizar uma leitura em que todas essas formas de ler sejam necessárias.

Para a avaliação das formas de ler, Doll (2000, p. 180) discute o uso de instrumentos de avaliação da capacidade de leitura, segundo objetivos estabelecidos. Algumas possibilidades são: a avaliação por comportamento; a avaliação por meio de perguntas; o teste de múltipla escolha com somente uma alternativa incorreta, portanto a que deve ser escolhida; o preenchimento de lacunas em um texto; a tradução de um texto em LE para a língua materna; protocolos; a produção de um resumo do texto lido; e a observação da interação entre os participantes. Recomenda também o uso de diversas formas de avaliação usadas como parte do processo de aprendizagem tendo seus resultados uma influência no planejamento. O aluno deveria ser levado à reflexão sobre seu processo, com vistas a sua autonomia.

Ao mesmo tempo que a natureza das pesquisas nessa área mostra uma situação de inadequação entre as propostas metodológicas e as práticas de leitura, elas sugerem uma mudança de foco para o ensino de leitura, que enfatiza a influência do contexto de produção do texto sobre a compreensão e o contexto de produção da leitura. Com essa mesma ênfase, apresento a seguir uma proposta de trabalho para ensino de leitura buscando correlacionar esses posicionamentos a termos cristalizados na área, ora contrapondo-me a eles, ora apontando possíveis equivalências.

QUADRO 1: PRÁTICA PEDADÓGICA E A PROPOSTA DESTE TRABALHO

Prática pedagógica a qual nos contrapomos	Proposta desse trabalho
Habilidade	Ação de linguagem
Tipo de texto	pluralidade de gêneros como instrumentos para o ensino
Competência	Capacidades de linguagem
Improvisação de situações	Contexto de produção do texto e contexto de uso
Textos simplificados	Uso de textos sociais
Modelo dedutivo	Tipos de comparações construtivas
Sequenciação	Progressão em espiral
Trabalho ascendente do simples ao complexo	Complexidade da tarefa
Produto	Uso de recursos pedagógicos para mediação
Proposta metodológica baseada em transmissão de conteúdos	Processo colaborativo e método indutivo

Leitura e ação de linguagem

Se a perspectiva teórica em que estou baseada define a ação de linguagem como uma unidade psicológica a ser analisada e apreendida para melhor usá-la e ensiná-la, então, não podemos nos orientar pelo termo *habilidade*, que, a meu ver, implica uma unidade biológica com seu desenvolvimento derivado de uma perspectiva maturacional e cognitiva. Assim, ao incorporarmos os aspectos sociais envolvidos na constituição do texto e aspectos pragmáticos e discursivos ao ensino, devemos nos referir a ações de linguagem e não a habilidades. *"A noção de ação de linguagem reúne e integra os parâmetros do contexto de produção e do conteúdo temático, tais como um determinado agente os mobiliza, quando empreende uma intervenção verbal."* (Bronckart 1997/1999, p. 99.)

Assim, consideramos que a leitura, tanto quanto a produção de texto, envolve uma determinada ação de linguagem que é situada social e historicamente e influenciada pelo contexto. *"De maneira mais concreta [...], uma ação de linguagem consiste em* **produzir, compreender, interpretar** *e/ou* **memorizar** *um conjunto organizado de enunciados orais ou escritos [...]"* (Schneuwly e Dolz 1999, p. 6 – grifos dos autores).

Pluralidade de gêneros para o ensino de línguas

Ao assumir a concepção da natureza social da linguagem e, portanto, sua relação com as condições de comunicação, ressalto a relevância da teoria bakhtiniana e da noção de gênero para o ensino/aprendizagem de línguas (estrangeiras). Se o uso da linguagem é organizado pelos gêneros, considero que o ensino de leitura, organizado em função da aprendizagem de diferentes operações de linguagem, deve ser levado em todas as suas consequências.

Assim, considero que o ensino/aprendizagem de leitura deve se servir do gênero como instrumento, orientando esse processo para a compreensão das inúmeras situações de ação de linguagem associadas aos gêneros textuais (Schneuwly 1994; Machado 2000). Assim, o aluno estaria envolvido na aprendizagem de capacidades de linguagem específicas para cada situação.

Além disso, acredito que a pluralidade de gêneros textuais é fundamental para a formação de um sujeito que possa dominar o funcionamento da linguagem como um instrumento de mediação nas diferentes interações em que se envolvem. Esse domínio pode contribuir para a conscientização do sujeito sobre as escolhas que venha a fazer, seja para a manutenção, seja para a transformação da situação. Cada gênero de texto exigirá procedimentos de compreensão diferenciados e específicos ao gênero em questão.

Como exemplo, posso analisar o caso de uma criança que frequentemente lê gibi. Provavelmente, ela não encontra dificuldades em sua compreensão. Contudo, isso não necessariamente significa que ela não tenha dificuldades com leitura. Essa mesma criança pode não entender um manual de instrução, uma receita culinária ou um editorial de um jornal. Isso ocorre porque cada um dos gêneros textuais é solicitado em uma situação de comunicação particular, com objetivos e temas distintos (narrar, descrever, explicar, convencer) e com uma organização específica.

Capacidades de linguagem

De acordo com Bronckart e Dolz (1999), a noção de competência deve ser abandonada em benefício da noção de capacidade. Para desenvolver essa discussão, fazem uma retrospectiva histórica das concepções de *competência* desde o século XV, contrapondo-se a elas e apontando para a sua definição baseada em uma releitura dos princípios para a educação.

Criticando a primeira, afirmam que "*A **competência** permanece, apesar do que é dito por alguns, portadora de conotações que acentuam as dimensões inatas ou pelo menos as propriedades inerentes a uma pessoa*"[3] (Bronckart e Dolz 1999, p. 43 – grifo dos autores).

Já o termo *capacidade* estaria relacionado com a dimensão da aprendizagem, exigindo da pessoa sua participação prática no processo:

> O termo capacidade nos parece, neste debate, mais apropriado, por estar relacionado a uma concepção epistemológica e metodológica segundo a qual as propriedades dos agentes não são inferíveis a não ser pelas ações que elas conduzem e através de um processo permanente de avaliação social.[4] (Bronckart e Dolz 1999, p. 43 – tradução minha)

---

3. "La compétence reste, quoi qu'en disent certains, porteuse de connotations qui accentuent les dimensions innées, ou à tout le moins les propriétés inhérentes à une personne."

4. "Le terme de capacité nous parait dans ce débat plus approprié, dans la mesure où il est lié à une conception épistémologique et méthodologique selon laquelle les propriétés des agents ne sont inférables que des actions qu'ils conduisent, et ce, au travers d'un processus permanente d'évaluation sociale."

Assim, considero que aprender a ler textos demanda a aprendizagem de *capacidades de linguagem*. Também é verdade que ao lê-los, o leitor mobiliza seus conhecimentos sobre os procedimentos a serem seguidos, como as estratégias de leitura comumente propostas e usadas em cursos de inglês instrumental para leitura e que, a nosso ver, podem se relacionar com as capacidades de linguagem. Estas, segundo Dolz, Pasquier e Bronckart (1993) e Dolz e Schneuwly (1998), seriam três tipos: capacidades de ação, capacidades discursivas e capacidades linguístico-discursivas.

As capacidades de ação possibilitam ao sujeito adaptar sua produção de linguagem ao contexto de produção, ou melhor, às representações do ambiente físico, do estatuto social dos participantes e do lugar social onde se passa a interação. Dessa forma, as representações da situação de comunicação têm relação direta com o gênero, já que o gênero deve estar adaptado a um destinatário específico, a um conteúdo específico, a um objetivo específico.

As capacidades discursivas possibilitam ao sujeito escolher a *infraestrutura* geral de um texto, ou seja, a escolha dos tipos de discurso e de sequências textuais, bem como a escolha e elaboração de conteúdos, que surgem como efeito de um texto já existente e estímulo para outro que será produzido.

As capacidades linguístico-discursivas possibilitam ao sujeito realizar as operações implicadas na produção textual, sendo elas de quatro tipos: as operações de textualização, sendo elas a conexão, coesão nominal e verbal; os mecanismos enunciativos de gerenciamento de vozes e modalização; a construção de enunciados, oração e período; e, finalmente, a escolha de itens lexicais.

Partindo dessa visão, as capacidades de linguagem podem ser consideradas como um conjunto de operações que permitem a realização de uma determinada ação de linguagem, um instrumento para mobilizar os conhecimentos que temos e operacionalizar a aprendizagem dos conceitos científicos (Vygotsky 1934/1993).

Ressalto, entretanto, que os autores trabalham com o conceito de capacidades exclusivamente para a questão da produção escrita e que considero que a mesma abordagem pode ser estendida à questão da leitura.

Leitura e contexto de produção do texto e contexto de leitura

Quando analisamos as condições de produção dos textos, realizamos uma análise dos parâmetros da situação de ação de linguagem para chegarmos a uma definição dessa ação como unidade psicológica que se materializa em uma unidade comunicativa, ou seja, no *texto*.[5]

Nessa abordagem, o contexto de produção seria definido por elementos do mundo físico (situação material de produção: o lugar de produção, o momento de produção, o emissor e o receptor) e por elementos do mundo sociossubjetivo (situação de interação social: o lugar social, o objetivo, o papel social do enunciador, o papel social do destinatário) que exerceriam uma efetiva influência sobre aspectos textuais. Na leitura, do mesmo modo, a construção do significado vai se definindo pelas representações do mundo físico e sociossubjetivo que o leitor mobiliza, isto é, pelas suas representações a respeito do autor e do seu papel social, da instituição, das representações sobre si mesmo e de seu papel social, sobre seus objetivos e propósitos de leitura.

---

5. Para Bronckart (1997/1999), é necessário, em primeiro lugar, distinguir entre os conceitos de *texto* e *discurso*. Do ponto de vista teórico, poderíamos considerar como *texto* a maior unidade de produção verbal que veicula uma mensagem, uma unidade. Do ponto de vista empírico, seria qualquer exemplar concreto e sempre único dessa unidade, produzido segundo o modelo de um gênero adequado a uma situação específica. Já os discursos seriam segmentos de texto caracterizados por unidades linguísticas específicas e que refletem as operações que o produtor efetua sobre o contexto e o conteúdo.

Assim, para que o aluno construa sentidos no ato da leitura, é necessário chamar sua atenção para os diferentes contextos de produção de cada texto, bem como para o contexto de produção de leitura (Dolz 1994; Nunes 1998), já que contextos distintos levam à construção de sentidos distintos. O uso de diferentes gêneros possibilitaria a construção da consciência dessa relação entre contexto e interpretação.

A contextualização contribuiria ainda para que o leitor criasse uma expectativa em relação ao que vai ler, quanto ao conteúdo, quanto ao gênero, quanto às características textuais. A nosso ver, isso contribuiria para a construção de sentido, porque o texto existe em relação ao seu objetivo e ao seu contexto. Sobretudo, concebendo-se a linguagem escrita não como a fonte única de sentido, mas como um instrumento de socialização, de veiculação – oral ou escrito, instrumento de reprodução ou manutenção de uma ideologia, o sujeito-leitor poderia agir criticamente em seu processo de interpretação.

Uso de textos sociais

Considero que, para o ensino de leitura em LE, os textos a serem utilizados devem ser textos sociais em circulação, isto é, oriundos de contextos sociais reais, capazes de preparar o aluno para agir com a linguagem em diferentes contextos (Pasquier e Dolz 1996). É diferente da utilização de textos didatizados, que são, em sua maioria, simplificações de textos sociais em circulação (Silva *et. al.* 1997), assim como de textos fabricados, que são escritos com função didática, podendo desviar o texto de seu objetivo, de seu público-alvo, de seu contexto, dificultando, portanto, sua compreensão (Rees 1993).

Ao adotar a noção de aprendizagem como construção social e os gêneros como nossos modelos de referência, não nos basta a capacidade de construirmos e interpretarmos frases, definida por

Roulet (1999) como capacidade linguística. É necessário produzir e interpretar os discursos, ou seja, apreendê-los.[6]

Nesse jogo de papéis justapostos, Roulet (1999) chama a atenção para a necessidade do uso de textos autênticos (textos sociais, na definição de Pasquier e Dolz 1996) e de sua exploração adequada. Para isso, seria necessário o uso de instrumentos que o aluno possa usar para analisar e compreender sua organização, instrumentos esses que devem ser disponibilizados pelo professor.

Tipos de comparações construtivas

Com a finalidade de ensinar e aprender linguagem, tanto a LM como a LE podem ser vistas como recursos de mútua ajuda. Isso se deve ao fato de que há semelhanças entre os conhecimentos necessários para as diferentes aprendizagens do aluno. Visto dessa forma, o trabalho com textos de um gênero em LM para um reconhecimento inicial de seu funcionamento para posterior comparação com textos do mesmo gênero em LE pode beneficiar a aprendizagem.

Segundo Roulet (1999), com a finalidade de ensinar e aprender a competência discursiva, professor e alunos precisam se servir de recurso(s) tanto em situação de ensino de LM como de LE, devido ao fato de que considera haver semelhanças entre elas do ponto de vista pedagógico. Todavia, o autor identifica um problema: os alunos vivenciam metodologias diferentes no ensino/aprendizagem de LM e de LE. O resultado é que professor e alunos abordam estruturas e usos distinta e diferentemente, como se não houvesse nada em comum entre elas. Se admitirmos que os princípios são comuns, bem como alguma(s) estrutura(s) da língua, então, enfatiza o autor, essa separação seria prejudicial.

De acordo com de Roulet (1999, p. 14),

---

6. Roulet usa o termo *acquérir,* em aquisição tanto de língua materna como de língua estrangeira, porém preferimos o termo aprender para não haver confusão com a ideia de aquisição de Krashen, uma capacidade discursiva.

O professor deve, portanto, dispor de conhecimentos precisos sobre tal organização para poder avaliar e corrigir de forma útil as produções tanto orais como escritas dos aprendizes e lhes fornecer as informações que lhes permitem progredir no ensino/aprendizagem da competência discursiva".[7](tradução minha)

De maneira resumida, Roulet (1999) sugere como possibilidade de integração do ensino de LE e LM, a análise da organização do discurso.

Outro tipo de comparação que pode ser utilizado é a comparação entre diferentes gêneros. Ao compará-los, o aluno pode lançar mão de semelhanças e diferenças no funcionamento dos textos para melhor compreendê-los. A comparação por diferenças também é sugerida por Brakling (2000) para o estudo inicial de um gênero, ao passo que a comparação entre diferentes textos pertencentes ao mesmo gênero seria um recurso usado para estudar as características específicas desse gênero.

Progressão em espiral

A ideia de progressão envolve a questão da chamada *aprendizagem em espiral* (Dolz e Schneuwly 1996b). Diferentemente da concepção de abordargem um tipo de texto considerado mais fácil nas primeiras séries, para, gradativamente, se incluírem outros tipos mais complexos, como se um fosse pré-requisito para o outro, o sociointeracionismo preconiza a progressão em espiral, possibilitando o reencontro com objetos de ensino em diferentes etapas da aprendizagem. Assim, o mesmo objeto pode reaparecer envolvendo uma maior complexidade na tarefa. São as diferentes

---

7. *"L'enseignant doit donc disposer de connaissances précises sur cette organisation pour pouvoir évaluer et corriger utilement les productions tant orales qu'écrites des apprenants et leur fournir des informations qui leur permettent de progresser dans l'enseignement-apprentissate de la compétence discursive."*

situações de comunicação que exigem uma maior complexidade quanto ao gênero textual e sua composição.

Além do que já foi apresentado com relação ao pensamento vygotskiano, posso acrescentar que a noção da criação de uma zona proximal de desenvolvimento para o ensino/aprendizagem de leitura em LE poderia garantir uma educação voltada não somente para as necessidades de aprendizagem (nível de desenvolvimento real), mas voltada para as possibilidades de aprendizagem (nível de desenvolvimento potencial) (Rojo 2000).

Sobre isso, Rojo (2000) alerta para os princípios subjacentes aos materiais didáticos que regem o estabelecimento de objetivos e a organização de objetos de ensino. Para possibilitar uma prática com uma organização didática com base em gêneros textuais, seria fundamental a descrição dos gêneros escolhidos para a compreesão de seu funcionamento e sua complexidade e, consequentemente, para poder propor tarefas adequadas à situação, aos objetivos e ao aluno-leitor, considerando-se suas necessidades e possibilidades.

Complexidade da tarefa

Ao iniciar a leitura em língua estrangeira com uma tarefa complexa, o leitor conta com o conjunto de seus conhecimentos prévios para atingir o seu objetivo. Por um lado, no caso de um texto, o leitor terá como suporte o contexto, a organização do texto, seu conhecimento a respeito do assunto etc. Por outro lado, é comum encontrarmos propostas de leitura que se iniciam com o trabalho de vocabulário, pois a compreensão do léxico é considerada como anterior ao trabalho com o texto, como um pré-requisito para realizar a tarefa complexa que é a compreensão de um texto. Nesse movimento, ir-se-ia do *simples* para que o acúmulo dessas partes simples pudessem levar à globalidade do texto e possibilitar sua compreensão.

Ora, considerando que é o objetivo da leitura que define os movimentos do leitor em relação ao texto, a pessoa pode traçar sua trajetória de leitura, dispensando tal acúmulo. Um leitor pode, por exemplo, ler uma receita para simplesmente conhecer os ingredientes, e, em outro momento, ler a mesma receita para entender seu modo de preparação. Para identificar os ingredientes de uma receita, ele pode contrastar a parte que selecionou do texto com as outras partes do mesmo texto e/ou com outros textos. Para isso, é necessário que tenha contato com o texto como um todo e uma situação de comunicação que requeira essa tarefa. Ou seja, não é partirndo do estudo de itens lexicais isolados que o leitor chegará ao texto da receita. O movimento deve ir no sentido contrário: do texto global da receita para os itens lexicais que a constituem, movimento que é definido por Pasquier e Dolz (1996) como um movimento que vai do complexo para o simples.

Uso de recursos pedagógicos para mediação

Ao compreender a mediação como constitutiva da construção de sentidos, remeto-me ao processo de negociação a que os leitores são submetidos. No caso do ensino de leitura em LE, o professor pode lançar mão de diferentes recursos para facultar essas negociações, dar espaço para as interpretações emergirem sendo reveladas nas interações. A partir dessas interações e com o auxílio de recursos, o leitor pode se apropriar de operações que contribuam para o processo de significação.

A pesquisa de Nogueira (1993/1997) mostra a importância do uso de diversos recursos pedagógicos no processo de aprendizagem e na construção conjunta da significação. Alguns desses recursos seriam: a) a repetição da leitura em voz alta para que o outro possa reelaborar sua própria leitura e transformá-la; b) o uso de textos com conteúdo já conhecido; c) a soletração como meio de reconhecimento da grafia; d) a comparação para mediação em auxílio à atividade de leitura; e) a leitura conjunta; f) o uso de entonação. Assim, a autora ressalta que os recursos compõem as condições de produção da leitura.

Além desse ponto de vista, gostaria de reforçar a ideia de que a escrita alimenta a leitura e vice-versa. Ela é uma estratégia de aprendizagem da leitura (Dolz 1994).

Um outro recurso sugerido por Pasquier e Dolz (1996) é a construção de uma ficha (de controle, constatação, (auto-)avaliação, orientação) que contenha aspectos discursivos e linguístico-discursivos, que o aluno vai identificando, reconhecendo e aprendendo ao longo das atividades com o gênero. Uma vez apropriados os conhecimentos necessários, a ficha (de controle) não é mais um material externo, mas passa a ser uma regulação interna. Essa apropriação pode se referir tanto a elementos que o aluno precise usar para escrever um texto como também para lê-lo. Esses conhecimentos próprios ao gênero vão sendo parte constituinte da ficha para ajudá-lo nas operações e nos procedimentos a serem desenvolvidos.

Processo colaborativo e método indutivo

Na situação de sala de aula, uma das funções do professor é atuar como alguém que pode orientar a tarefa a ser desenvolvida, quando o aluno não pode realizá-la sozinho. Essa orientação envolve a referência ao modelo que esse par mais experiente proporcionaria no processo de aprendizagem. Porém, isso não exime a ação do próprio sujeito; pelo contrário, ele deve ter oportunidades criadas para suas ações e informações necessárias para esse agir, com os meios adequados.

Esses meios poderiam ser oriundos do modelo didático usado como instrumento para o professor usar na definição de suas escolhas relacionadas às perguntas: *O que ensinar? Por quê? Como?* Baseado nesse modelo, ele também poderá tanto produzir suas próprias sequências didáticas quanto analisar o que lhe seja disponibilizado como material. Para os alunos, o instrumento é fornecido pelo professor em forma de atividades, tarefas, textos, enfim em uma sequência didática construída depois da elaboração do modelo didático.

Entre os muitos recursos para um processo colaborativo estão os instrumentos linguísticos que são explorados nos exercícios propostos em um material. Na opinião de Pasquier e Dolz (1996), o método indutivo seria o mais apropriado, já que é a partir de oportunidades criadas em sala de aula, das observações e dos textos de referência que o aluno se apropria do funcionamento da linguagem. A meu ver, seguindo o método indutivo, o professor se volta para criar as oportunidades adequadas de aprendizagem em oposição àquele professor que se dedica à transmissão de conhecimento. Assim, nem o texto, nem o professor dão o sentido, mas este é construído pelos sujeitos leitores inseridos em um contexto de produção de leitura adequada à situação. Isso não significa, entretanto, que não deve haver espaço para sistematização e formalização de conhecimentos por parte do professor. Pelo contrário, elas são ferramentas indispensáveis como estratégias de ensino necessárias para o aluno se apropriar de uma prática de linguagem.

Esses princípios gerais para o ensino de leitura em LE podem servir a dois objetivos, tanto para a produção quanto para a avaliação de materiais.

Isso nos leva também a Rojo (2000, p. 33), quando aponta para a necessidade de elaboração de projetos de ensino/aprendizagem e de seleção de objetivos de ensino baseadas em possibilidades e necessidades de aprendizagem, e não em conteúdos propostos pelos livros didáticos:

> a formação do professor para a elaboração de projetos de ensino/aprendizagem e para a seleção de objetivos de ensino, prática esta que tem sido substituída, nas últimas décadas no Brasil, pela simples adoção de um livro didático, que passa a ditar os objetivos de ensino e a configurar o projeto de ensino/aprendizagem.

Compreendo, assim, que os materiais didáticos devem se configurar como um instrumento, um recurso pedagógico e não como um currículo modelador da prática em sala de aula.

O quadro teórico em que este trabalho está baseado, o do interacionismo sociodiscursivo, é também a base dos trabalhos de produção e avaliação de material didático produzido por Machado (2000 e no prelo). De acordo com a autora, a avaliação de material didático com base nas capacidades de linguagem a serem desenvolvidas pelos alunos foi um instrumento adequado para a avaliação das sequências didáticas voltadas para o aprendizado de gêneros.

Especificamente para este trabalho, quero associar os pressupostos expostos acima com uma proposta didática, com objetivos voltados para o ensino de leitura e com atividades que mobilizem conhecimentos relativos a uma ou mais capacidades de linguagem.

Desse modo, a próxima seção discorrerá sobre as dimensões contempladas pelas capacidades de linguagem e os tipos de atividades que podem colaborar para o processo de desenvolvimento dessas capacidades pelo aprendiz. Com isso, espero contribuir para a construção de materiais didáticos que auxiliem a co-construção e transformação de conhecimento quando da leitura de textos dos mais diversos gêneros.

Proposta didática para desenvolvimento de capacidades de linguagem[8]

A proposta didática de algumas possibilidades de atividades apropriadas para a aprendizagem de operações de linguagem referentes às capacidades de linguagem a serem desenvolvidas ao longo de uma sequência didática centrada em compreensão escrita em LE está ancorada nos conceitos já apresentados e na minha experiência de produção de material didático.

---

8. Atividades retiradas da coleção *GEAR UP* (Cristovão, Canato, Ferrarini, Petreche e Santos 2009).

A capacidade de ação está diretamente relacionada ao contexto do texto. A busca por informações relativas ao contexto é um dado para as lentes que devem desvelar as características do contexto ou o cenário em que uma ação de linguagem foi realizada (um determinado texto foi produzido, por exemplo). Essas lentes, construídas, ora por informações factuais, ora por representações da situação de comunicação, ajudam o sujeito a mobilizar registros/linguagem (de formalidade, informalidade, por exemplo), campos semânticos específicos e/ou adequados e instrumentos semióticos coerentes que possam auxiliar na realização de uma nova ação de linguagem. Dito de outra forma, as tarefas propostas em um material para ensino de LE devem contemplar o sistema da língua, do texto e do discurso desde a exploração do contexto.

Atividades voltadas para o processo de ensino/aprendizagem de operações de linguagem relativas à capacidade de ação podem explorar as características do contexto de produção do texto; as representações sobre a situação de ação de linguagem (quem, para quem, quando, onde, de que forma, sobre o que, com que objetivo); seu conteúdo referencial; os conhecimentos de mundo; os diferentes usos da linguagem para a situação em foco.

Com base nesses elementos, acredito que atividades que se voltem para o desenvolvimento da capacidade de ação podem solicitar que o aluno:

- faça inferências;
- tire conclusões;
- levante o objetivo (ou intenção do(s) autor(es) e/ou de envolvidos no texto;
- articule seu conhecimento prévio sobre o contexto e seu conhecimento de mundo.

Cito como exemplo ilustrativo do exposto duas atividades de uma sequência didática em torno de leitura de artigos de divulgação científica.

1. Discuta com seus colegas:
   a) Você costuma usar a *Internet* como fonte de informação para trabalhos escolares ou mesmo por curiosidade?
   b) Dê exemplos de sites que você já acessou ou que tenha ouvido falar com o propósito de buscar informações sobre um fato, uma personalidade famosa, um lugar, um evento etc.
   c) Fora da *Internet*, onde você pode encontrar um texto com essas características e finalidades?

2. Com base nessas informações, responda o que você espera encontrar no texto:
   O site www.enchantedlearning.com apresenta informações sobre diversos temas, atividades, músicas, jogos etc. Ele pode interessar a estudantes, pais e público em geral em busca de determinada informação. Geralmente, os textos não aprofundam os temas. Alguns tópicos encontrados no site são: anatomia, pássaros, matemática, geografia etc. O texto que você vai ler foi encontrado neste site e é intitulado "All about the Great Wall of China". Com base nessas informações, responda:
   a) Você acha que o texto vai ser interessante para você? Justifique:
   b) Você imagina que ele vai trazer informações novas? Justifique:

Desse modo, os exercícios que pedem que o aluno busque informação sobre o contexto e não realize ou construa algo com isso limita-se à identificação de dados e, possivelmente, à prática de alguma estratégia.

A capacidade discursiva está relacionada à organização do conteúdo de um texto. Para a mobilização da capacidade discursiva, espera-se que as atividades explorem a infra estrutura textual, ou seja, o plano textual global; as características de organização do conteúdo; a implicação ou autonomia dos enunciadores/emissores do texto com relação ao ato de produção; a conjunção ou disjunção do texto aos parâmetros do mundo discursivo.

Com base nesses elementos, pode-se considerar que as atividades que se voltem para o desenvolvimento da capacidade discursiva demandem que o aluno:

- analise as características da infra estrutura textual como reconhecimento de *lay out*, distinção entre organização de conteúdo em textos de gêneros diferentes e/ou em textos do mesmo gênero em língua materna e em língua estrangeira;
- realize inferências;
- observe os elementos não-verbais;
- coloque o conteúdo de um texto em ordem.

Os exemplos a seguir são retirados da mesma sequência didática.

1. Com base nas informações sobre a organização de um artigo, volte ao texto e circule os trechos característicos dos elementos (citados no quadro "Você sabia") que conseguir encontrar e escreva o nome de cada parte. Explique o que o ajudou a identificar cada elemento.
2. Quais trechos chamaram mais a sua atenção? Por quê?
3. Enumere a função às partes que compõem o plano textual global do artigo, ou seja, a organização do conteúdo.

    (1) título   ( ) exposição do assunto
    (2) definição do tema   ( ) nome que indica o assunto
    (3) descrição do tema   ( ) narração de dados históricos
    (4) histórico   ( ) imagem sobre o texto
    (5) ilustrações   ( ) descrição explicativa do assunto

4. Considerando a função do artigo (article) de disponibilizar informações gerais sobre um tema, fato, evento ou pessoa, qual trecho do texto parece cumprir essa função de forma mais objetiva? Escolha a(s) alternativa(s) e justifique por quê?
    ( ) título ( ) definição do tema ( ) descrição do tema
    ( ) histórico ( ) ilustrações

5. Com base em suas respostas sobre o site http://www. enchantedlearning.com e na leitura, por que o texto " All about the Great Wall of China" aparece neste site? Escolha a(s) alternativa(s) correta (s).
( ) o site tem objetivos educacionais e traz atividades lúdicas.
( ) o texto não traz informações importantes sobre o assunto.
( ) as opções de links estão relacionados às diferentes matérias escolares.
( ) o site é exclusivamente sobre a China.
( ) outras justificativas:

O desenvolvimento da capacidade linguístico-discursiva pode se dar por meio da aprendizagem de operações que explorem o uso de conectivos e sua função nas operações de conexão;o emprego de pronomes e de sintagmas nominais para a coesão nominal; a identificação de cadeias anafóricas para a compreensão da referência; o tempo verbal e seu valor de temporalidade e aspectualidade; o reconhecimento das diferentes vozes enunciativas que circulam e constituem a mensagem do texto; o uso ou ausência de modalização e as intenções refletidas no texto por tais usos; as escolhas lexicais para dar sentido ao texto etc.

Diante desses elementos, as atividades podem ser organizadas com a finalidade de levar o aluno a:

- compreender as operações de conexão, coesão e modalização;
- perceber a referências que implica um sujeito e suas ações;
- compreender a progressão das informações;
- relacionar as escolhas lexicais nos campos semânticos desenvolvidos à organização do conteúdo, aos parâmetros da ação de linguagem e às características da esfera de atividade.

O trabalho com gramática contextualizada deve explorar a função discursiva dos elementos linguístico-discursivos no gênero tratado. Os exemplos a seguir dão continuidade à sequência didática ilustrada.

1. Releia o texto e coloque verdadeiro ou falso para as sentenças:
   a) ( ) Campina Grande is the capital of Paraíba.
   b) ( ) June parties are very popular and profitable in the northeast.
   c) ( ) Saint John has the biggest number of devotees.
   d) ( ) Samba is the typical musical rhythm of June parties.
   e) ( ) Campina Grande holds the biggest Saint John Party of the world.

2. As sentenças a seguir poderiam dar continuidade ao artigo (article) lido. Complete cada uma delas com o verbo apropriado.

   | are | hosts | reflects | is | have | provides |

   a) Campina Grande _____ an incontestable reference within the northeastern folklore and cultural scenario.
   b) The parties that compose the June cycle _____ more and more remarkable.
   c) Campina Grande's June parties _____ the potentiality of increasing the tourist flow in the region.
   d) The city _____ thousands of visitors.
   e) The success of the parties _____ on the local economy and it _____ other pleasant surprises.

Os artigos (articles) lidos fazem uso do presente do indicativo (Simple Present) com função de presente genérico que é normalmente usado para se referir a situações verdadeiras em geral ou que acontecem a toda e qualquer hora. Um exemplo pode ser: Campina Grande is one of those inland cities that preserve the cultural roots of their people.

Além do presente do indicativo, os artigos podem se servir do pretérito (Simple Past) para expor dados históricos relativos ao tema proposto. Um exemplo pode ser:

[...] the emperor **connected** and **extended** four old fortification walls along the north of China that **originated** about 700 B.C.

3. Identifique as sentenças cujos verbos estão no presente do indicativo (Simple Present) para descrever o tema do texto e aquelas no pretérito (Past simple) para expor dados históricos:

Exemplos de sentenças	Simple Present	Past Simple
a) "The great wall is one of the largest building construction projects ever completed."		
b) "Signal fires from the wall provided early warning of an attack".		
c) "Its thickness ranged from about 4.5 to 9 meters (15 to 30 feet)"		
d) "It stretches across the mountain of northern China".		

4. Volte aos dois textos lidos e copie 2 sentenças de cada texto com verbos no presente do indicativo (Simple Present).

ALL ABOUT THE GREAT WALL OF CHINA	CAMPINA GRANDE – THE GREATEST SAINT JOHN'S PARTY OF THE WORLD

5. Observe os exemplos das colunas 1 e 3 (a seguir) e finalize as sentenças das colunas 2 e 4. Depois das frases completas dê um título para a coluna 4.

1- All About The Great Wall of China	2- Christ Redeemer	3- CAMPINA GRANDE - THE GREATEST SAINT JOHN'S PARTY OF THE WORLD	4-
The Great Wall of China is very long. It stretches across the mountains of northern China.	The Statue of Christ is very ... It overlooks the city of ...	Saint John is popular. He has many devotees. His devotees are faithful. We make the Greatest Saint John's Party of the world.	I am I have My father is ..., my mother is..... They like .

Os exemplos supracitados, provenientes de uma mesma sequência didática organizada em torno da leitura de textos de artigos, partem de uma sensibilização do aluno às situações de comunicação em que a leitura do gênero acontece, seguida de seções com atividades específicas de trabalho com as características do gênero a serem ensinadas para a leitura de textos do gênero. Nessas seções, há sistematização dessas características e atividades voltadas para o desenvolvimento das capacidades de linguagem mobilizadas para a construção de sentidos. Ao longo das atividades, são apresentadas tarefas para a realização de um projeto.

Assim como a literatura propõe o uso de uma lista (de controle ou constatação) para a aprendizagem de produção escrita, sugiro uma lista para a análise e/ou produção de sequências didáticas.

QUADRO 2: PLANILHA PARA ANÁLISE DE MATERIAL DIDÁTICO

Proposta desse trabalho	Perguntas para avaliação e/ou produção de sequências didáticas	1	2	3	4	5
Ação de linguagem	Há inserção de atividades que instrumentalizem o aluno para agir com a língua em determinada situação? Há atividades que se voltam para formar o aluno como responsável por este agir?					
Pluralidade de gêneros como instrumentos para o ensino	Há preocupação em esgotar o gênero? Há preocupação em abordar o que é necessário para que o objetivo (estabelecido) seja alcançado?					
Capacidades de linguagem	A progressão das atividades faz uso das informações e conhecimentos das diferentes capacidades de linguagem (incluindo nelas o sistema da língua)? As atividades são propostas de maneira fragmentada?					
Contexto de produção do texto e contexto de uso	A análise do contexto de produção é proposta como constitutiva da produção de sentido (tanto no processo de compreensão e interpretação quanto no de produção)? As especificidades do contexto de aprendizagem são consideradas para a questão da instrumentalização (linguística)? As especificidades do contexto de aprendizagem são consideradas para a participação ativa da LE no processo de formação dos alunos?					
Uso de textos sociais	A seleção dos textos vai ao encontro dos objetivos? Os textos têm relevância para o contexto de uso do material? Há uso de linguagem verbal e não-verbal (tanto nos textos selecionados quanto nas atividades e enunciados) adequadas e significativas para o aluno? Há reprodução de alguns estereótipos por meio dos textos selecionados?					
Tipos de comparações construtivas	Há inserção de atividade reflexivas? As atividades (com gêneros diferentes ou com textos em língua materna, por exemplo) colaboram para construção de sentido?					

Progressão em espiral	Há exploração de elementos que cumprem uma função discursiva no gênero abordado? As diferentes partes e atividades estão voltadas para o objetivo a ser alcançado?				
Complexidade da tarefa	As atividades exigem do aluno conhecimento prévio e/ou espiralado? O material proporciona caminhos e/ou fontes para que o aluno busque conhecimentos que o auxiliem na aprendizagem? Os alunos têm informações e instruções suficientes para acompanhar e compreender o processo? Há inserção de atividade que demande deliberação, tomada de decisão, cidadania, autoria, estilo próprio para sua realização?				
Uso de recursos pedagógicos para mediação	Há inserção de atividades diferenciadas como lúdicas (jogo, canção, brincadeira etc.), por exemplo? É possível fazer adaptações ou o material se mostra como uma camisa de força para alunos e professor? A proposta está suficientemente aberta para que haja adaptação? Há inserção de atividades com dicionário, *pictionary*, gramáticas etc?				
Processo colaborativo e método indutivo	Há inserção de atividade que demande outras fontes de conhecimento ou colaboração de outras áreas e/ou de diferentes pessoas que não o colega e/ou o professor da disciplina de língua inglesa? Há inserção de atividade do tipo extraclasse? Há menção ao procedimento metodológico e/ou da dinâmica sugerida para a condução/realização da atividade?				

1. não; 2. superficialmente; 3. parcialmente; 4. satisfatoriamente; 5. sim

Tanto a produção quanto a avaliação de sequências didáticas orientadas pelos princípios de ensino supracitados e suas perguntas podem revelar se há articulação entre as capacidades de linguagem e se a proposta explora uma abordagem com base em gênero.

Reflexões finais

Neste trabalho procurei sintetizar conceitos e princípios que podem orientar a produção e a avaliação de sequências didáticas para o ensino de línguas. O viés da organização de um material didático em torno de gêneros é justificado pelo seu papel de portador de valores culturais associados às respectivas situações de ação de linguagem em que são usados. Seus usuários, agentes da ação, podem fazer a escolha pelo gênero mais adequado com base no conhecimento e no domínio que tenham sobre a situação e sobre o próprio gênero.

Bibliografia

BRAGA, D. B. (1997). "Ensino de língua inglesa via leitura: uma reflexão sobre a elaboração de material didático para auto-instrução". *Trabalhos em Linguística Aplicada*. Campinas, nº 30, pp. 5-16, jul/dez.

BRÄKLING, K. L. (2000). "Trabalhando com artigo de opinião: re-visitando o eu no exercício da (re)significação da palavra do outro", *in:* ROJO, R. (Org.) *A prática de linguagem em sala de aula: praticando os PCNs*. São Paulo: EDUC; Campinas: Mercado de Letras, pp. 221-247. (Coleção As Faces da Linguística Aplicada).

BRONCKART, Jean-Paul. (1999). *Atividade de Linguagem, textos e discursos: por um interacionismo sócio-discursivo*. Anna Rachel Machado, Pericles Cunha (Trad.). São Paulo: Educ.

BRONCKART, Jean-Paul e DOLZ, J. (1999). "La notion de compétence: quelle pertinence pour l'étude de l'apprentissage des actions langagiéres?" *Raisons éducatives*. Paris : De Boeck Université, nº 2/1-2, pp. 27-44.

CARMAGNANI, A. M. G. (1995). "Por uma abordagem alternativa para o ensino de leitura: a utilização do jornal na sala de aula", in: CORACINI, M. J. R. F. (Org.) *O jogo discursivo na aula de leitura: língua materna e língua estrangeira*. Campinas: Pontes Editores, pp. 123-132.

CORACINI, M. J. R. F. (Org.). (1995). *O jogo discursivo na sala de leitura*. Campinas: Pontes Editores.

_____. (Org.) (1999). *Interpretação, autoria e legitimação do livro didático*. Campinas: Pontes Editores.

DOLL, J. (2000). "Como avaliar a compreensão de um texto em língua estrangeira?", in: PAIVA, M. G. G. e BRUGALLI, M. *Avaliação: novas tendências, novos paradigmas*. Porto Alegre: Mercado Aberto, pp. 179-203.

DOLZ, J.; PASQUIER, A. e BRONCKART, Jean-Paul. (1993). "L'acquisition des discours: emergence d'une competence ou apprentissage de capacities langagières?" *ÈLA – Études de Linguistique Appliquée*, n° 92, pp. 23-37.

DOLZ, J. e SCHNEUWLY, B. (1996b). "Genres et progression en expression orale et ecrite. Éléments de réflexions a propos d'une expérience romande". *Enjeux*, n° 37/38, pp. 49-75.

_____. (1998). *Pour un enseignement de l'oral*. Initiation aux genres formels à l'école. Paris: ESF Éditeur. (Didactique du Français.)

_____. (1999). "A la recherche de moyens d'enseignement pour l'expression écrite et orale", in: PLANE, S. (Ed.). *Manuels et enseignement du français*. [S. l.]: Cndp (Centre régional de documentation péedagogique de Basse-Normandic), pp. 117-132.

DOLZ, J.; NOVERRAZ, M. e SCHNEUWLY, B. (2004). "Sequências didáticas para o oral e a escrita: apresentação de um procedimento", in: ROXO, R. e CORDEIRO, G. S. Campinas:

Mercado de Letras, pp. 95-128. (Coleção As Faces da Linguística Aplicada).

FIGUEIREDO, D. (2000). "Critical discourse analysis: towards new perspective of EFL reading". *In*: LEFFA, V. J. (Comp). *TELA: Textos em Linguística Aplicada*. Pelotas: Educat, CD-ROM.

GRIGOLETTO, M. (1995a). "A concepção de texto e de leitura do aluno de 1 e 2 graus e o desenvolvimento da consciência crítica", *in*: CORACINI, M. J. R. F. (Org.) *O jogo discursivo na aula de leitura: língua materna e língua estrangeira*. Campinas: Pontes Editores, pp. 85-91.

_____. (1995b). "Processos de significação na aula de leitura em língua estrangeira", *in*: CORACINI, M. J. R. F. (Org.) *O jogo discursivo na aula de leitura: língua materna e língua estrangeira*. Campinas: Pontes Editores, pp. 103-111.

_____. (1999a). "Leitura e funcionamento discursivo do livro didático", *in*: CORACINI, M. J. R. F. (Org.) *Interpretação, autoria e legitimação do livro didático: língua materna e língua estrangeira*. Campinas: Pontes Editores, pp. 67-77.

_____. (1999b). "Seções de leitura no livro didático de língua estrangeira: lugar de interpretação?", *in*: CORACINI, M. J. R. F. (Org.) *Interpretação, autoria e legitimação do livro didático: língua materna e língua estrangeira*. Campinas: Pontes Editores, pp. 79-91.

KLEIMAN, A. B. e MORAES, S. E. (1999). *Leitura e interdisciplinaridade: tecendo redes nos projetos da escola*. Campinas: Mercado de Letras. (Coleção Ideias sobre linguagem.)

LEFFA, V. J. (2000). "Fatores da compreensão na leitura". *In*: LEFFA, V. J. (Comp.) *TELA: Textos em Linguística Aplicada*. Pelotas: Educat, CD-ROM.

MACHADO, A. R. (2000). "Uma experiência de assessoria docente e a elaboração de material didático para o ensino de produção de textos na universidade". *D.E.L.T.A.,* vol. 16, nº 1, pp. 1-26.

_____. *Pelas trilhas dos Parâmetros Curriculares Nacionais de Língua Portuguesa: a construção conjunta de uma sequência didática centrada em um gênero.* São Paulo, Pontifícia Universidade Católica, no prelo a.

_____. *Um instrumento de avaliação de material didático com base nas capacidades de linguagem a serem desenvolvidas no aprendizado de produção textual.* São Paulo, Pontifícia Universidade Católica, no prelo b.

NOGUEIRA, A. L. H. (1993/1997) "Eu leio, ele lê, nós lemos: processos de negociação na construção da leitura". *In:* SMOLKA, A. L. B.; GÓES, M. C. R. (Orgs.) *A linguagem e o outro no espaço escolar: Vygotsky e a construção do conhecimento.* Campinas: Papirus. (Coleção Magistério: formação e trabalho pedagógico.)

NUNAN, D. (1999) "Reading", *in:* NUNAN, D. *Second language teaching and learning.* Boston: Heinle & Heinle Publishers, pp. 249-270.

NUNES, J. H. (1998). "Aspectos da forma histórica do leitor brasileiro na atualidade", *in:* ORLANDI, E. P. (Org.) *A leitura e os leitores.* Campinas: Pontes Editores, pp. 25-46.

PASQUIER, A. e DOLZ, J. (1996). "Un decálogo para enseñar a escribir". *In: Cultura y Educación.* Madrid: Infancia y Aprendizaje, nº 2, pp. 31-41.

PFEIFER, C. C. (1998). "O leitor no contexto escolar", *in:* ORLANDI, E. P. (Org.) *A leitura e os leitores.* Campinas: Pontes Editores, pp. 87-104.

REES, D. K. (1993). *Os "Graded Readers": análise e reflexão sobre o ensino de leitura em inglês numa realidade brasileira.* (Dissertação de Mestrado em Linguística Aplicada ao Ensino de Línguas) São Paulo: Pontifícia Universidade Católica.

ROJO, R. H. R. (2000). "Modos de transposição dos PCNs às práticas de sala de aula: progressão curricular e projetos", in: ROJO, R. H. R. (Org.) *A prática de linguagem em sala de aula: praticando os PCNs*. São Paulo: EDUC; Campinas: Mercado de Letras, pp. 27-38. (Coleção As Faces da Linguística Aplicada.)

ROULET, E. (1999). "La place de l'analyse de l'organisation du discours dans les didactiques des langues et des littératures maternelles et secondes". *LAL - Langues et apprentissage des langue*, [s.n.]. Didier, pp. 9-25.

SCHNEUWLY, B. (1994). "Genres et types de discours: considérations psychologiques et ontogénétiques". *In*: Colloque de l'université Charles-de-Gaulle III. Neuchâtel, 1994. Anais... Neuchâtel, Peter Lang, pp. 155-173.

SCHNEUWLY, B. e DOLZ, J. (1999). "Os gêneros escolares: das práticas de linguagem aos objetos de ensino". *Revista Brasileira de Educação*, n° 11, pp. 5-16, maio/jun/jul/ago.

SCOTT, M. e.t al. (1988). "Teaching critical reading through set theory". São Paulo: Pontifícia Universidade Católica, Working Papers, n° 20.

SILVA, A. C. et. al. (1997). "A leitura do texto didático e didatizado", in: BRANDÃO, H.; MICHELETI, G. (Coord.) *Aprender e ensinar com textos didáticos e paradidáticos. [S. l.]*. São Paulo: Cortez, vol. 2, pp. 31-93.

SOUZA, S. A. F. (2000). "Ensino de leitura em língua inglesa e análise do discurso: ponderações e respostas". *In*: LEFFA, V. J. (Comp.) *TELA: Textos em Linguística Aplicada*. Pelotas: Educat, CD-ROM.

VYGOTSKY, L. S. (1993). *Pensamento e Linguagem*. Trad. Jeferson Luiz Camargo. São Paulo: Martins Fontes (Psicologia e Pedagogia).